Paraguay

Über den Autor

H. W. Kopczinski, geboren 1945 in Bad Schwalbach, arbeitete nach seiner Schulausbildung in Berlin als Drehbuchautor, Karikaturist, Schriftsteller und Journalist und gründete 1973 eine eigene Presseagentur sowie 1976 einen eigenen Verlag. Er schrieb mehrere Sachbücher und drehte 1985 für das paraguayische Fremdenverkehrsamt einen Film über Paraguay. Nach mehreren Südamerikareisen siedelte er 1989 schließlich ganz nach Paraguay über und lebt am Ypacaraí-See, wo er eine Werbeagentur unterhält.

Herausgeber

Ingo und † Marie-Luise Schmidt di Simoni

Verlag und Verfasser sind für Verbesserungsvorschläge und ergänzende Anregungen jederzeit dankbar.

Paraguay

Reiseführer mit Landeskunde
von H. W. Kopczinski

mit 183 Fotos und Textillustrationen
sowie 18 Karten und Plänen
und einem Reiseatlas

MAI VERLAG

Die Deutsche Bibliothek – CIP-Einheitsaufnahme

Kopczinski, Hans-Walter:
Paraguay : Reiseführer mit Landeskunde / von Hans-Walter
Kopczinski. – 1. Aufl. – Dreieich : Mai, 1998
(Mai's Weltführer ; Nr. 11)
ISBN 3-87936-240-8

1. Auflage 1998

Anschrift: Mai Verlag,
Quellenweg 10, D-63303 Dreieich
Tel. 06103/62933, Fax 64885
Umschlaggestaltung, Typographie
und Layout: Gunter Czerny
Satz und Lithografie: PME, Gesellschaft
für Print- und Medienentwicklung mbH,
Kist bei Würzburg
Karten und Pläne: © Haupka & Co.,
Kartographisches Institut, Druckerei und Verlag,
Bad Soden
Druck und Verarbeitung: Haupka & Co.,
Kartographisches Institut, Druckerei und Verlag,
Bad Soden
Lektorat: Kirsten Külker, Heidelberg
Printed in Germany

ISBN 3-87936-240-8

Das Farbleitsystem

Teil 1: Landeskunde

Teil 2: Praktischer Reiseführer

Karten und Pläne

Übersichtskarte Paraguay
0
100
200 km
BOLIVIEN
BRASILIEN
PARAGUAY
ARGENTINIEN
Gran Chaco
Chaco Boreal
Chaco Central
Chaco Austral
Serra da Bodoquena
Serra de Maracaju
Misiones
Yuti
Fortín Ravelo
Fortín Ingavi
Cerro León
365
Fortín Coronel Eugenio Garay
Fortín Galpón
Bahía Negra
Fortín Madrejón
Fortín Madrejoncito
Fuerte Olimpo
Puerto Guaraní
Fortín Carlos Antonio López
Cañada Oruro
Mariscal Estigarribia
Punta Rieles
Puerto Sastre
Carrera
Fortín Rojas Silva
Puerto Pinasco
Puerto Casado
La Esmeralda
Filadélfia
Puerto la Paz
El Chorro
Fortín Linares
Fortín Falcon
Concepción
Horqueta
Belén
Puerto Ybapobo
Los Blancos
Esteros
Antequera
San Pedro
Chiriguanos
Rivadavia
Fortín General Caballero
Villa del Rosario
Villa Rey
El Pintado
Las Lomitas
Pozo del Tigre
Villa Hayes
Manantiales
Pirámide El Trifunfo
Punta Poro
Palo Santo
Clorinda
ASUNCIÓN
Fernando de la Mora
Colonia Dalmacia
Villa Oliva
Fortín Lavalle
Juan José
Monte Quemado
Formosa
Río Muerto
Los Frentones
Aviá Terai
Presidencia Roque Sáenz-Peña
Chaco-Nationalpark
Campo Gallo
Donadeu
Tintina
Tinajas
Quimilí
General Pinedo
Villa Ángela
Berranqueras
Resistencia
Corrientes
General Paz
Pilar
Humaitá
San Ignacio
San Juan Bautista
Paraguarí
Lag. Vera
Quiindy
Ypacaraí
Caacupé
Caaguazú
Coronel Oviedo
Villarrica
Caazapa
Yegros
Carmen
San Cosme
Encarnación
Posadas
Abaí
Tavai
Capitán Meza
Corpus
Naçunday
Ciudad del Este
Hernandarias
Foz do Iguaçu
Cataratas del Iguazú
Iguaçu Nat.Park
Puerto Esperanza
Eldorado
Bernardo de Irigoyen
Puerto Rico
El Soberbio
Pôrto Lucena
Arroyos y Esteros
San Estanislao
Curuguaty
Puerto Adela
Itaquyry
Salto das Sete Quedas
Salto del Guairá
Guaíra
Pôrto Mendes
Igatimí
Ype Jhu
Paranhos
Capitan Bado
Antônia João
Amambaí
Navira
Pedro Juan Caballero
Ponta Porã
Dourados
Itaum
Maracaju
Rio Brilhante
Bela Vista
Margarida
Pôrto Murtinho
Jardim
Bonito
Aquidauana
Campo Grande
558
Miranda
Terenos
Pôrto Esperança
Corumbá
Ladário
Puerto Suárez
Río Verde de Mato Grosso
Camapuã
Paraguai
Paraguay
Pilcomayo
Bermejo
Monte Lindo
Apa
Paraná
Uruguay
Parapetí
Ivinheima
3
5
7
8
9
10
11
12
4
6
1

Vorwort

Wer zum ersten Mal paraguayischen Boden betritt und sich nach der kurzen Fahrt vom Flughafen in die Landeshauptstadt Asunción in einem der typisch südamerikanischen Straßencafés zu einer Verschnaufpause niederläßt, dem wird es zunächst einmal den Atem verschlagen.

Was hier auf den Besucher einströmt, das ist Südamerika pur. So gewaltig, daß man diese brodelnde, quirlig-bunte Kulisse mit all ihren Gerüchen, Tönen und Menschen eigentlich kaum in Worte fassen kann: schreiende Zeitungsverkäufer, verstopfte, lärmerfüllte Straßen, geschäftig umhereilende Menschen, Straßenhändler,

Das Reservat der Maká-Indianer befindet sich nur wenige Kilometer von Asunción entfernt

Schuhputzer, die federgeschmückten Maká-Indios mit ihren handgewebten kleinen Taschen, Perlenketten und anderen Utensilien, Geldwechsler, kleine Jungs, die an Ampelkreuzungen wieselflink die Windschutzscheiben wartender Wagen putzen oder Zitronen, Staubtücher, Kaugummi, Werkzeug oder andere Kinkerlitzchen anbieten. Und überall liebevoll angepinselte Kioske und Imbißbuden, hupende Autos, Pulks von Menschen, die auf ihren Bus warten, und, natürlich, auf den Gehwegen ausgebreitete Waren jeder Art – Kitsch-Uhren aus Taiwan, Pullover, Unterwäsche, Schlüsselpieper, Warndreiecke, Taschenlampen, falsche Porsche-Sonnenbrillen und Rolex-Uhrenimitationen oder Schläuche für den Gasherd daheim in der Küche – die Straße als Warenlager!

Doch nicht nur diese prägnante südamerikanische Lebendigkeit verleiht der Stadt ihren unvergleichbaren Charakter. Asunción ist auch die immergrüne, blühende Stadt mit den unzähligen tropischen Gärten und den oft sündhaft teuren Nobelvillen darin. Die Stadt der Kontraste, wo Arm und Reich einträchtig nebeneinander zu leben versteht, wo sich jeder Zeit für ein kleines Schwätzchen nimmt und wo eine üppige Natur noch scheinbar problemlos die stinkende Abgasglocke der

In der Landeshauptstadt Asunción leben ca. 900 000 Einwohner – rund 20% der paraguayischen Bevölkerung

Ein kleiner Arriero – bei den paraguayischen Pferderennen gehören schon die Siebenjährigen mit zu den besten Reitern

Blechlawinen in der Rush-hour bewältigt.

Noch größer ist der Kontrast zum Landesinneren. Kaum hat man der Hauptstadt den Rücken zugekehrt, erlebt man nun die sakrale Ruhe dörflicher Ansiedlungen: kilometerweite Strecken, wo nur hier und da ein kleines Häuschen auftaucht, ein paar Kühe die Straße überqueren, Palmenhaine die Straße säumen oder sich weite Alleen von Eukalyptusbäumen ausdehnen. Wo immer man hinschaut, umgibt einen dieses satte, nicht mehr wegzudenkende Grün – eine Farbe, durch die Paraguay rasch zur Droge werden kann.

Überhaupt scheint dieses Land einen ureigenen Reiz auszuüben, der den Besuchern oft erst so richtig klar wird, wenn ihr Flugzeug nach zwei oder drei Wochen Paraguay-Aufenthalt wieder über dem heimischem Boden einschwebt, um dort im gewohnten trüben Mausgrau Frankfurts oder Wiens oder Zürichs zur Landung anzusetzen. All die fröhlichen Leute mit ihren abenteuerlichen Bussen und Taxis, die tropischen Gärten, exotischen Blüten und der so nah wirkende nächtliche Sternenhimmel der Südhalbkugel – aus, vorbei! Im lichtlos wirkenden Europa beginnt die Droge Paraguay zu wirken, und spätestens nach zwei Monaten setzt das Heimweh (das eigentlich ein Fernweh sein sollte) ein und läßt für lange Zeit nicht mehr los. Paraguay, so behaupten zumindest die Paraguayer, sei der Garten der Welt, und sicherlich ist da etwas Wahres dran.

Natürlich verheimlicht diese wohlklingende Bezeichnung, daß es in diesem Paradies nicht nur niedliche Kolibris, viel Sonne, Gauchos am Lagerfeuer, saftige Filetsteaks, putzige Nasenbären, Tukane und Papageien gibt, sondern auch unübersehbare Schattenseiten. Da existieren die immense Kluft zwischen Arm und Reich, Korruption,

Bereits im 19. Jh. wurden deutsche Kolonien in Paraguay gegründet

Bestechlichkeit, ein völlig marodes Rechtssystem und – wohl als Begleiterscheinung der sich allmählich festigenden Demokratie in Paraguay – eine beängstigende Zunahme von Kriminalität und Gewalt.

Das halbherzige Vorgehen der Regierung, die Mißstände zumindest auf ein erträgliches Minimum zu reduzieren, hat Paraguay in den vergangenen Jahren zum wirtschaftlichen Außenseiter werden lassen. Während sich viele namhafte europäische Konzerne inzwischen mit wirtschaftlichem Weitblick eifrig um Standorte und attraktive Produktionsstätten in Paraguays Angrenzerländern bemühen, lassen die Investitionen potenter Kapitalanleger in Paraguay selbst immer noch auf sich warten. Und dies wird sich – zumindest bis Gesetzeshüter, Bankwesen und Gerichtsbarkeit an einem Punkt angelangt sind, an dem die Risiken für eine Niederlassung in Paraguay überschaubarer und kalkulierbarer geworden sind – kaum ändern.

Was jedoch für die Multis immer noch in unverrückbar weiter Ferne zu liegen scheint, stellt sich hingegen für Privatleute, Klein-, Mittelbetriebe oder für selbständige Handwerker und Landwirte bereits seit Jahrzehnten nicht mehr als Hindernis dar. Jahr für Jahr wandern Hunderte von Deutschen, Schweizern, Österreichern und Asiaten in Paraguay ein, um hier ihr Glück in einer neuen Aufgabe zu finden.

Noch einmal die Ärmel hochkrempeln, etwas Neues entstehen lassen und »aussteigen«, um vielleicht die ausgereizten beruflichen Möglichkeiten in der alten Heimat abzuschütteln. Kriegsangst oder die Furcht vor einem Ökokollaps in der alten Heimat sind die am häufigsten genannten Gründe jener Menschen, die ihren See-Container packen und dem Mutterland für immer den Rücken kehren. Und so gehört auch Paraguay – trotz all seiner Widersprüche, Fußangeln und Hürden – seit rund hundert Jahren zu den beliebtesten Einwanderungsländern der Welt.

Landesnatur und Bevölkerung

Lage und Größe

Paraguay liegt im Herzen Südamerikas, etwa zwischen dem 19. und 27. Grad südlicher Breite und dem 54. und 62. Grad westlicher Länge.

Neben dem nördlichen Nachbarstaat Bolivien gehört Paraguay zu den beiden einzigen Binnenländern des Kontinents. Im Osten grenzt es an Brasilien, im Süden, Südosten und Südwesten an Argentinien.

Flächenmäßig ist Paraguay etwas größer als die Bundesrepublik, Luxemburg und die Schweiz zusammen und nimmt mit einer Ausdehnung von 406 752 km² den 58. Weltrang ein. Mit ca. 4,7 Mill. Einwohnern gehört Paraguay zu den recht dünn besiedelten Staaten dieser Erde – nur 84 Länder haben eine niedrigere Bevölkerungsdichte.

Der Rio Paraguay (indian.: »Fluß der Papageien«) teilt das Land vom Norden bis in den Süden in zwei Hälften. Der nördliche Teil liegt westlich des Flusses, der südliche Teil östlich, wodurch diese beiden grundverschiedenen Regionen ihren Namen erhielten: West-Paraguay und Ost-Paraguay.

West-Paraguay (also der westlich vom Fluß liegende Norden des Landes, der Gran Chaco) hat eine Größe von 246 925 km². Ost-Paraguay besitzt eine Ausdehnung von insgesamt 159 827 km² und bildet den tropisch bis subtropischen Teil des Landes. Etwa 4,63 Mill. Menschen leben in dieser Region, statistisch 28 Einwohner pro km² – im menschenarmen Chaco dagegen nur 0,3.

Der Gran Chaco, dessen paraguayischer Teil fast so groß ist wie die Bundesrepublik vor 1990, besteht größtenteils aus savannenartiger Steppe, Sumpf und weiten Salzsumpfgebieten und wird daher überwiegend nur zur Jagd und Viehzucht genutzt. In der mittleren Chaco-Region – namentlich um das Mennoniten-Zentrum Fernheim – entstanden florierende landwirtschaftliche Großbetriebe, die seit Ende der 60er Jahre wesentlich dazu beitrugen, die Bevölkerung in den Kolonien und der Landeshauptstadt mit Fleisch- und Molkereiprodukten zu versorgen. Laut Bericht einer UN-Kommission gehört der Boden des Gran Chaco zu den fruchtbarsten der Erde.

Den »palo borracho« (Flaschenbaum) findet man nur im Norden des Landes

Das heiße Klima und die damit ve bundenen Bewässerungsprobleme ve hindern jedoch ein kontinuierlich steigendes wirtschaftliches Wachstum in diesem Gebiet.

Landschaft

Paraguay hat eine Fülle an landschaftlichen Reizen zu bieten. Urwald, Steppe, riesige Weizenfelder, Sumpfland, Palmenwälder, Rinderweiden bis zum Horizont und Urwaldflüsse, die sich wie rotbraune Würmer durch das Land kringeln.

Der immergrüne Osten Paraguays stellt sich als tropisches und fruchtbares Gebiet mit Mitttelgebirgscharakter und Erhebungen bis zu 950 m dar. Hügelige palmenbewachsene Landschaften führen von Asunción aus in den Osten und Süden. Nach beiden Himmelsrichtungen wird nach etwa 100 Kilometern die Landschaft flacher und entlang der asphaltierten Rutas (Autostraßen) etwas eintönig, um sich dann – ca. 100 km vor den östlichen oder südlichen Landesgrenzen – wieder abwechslungsreicher zu gestalten.

Von Natur aus ist Paraguay ein Waldland, allerdings ist heute nur noch weniger als ein Viertel mit Wäldern bedeckt. Der Rest fiel großflächigen Brandrodungen zum Opfer, und heute ist daher ein bedenklicher Rückgang an Hart- und Edelhölzern festzustellen.

Das vielfach wechselnde Erscheinungsbild der noch bestehenden Wald- und Vegetationsformen ist in Paraguay hauptsächlich auf die je nach Landeszone sehr unterschiedlich ausfallenden Werte der jährlichen Niederschlagsmengen zurückzuführen. So kommt es zu einem relativ gleichmäßigen Übergang von West nach Ost – vom Trokkenwald über regengrüne, halbimmer-

Gewitterstimmung auf dem Land

grüne zu immergrünen Waldlandschaften und Vegetationsformen.

West-Paraguay wird hauptsächlich durch den Gran Chaco geprägt, der durch den Lauf des Rio Paraguay zwei völlig gegensätzliche Landschaftsstrukturen aufzeigt: Einmal eine von 80 m über dem Meeresspiegel bis zu 350 m ansteigende Steppenlandschaft; zum anderen eine teilweise bis zu

150 km breite ausgedehnte Flußlandschaft, die sich von Asunción aus bis in den brasilianischen Staat Mato Grosso erstreckt.

Klima

Das Klima Paraguays läßt sich mit dem Kaliforniens oder Floridas vergleichen. Die Lage zwischen Südpol und Äquator kann jedoch – je nach Region – bei einer Drehung des Windes plötzliche Temperaturunterschiede von 15° bis

Zweige einer frischen und einer getrockneten Rizinus-Frucht

Typische Flußlandschaft im Osten Paraguays

20° Celsius bewirken. Durch das Fehlen von Gebirgsschranken nach Norden oder Süden werden dem Einfall von äquatorialen und subantarktischen Winden keinerlei Hindernisse entgegengesetzt, und je nach Jahreszeit kann es dadurch innerhalb von kürzester Zeit empfindlich kühl oder feuchtheiß werden.

Überwiegend herrscht Nordwind in Paraguay, also eine äquatoriale Temperatur, die an einigen Orten bis zu 45 °C betragen kann. Der Südwind, der vom »Pampero«, einem aus Patagonien stammenden starken Wind, gespeist wird, bringt Abkühlung und in der Regel trockene Luft, die im Sommer als angenehm und im paraguayischen Winter als kalt und frostig empfunden wird.

In den Monaten Oktober bis Dezember herrscht Frühling in Paraguay – für Rundreisen und Exkursionen im Land sicher die angenehmste Zeit, in der sich die Monate November und Dezember in all ihrer exotischen

Eine relativ hohe Luftfeuchtigkeit, ausreichend Regen und die fruchtbaren Böden machen Paraguay zu einem immergrünen, tropischen Paradies

Klimatabelle mit Durchschnittswerten

	Jan.	Feb.	Mrz.	Apr.	Mai	Juni	Juli	Aug.	Sep.	Okt.	Nov.	Dez.
Asunción												
Tagestemperatur °C	26	27	26	24	19	19	18	19	22	26	28	30
Extremwerte max.	35	34	33	30	30	29	26	28	34	34	37	36
Extremwerte min.	16	20	19	11	11	2	0	3	12	13	15	19
Luftfeuchtigkeit in %	72	78	78	85	78	72	68	70	67	64	56	51
Gran Chaco												
Extremwerte max.	37	36	35	32	33	32	32	35	38	39	43	40
Extremwerte min.	18	21	18	13	11	1	–1	3	11	13	14	19

Pracht und Blütenfülle dem Besucher zeigen. Die Sommer- und Ferienzeit fällt in die Monate Dezember bis März. Trotz des überwiegend schönen (und heißen) Wetters bildet dieser Jahresabschnitt auch die Regenzeit, in welcher es etwa einmal pro Woche wie aus Kübeln vom Himmel schüttet. Die Herbstmonate fallen in den April und Mai (mildes, aber wechselhaftes Wetter), der Winter beginnt im Juni und endet am 21. September. Diese Zeit ist etwa mit einem schlechten deutschen Sommer zu vergleichen: Zuweilen warm bis heiß und sonnig, dann wieder trüb und kühl. In den Winternächten kann es an einigen Orten zu Temperaturen bis 0° Celsius kommen. Durchschnittlich liegen die Tageshöchstwerte im Winter zwischen 11° und 24°, wobei sie von Südosten nach Nordwesten zunehmen.

Die Luftfeuchtigkeit schwankt zwischen 60 % und 90 % – je nach Region, Klima oder vorangegangenem Regen (nach dem die Niederschläge im Sommer wieder rasch verdampfen und dadurch eine hohe Luftfeuchtigkeit erzeugen).

Flora

Die Vielgestaltigkeit seiner subtropischen Pflanzen macht Paraguay zu einem einzigartigen Paradies für Botaniker und Naturfreunde.

Neben einer leider immer seltener anzutreffenden speziellen Landesflora – darunter auch die Palme Attalea, eine Lilienart, der Kaktus Cercus oder die Mimose Hassleriana – zeigt die Flora eine markante Beziehung zur Pflanzenwelt Süd-Boliviens und Mittel-Brasiliens. Tropische bis subtropische Florenelemente zeigen hierbei eine deutliche Ausbreitungstendenz, wobei die Standorte von wärmeliebenden Arten auf die frostfreien Zonen des Landes beschränkt sind. Zitrusfrüchte (verschiedene Arten von Orangen, Zitronen, Mandarinen und Pampelmusen) sowie riesige Bananenstauden, Zierbananen, Mangobäume, Papaya, Mais und Zuckerrohr gedeihen hingegen in fast allen Regionen des Landes.

Unter den Blumen sind besonders der immerblühende Hibiskus, die feingliedrige Pfauenblume, Oleander, Jasmin, der Weihnachtsstern und verschiedene Lilienarten hervorzuheben.

Zu den auffälligsten Bäumen zählen der leuchtend orange blühende Flammenbaum, der Jacaranda-Baum (Palisander), der dickbäuchige *Samu-ú* (indian. Bezeichnung für den im Chaco wachsenden Flaschenbaum) und der mächtige *Lapacho*-Baum. Sie alle wer-

Der Flammenbaum stammt eigentlich aus Madagaskar. Heute ist er in den Tropen weit verbreitet und zählt zu den prachtvollsten Zierbäumen, welche in Paraguay Gärten, Parks und Straßenränder schmücken

Durchschnittlich regnet es monatlich nur sechs Mal in Paraguay – dann jedoch schüttet es fast immer wie aus Eimern

Ein gelbblühender Lapacho-Baum

Ein besonders farbenprächtiges Exemplar der wilden Ananas

Palmen der verschiedensten Gattungen findet man beinahe in jedem Garten der einheimischen Bevölkerung

Bananen gehören fast schon zu den Grundnahrungsmitteln der Paraguayer. Eine ausgewachsene Staude bringt einen Fruchtertrag von bis zu 250 Bananen oder rund zwei Zentnern

den in ihrer Blütezeit zu einem wahren Kleinod Paraguays.

Um die imposante Vielfalt tropischer und exotischer Pflanzen genießen zu können, genügt oft schon ein kleiner Streifzug durch die Hauptstadt, wo in den unzähligen Vorgärten und Parks all das wächst und gedeiht, was man im kühlen Europa sonst nur in den Gewächshäusern der Botanischen Gärten findet. Hier gedeihen Orchideen, Jasmin, Gladiolen, Ziergräser, Bambus, Gummibäume und herrlich blühende andere Bäume in einer solchen Pracht, Größe und Vielfalt, daß es Neuankömmlingen oft den Atem verschlägt.

Von den Kulturpflanzen kommen Maniok, Tabak, Rizinus und Ananas auch wild vor. Paraguay ist übrigens die Urheimat der Ananas, die ihren Namen dem Guaraní-Wort *ananá* verdankt, was »vorzüglich« bedeutet. Der Name ist inzwischen dem spanischen *piña* gewichen, und nur bei der wissenschaftlichen und deutschen Bezeichnung ist die Beziehung zum Ursprungsland Paraguay noch im Namen zu erkennen.

Eine der wichtigsten Pflanzen, und weit über die Landesgrenzen hinaus bekannt, ist der im Osten und Westen vorkommende Ilex-Baum, aus dessen glänzenden dunkelgrünen Blättern und Stengeln das stimulierende, leicht bitter schmeckende Nationalgetränk der Paraguayer, der Yerba-Mate (auch Jesuiten-Tee genannt) gewonnen wird.

Auch heute noch gehört die Ananas zu den beliebtesten Nahrungsmitteln Paraguays, der Urheimat dieser Frucht

Tereré-Becher mit Trinkhalmen für das Nationalgetränk der Paraguayer, den Yerba-Mate-Tee, welcher in großen Mengen in Paraguay angebaut und getrunken wird

Der Ilex-Baum stammt aus den Urwäldern Paraguays. Die kultivierte Pflanze wird heute in weiten Gebieten des mittleren Südamerika angebaut. Die Höhe des Baumes, der oft buschartig wirkt, kann bis zu 18 m reichen; seine Blätter haben eine Länge von 4 bis 15 cm.

Die über einem offenen Feuer getrockneten Blätter und fingerdicken Zweige werden zur Teebereitung zu Pulver gemahlen, gelagert und, in Säcken verpackt, auf dem Markt verkauft. Das Tereré-Trinken wird in Paraguay regelrecht ritualisiert. Wer an der *bombilla* saugt, einem am unteren Ende mit einem Sieb versehenen Metallröhrchen, wird – ähnlich wie beim Rauchen einer Friedenspfeife – als gerngesehener Gast oder Freund anerkannt (S. 133).

Fauna

Die paraguayische Tierwelt ist außerordentlich differenziert und wird hauptsächlich durch die grundverschiedenen Vegetationsformen des trockenheißen Chaco und der feuchten subtropischen Ostregion geprägt. Die Flora bestimmt also weitgehend die Fauna des Landes. Weitere Abhängigkeiten bestehen in der besonderen Situation des Kontinents Südamerika, wo sich durch die frühe Isolation des Kontinents von anderen Landmassen ganz besondere Tierformen entwickeln konnten oder mußten. Die hier vorkommenden speziellen Arten wie Ameisenbären oder Gürteltiere symbolisieren gewissermaßen die von den Spaniern und Portugiesen entdeckte Neue Welt.

Im auch heute noch immergrünen Regenwald (im Osten Paraguays), wo es einige kleinere Mittelgebirgszüge gibt, leben die klassischen Urwaldtiere, wie die Brüllaffen, Klammeraffen und die kleinen Kapuzineräffchen (indian. *ká-í* = kleiner Affe), Nasenbären, Opossum, Kaimane, Leguane und eine Vielzahl an bunten und zwitschernden Singvögeln, Papageien, Tukanen und Greifvögeln.

Die Fische, von denen mehr als 500 Arten in Paraguay vorkommen, finden ganz besonders in den weiten Überschwemmungsgebieten des Rio Paraguay und Rio Paraná ideale Bedingungen vor. Große Flußfische in den Ausmaßen eines halbierten europäischen Hausschweines, Barsche, Pirañas, winzige Aquarienfische – alles, was unter Wasser schwimmen kann, scheint sich hier wiederzufinden.

Mit etwas Glück kann man bei einem Ausflug zu einer der vielen Flußlandschaften Paraguays auch Krokodile, Wasserschweine, die mächtigen Ochsenfrösche oder gar eine Riesenschlange (die Anaconda und Boa constrictor werden bis zu 11 m lang!) beobachten. Auf einer solchen Tour sollte man sich aber auch auf jene kleinen Plagegeister einstellen, ohne die eine intakte Natur nicht auszukommen scheint: Moskitos! Sie sind in Hülle und Fülle – auch in einigen

Der Tukan wird als Nationalvogel Paraguays betrachtet

Die beiden Flußgiganten »Surubí« und »Dorado« lassen das Herz eines jeden Anglers und Sportfischers höher schlagen. Der »Surubí« kann bis zu 1,50 m lang und bis zu 50 kg schwer werden

Stadtteilen Asuncións – allgegenwärtig und als besonders stechwütige Exemplare auch in weiten Teilen des Chacos zu Hause. Den Menschen attackieren sie aber meist nur in der Abenddämmerung.

Überhaupt ist der Chaco eine kleine Welt für sich. Neben einigen Schlangenarten sind hier besonders der flugunfähige Straußenvogel Ñandú zu nennen, der bis zu einer Größe von 1,50 m heranwächst, ferner das dick gepanzerte Gürteltier, der Ameisenbär, Jaguar, Puma und der leider immer seltener anzutreffende, plump und urweltlich wirkende Tapir.

König der Raubtiere im Chaco ist zweifellos der Puma, den man freilich kaum zu Gesicht bekommt. Gefährlicher für den Menschen ist der schwarz-

gefleckte Jaguar, der eine Länge bis zu 2 m erreichen kann. Auf beide Raubkatzen wird leider immer noch Jagd gemacht. Das paraguayische Recht erlaubt das Jagen auf eigenem Grund und Boden, was sich bei einigen Großgrundbesitzern im Chaco über eine Fläche von Tausenden von Hektaren erstrecken kann. So werden auch heute noch »Privatjagden« an gut betuchte Ausländer vermittelt und einige vom Aussterben bedrohte Tierarten, darunter auch eine kleinere Wildkatzenart, der Trophäen wegen geschossen.

Zu den giftigsten Schlangen, die in allen Landesteilen vorkommen, gehören die Klapperschlange, die mit bunten Farbringen ausgestattete Korallenschlange und die gefürchtete und

Typische Landschaft des mittleren Gran Chaco, wo ein großer Artenreichtum an Greif-, Sing- und Wasservögeln herrscht

Tucan im Vogelpark bei Iguazú

Vegetations- und Artenübersicht in Paraguay

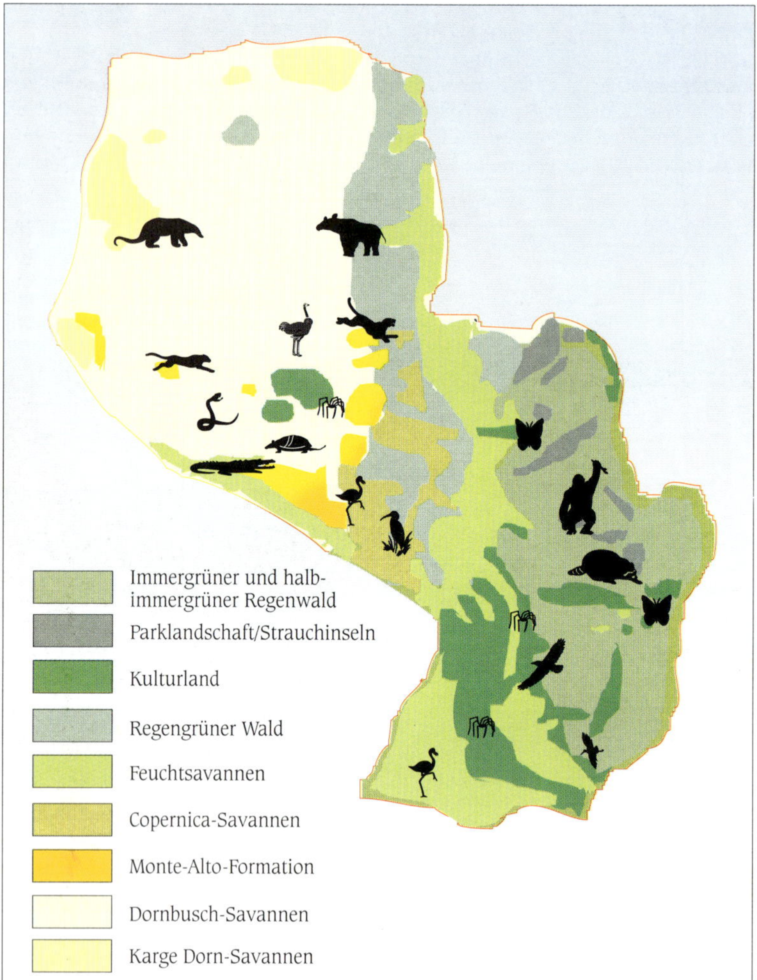

recht aggressive *Jarará,* eine dunkel gefleckte Lanzenotter, deren Giftzähne wie Injektionsnadeln ins Fleisch eindringen und den raschen Tod ihres Opfers herbeiführen können. Die meisten tödlich verlaufenden Unfälle durch Schlangenbisse gingen in Paraguay auf das Konto dieser Schlange. Sie wird bis zu einem Meter lang, und ihr Gift ruft beim Menschen zunächst eine Gerinnung des Blutes hervor. Später wird das Blut aus Mund, Nase

Die Vogelspinne trifft man in allen Landesregionen an; am häufigsten Ende März bis Ende April, wenn sie in Ost-Paraguay auf »Brautschau« geht

und Schleimhäuten ausgepreßt. Bei einem Biß der *Jarará* muß daher verhindert werden, daß sich ihr Gift im Kreislauf verteilen kann. Allein ihr Beiname »Fünf-Minuten-Schlange« macht bereits deutlich, daß ohne Anti-Serum und das sofortige Aufsuchen eines Arztes die Chancen gering sind, den Biß der *Jarará* schadlos zu überstehen.

Allerdings haben die wenigsten Menschen in diesem Land außerhalb des Zoos je einen Puma, Jaguar oder ein Krokodil vor die Augen bekommen oder wurden gar von einer Schlange gebissen.

Unvergeßlich für Reisende und in Paraguay lebende Menschen sind hingegen die akustischen Eindrücke der Vogel- und Tierstimmen, die mit der hereinbrechenden Dämmerung den Tag verabschieden. Dann hebt ein Konzert aus Hunderten von Vogelkehlen an, ein unbeschreibliches Quaken von Kröten und winzigen Fröschen, von denen einige wie das Jammern kleiner Kätzchen oder verirrter Seelen klingen, andere wie das Hämmern auf Metall und wieder andere wie der Pfiff, den zuweilen Männer hinter einem feurigen Mädchen herpfeifen.

Der »coatí« (Nasenbär) ernährt sich von Schlangen und Käfern. Das putzige Tier wird daher in Paraguay auch gerne als Haustier gehalten

Begleitet wird diese einzigartige Geräuschkulisse vom süß-schweren Duft exotischer Blumen und Blüten und dem atemberaubend nah wirkenden Sternenhimmel der Südhalbkugel. Der Sonnenauf- und -untergang in Paraguay ist immer wieder ein großartiges Geschenk, das man in dieser Intensität im entfernten Europa schon längst nicht mehr kennt – nirgendwo sonst scheint die Natur vollkommener zu erwachen.

Umweltschutz

Was immer in der Welt an Umweltschutzmaßnahmen gefordert wird, die paraguayischen Abgesandten sind einsichtig, nicken verstehend und unterzeichnen immer wieder Abkommen und Vereinbarungen, die den Fortbestand der Natur sichern sollen.

Gesetze, die die Umwelt schützen, existieren zuhauf im Land, aber in der Regel werden sie, der Profite wegen, einfach nicht beachtet. So ist zum Beispiel der Schmuggel von Baumstämmen nach Brasilien gesetzlich verboten. Die hemmungslose Abholzung der letzten Wälder geht dennoch unaufhaltsam und rasant voran, weil Landbesitzer, Holzfäller, Fuhrunternehmen, bestechliche Zöllner und Amtspersonen gleichermaßen an der Ausbeutung des Waldbestandes mitverdienen.

Waren 1945 noch 55 % des Landes mit Wald bedeckt, sind es heute – trotz einiger Aufforstungsmaßnahmen für schnell wachsende Hölzer – keine 15 % mehr.

Die Vernichtung großer Waldregionen hat verschiedene Ursachen: Einerseits geht es um die Gewinnung neuer Agrarflächen oder neuen Weidelandes, andererseits werden die privaten Wälder abgeholzt, um den Nachweis zu erbringen, daß sie nicht als Spekulationsland brachliegen, was eine Landbesetzung oder Enteignung zur Folge haben könnte. Nach amtlichen Schätzungen werden aus diesen und anderen Gründen derzeit pro Jahr 125 000 Hektar Wald gerodet. Das entspricht einer Fläche von 475 Fußballfeldern, die täglich abgeholzt wird. Die Folge ist, daß einige Edelhölzer inzwischen so gut wie ausgerottet wurden.

Ähnlich problematisch sieht es hinsichtlich der Luft- und Wasserverschmutzung aus. Die Gewässer sind in einem Radius von 150 km um Asunción verschmutzt, und für die rund 850 Tonnen Müll, die täglich im Großraum Asunción anfallen, existieren keine entsprechenden Entsorgungsmöglichkeiten. Nach Schätzungen der Friedrich-Ebert-Stiftung dürfte der Abfall bis zum Jahr 2000 sogar um

Abgeholzt für die Landwirtschaft. Täglich wird in Paraguay eine Waldfläche in der Größe von etwa 475 Fußballplätzen gerodet

213 % steigen, ohne daß Hoffnungen bestehen, bis dahin geeignete Lösungen zur Müllentsorgung gefunden zu haben.

Die Verursacher der ungefilterten Entsorgungen in Flüsse, Seen und in die Atmosphäre gehören in der Regel der paraguayischen Oberschicht an, die mit Richtern, Anwälten, Politikern usw. verschwägert oder befreundet sind, was empfindliche Strafen nahezu ausschließt.

Oft ist es auch nur Inkompetenz, die das ökologische Gleichgewicht einer ganzen Region in Gefahr bringt. So wurde im Jahr 1994 ein neues Paradies für Wassersportler (Jet-Ski-Fahrer) geschaffen, indem die jahrhundertealte Flußenge des Rio Salado, der den 47 km^2 großen Ypacaraí-See durchfließt und in den Rio Paraguay mündet, verbreitert und der Fluß in weiten Teilen von Schlingpflanzen und Grünzeug befreit wurde. Die Folge war, daß der ohnehin sehr flache, ca. 3 m tiefe Ypacaraí-See allmählich in den Rio Paraguay auslief und eine Wasserhöhe von über einem Meter verlor. Daß Ölmühlen, Schlachthöfe, Gerbereien und Seifenfabriken den See zudem als billige Kloake betrachten, wird ebenfalls nur halbherzig, selten oder gar nicht geahndet.

Überhaupt mangelt es in Paraguay auch an notwendigen Aufklärungsmaßnahmen. So gelangen nicht nur von Privatleuten Altöle, Schmiermittel usw. direkt beim Ölwechsel oder der Autowäsche direkt in den Boden und ins Grundwasser, auch Tankstellen, Reparaturwerkstätten und Busunternehmen verschmutzen ahnungslos die Ressourcen der Natur, indem sie Öle und Kraftstoffe in Massen direkt in Wiesen oder Bäche ableiten, womit das kostbarste Gut Paraguays, seine außergewöhnlich vielfältige Natur, immer größeren Gefahren ausgesetzt wird.

Bevölkerung

Die Menschen, deren Nachkommen das paraguayische Volk bilden, sind das erstaunlich homogene Ergebnis einer Verschmelzung der spanischen Eroberer mit den Guaraní-Indianern, welche zur Zeit der Entdeckung Amerikas weite Teile des mittleren Südamerika bevölkerten. Die Guaraní stellten ethnisch keine geschlossene Bevölkerungsschicht dar, sondern bestanden aus vielen Gruppen und Stämmen, die nur durch die gemeinsame Sprache, das Guaraní, verbunden waren. Die meisten Gruppen waren extensiven Ackerbau betreibende Halbnomaden. Im Gran Chaco leben auch heute noch verstreut einige wenige Indianerstämme, die als Jäger und Sammler umherschweifen.

Von den heutigen 4,7 Mill. Bewohnern Paraguays sind etwa 3,7 Mill. einheitlicher Herkunft, etwa 850 000 sind die Nachfahren von Siedlerfamilien oder Mischehen von Paraguayern mit den frühen Siedlern (oder deren Nachfahren), die sich ab 1855 in Paraguay ansiedelten. 150 000 Menschen, schätzt man, leben zwar im Land, sind aber noch nicht als »eigentliche« Paraguayer anzusehen. Zu diesen Bewohnern zählen auch die noch rund 30 000 Indianer verschiedener Stämme (Waldindianer) sowie etwa 23 000 deutschstämmige Mennoniten und die Einwanderer aus Asien (ab 1936 überwiegend aus Japan, später auch aus Korea), Amerika, Afrika und Europa.

Neben den japanischen Siedlern waren es insbesondere die Einwanderer aus Europa, an erster Stelle Deutsche oder Deutschsprachige (auch ca. 45 000 über Brasilien eingewanderte Deutsch-Brasilianer), die in den letzten hundert Jahren eigene Kolonien und Dorfsiedlungen gründeten. Viele Ortsnamen legen die Heimatzugehörigkeit dieser Einwanderer offen: Rosenort, Fernheim, Schönwiese, Hohenau, Friesland, Reinfeld, Nuevo Germania, um nur einige zu nennen. In den Mennonitenkolonien ist die Umgangssprache ein altes Plattdeutsch. Selbst die Amtssprache in deren Kolonien war jahrzehntelang Deutsch.

49% der paraguayischen Bevölkerung leben in Städten, davon etwa die Hälfte allein in der Landeshauptstadt Asunción, die mit Vororten etwa eine Million Einwohner zählt. Der Anteil der weiblichen Bevölkerung ist etwas höher als der der männlichen.

Statistisch teilen sich je 6 Personen in Paraguay ein Radio, 13 einen Fernseher und 30 Personen einen Telefonanschluß. 92,1% aller Personen über 15 Jahre können lesen und schreiben, 13,6% der über 25jährigen haben keine abgeschlossene Schulausbildung.

Aufgrund des jährlichen Bevölkerungszuwachses von 3% ist der Anteil an Kindern und Jugendlichen besonders hoch: 41,7% der Bevölkerung sind unter 15 Jahre alt, was hoffen läßt, daß sich in den kommenden Jahrzehnten die verkrusteten Strukturen einflußreicher Familienclans zugunsten einer sich immer mehr festigenderen Demokratie mit einem verläßlichen Rechtswesen verschieben wird.

Eine ländliche Marktfrau auf dem Nachhauseweg mit der holzgefeuerten alten Dampfeisenbahn

Das paraguayische Volk bildete sich durch die Verschmelzung der weißen und indianischen Ethnien. Heute sind 41% der Bevölkerung unter 15 Jahre alt

SÃO JOS
PONTA PO
MS
ARCIONIL
JOBI

Geschichte

Vor der Ankunft der Europäer

Leider gibt es nur wenige Zeugnisse der präkolumbianischen Geschichte. Ebenso wie die zur Zeit der Entdeckung Nordamerikas im heutigen Kanada und in den USA lebenden Indianerstämme waren wohl auch die Guaraní, auf welche die Spanier bei ihrer Ankunft im heutigen Paraguay trafen, ursprünglich aus Ostasien über die Behringstraße nach Alaska gekommen, von wo sie im Laufe von Jahrhunderten durch den Nordteil des Kontinents über Mittelamerika bis ins Herzland Südamerika vorstießen. Aufgrund von Funden steinzeitlicher Wandmalereien und Runenzeichen in den Höhlen von Cerro Guazú (S. 231) entstanden Theorien über eine frühe Besiedlung durch die Wikinger, da eine enge Verwandtschaft der Schriftzeichen der Guaraní

Erstes Zusammentreffen der Spanier mit den Indianern. Kleine Glöckchen als Gastgeschenk lösten bei den Einheimischen Entzücken aus

mit denen der skandinavischen Wikinger zu erkennen ist.

Die Guaraní lebten als Halbnomaden und betrieben extensiven Ackerbau. Bei der Ankunft der Spanier zählten sie noch Hunderttausende von Menschen. Wie jedoch schon der Name Guaraní (Krieger) erkennen läßt, waren sie ein besonders kriegerisches Volk und litten infolge ihrer ständigen, verlustreichen Kämpfe gegen das übermächtige Inka-Reich an chronischem Frauenüberschuß (S. 44/45).

Die erste Begegnung mit der Neuen Welt

Die »Entdeckung« Paraguays liest sich wie ein spannender Polit-Thriller aus einem vergangenen Jahrhundert. Geldgier, Intrigen, das leidige Spiel um Macht und Einfluß und nicht zuletzt die atemberaubenden Erlebnisberichte von Schiffbrüchigen, Meuterern und Deserteuren, im Landesinneren der »Neuen Welt« habe man mit eigenen Augen riesige Schätze an Gold und Silber bei den Einheimischen gesehen, waren es, die Spanier und Portugiesen immer wieder aufs neue dazu veranlaßten, mit zermürbenden und opferreichen Expeditionen tief ins »La-Plata-Land« (Land des Silbers) vorzustoßen. Daß die meisten dieser Geschichten aus reinem Selbstzweck erzählt wurden, weil man einfach nur auf einem vorbeifahrenden Schiff anheuern oder als Gestrandeter mitgenommen werden wollte, stellte sich erst viel später heraus.

Die Kunde, daß Hernando Cortez, den die Azteken in Mexiko für den menschgewordenen Gott Quetzalcoatl hielten, in der Neuen Welt auf märchenhafte Reichtümer gestoßen war, ging im Jahr 1519 wie ein Lauffeuer durch Europa. Ein paar Jahre später entdeckte Francisco Pizarro das nicht weniger prächtige Inka-Reich (Peru), und der Wettlauf um Beutegold und Silber, das die strapazierten Staatskassen Spaniens und Portugals auffüllen sollte, begann.

Zunächst waren es die spanischen Seefahrer Diego García de Moguer und de Solis, die – unabhängig voneinander – für sich in Anspruch nahmen, das Mar Dulce und die Rio-de-la Plata-Mündung entdeckt zu haben. Dann machte sich der mit dem Titel »Chefseefahrer der Krone« ausgestattete Sebastián Caboto im Frühjahr 1526 auf, um Diego García, der kurz vor ihm zu einer zweiten Expedition gestartet war, den Schneid abzukaufen. Obwohl er zweieinhalb Monate nach García in Spanien gestartet war, überholte Caboto die schwerbeladenen Schiffe des Kontrahenten und landete im brasilianischen Pernambuco, wo portugiesische Kaufleute eine kleine Faktorei unterhielten.

Diese bestätigten dem Spanier nur allzu gerne, daß weiter im Süden, im Landesinneren des Rio de la Plata, riesige Reichtümer auf sie warteten, versorgten die Schiffe mit allem Notwendigen und waren heilfroh, die von den Erzählungen äußerst beeindruckten Spanier wieder so rasch und elegant losgeworden zu sein.

Am 25. Oktober 1526 erreichte Cabotos Flotte eine Insel, südlich vom heutigen São Paulo. Er nannte sie zu Ehren seiner Gattin Catarina Medrano, die an diesem Tag in Spanien ihren Geburtstag feierte, Santa Catarina. Zwei Überlebende der frühen de-Solis-Expedition, die Seeleute Luis Rámirez und Enrique Montés, die Caboto ebenfalls von den ungeheuren Reichtümern eines »Königreichs im Westen des Rio de la Plata« berichteten, wurden dort angeheuert und als kundige Führer mit auf die Reise genommen.

Im März des folgenden Jahres gelangte die Flotte schließlich zur La-Plata-Mündung. Einen Monat verweilte

Guaraní-Krieger der Conquista-Zeit machen gegen die weißen Eindringlinge mobil

man auf der Insel San Gabriel, wo sich erneut ein Überlebender der de-Solis-Expedition, Francisco del Puerto, mit ähnlichen Sprüchen eine Heuer verschaffen konnte. Nun bestens mit scheinbar kundigen Führern ausgestattet, lichtete Caboto in den ersten Maitagen die Anker, um den Fluß Carcacaña zu suchen, in den, wie ihm Francisco del Puerto berichtet hatte, »von den Bergen Silber und Gold in riesigen Mengen« fließen sollte.

Auch Diego García de Moguer landete jetzt in San Gabriel. Der Mann, der schon einmal den Rio de la Plata (Rio Paraná) bereist hatte, war umsichtig genug gewesen, bereits in Spanien seine Schiffe mit allem zu beladen, womit man flache und fahrtüchtige Flußboote bauen konnte. Er war es, der nun die erste kleine Schiffswerft in der Neuen Welt baute, in welcher seine Flußschiffe, sogenannte »Bergantinen«, entstanden. Wohlwissend, daß der vor ihm gestartete Caboto mit den schweren Überseeschiffen auf unüberwindliche Probleme stoßen würde, beeilte er sich nicht sonderlich. Erst Anfang 1528 stellte er eine erste Expedition zusammen, die den Rio Paraná hinauffuhr und schon nach kurzer Zeit auf zwei zurückkommende Schiffe der Caboto-Flotte stieß. Vom kommandoführenden Kapitän erfuhr Diego García, daß Sebastián Caboto viele Leute verloren hätte, er sei auch von Indianern angegriffen worden, berichtete man ihm, und man vermute, daß Caboto inzwischen tot sei. García schiffte weiter nach Norden und stieß Wochen später, unterhalb der Einmündung des Rio Paraguay, auf die restliche Flotte Cabotos. Caboto selbst war allerdings nicht tot, und es kam schon bald zu heftigen Auseinandersetzungen zwischen den beiden Flottenführern. García verwies in aller Schärfe darauf, vor Jahren bereits dieses Gebiet »entdeckt« zu haben, und verlangte, Caboto möge dieses Gebiet umgehend verlassen.

Caboto jedoch, zeitlebens ein Sturkopf und noch dazu mit mehr Soldaten und Schiffen ausgestattet, nahm die Drohung ziemlich gelassen auf und

Greueltaten der spanischen Eroberer in Südamerika. Aufrührerische Indios werden von Bluthunden zerrissen

handelte eine gemeinsame Expedition mit García aus. Er schlug vor, zurück in den Süden zu fahren, wo man zusammen mehrere Flußschiffe bauen könne. Diego García war zwar von dieser Idee nicht begeistert, aber er willigte schließlich ein.

An der La-Plata-Mündung folgte dann, was kommen mußte. Kaum waren die Schiffe des Rauhbeins Caboto wieder vereint, überfielen dessen Männer die andere Gruppe, »beschlagnahmten« deren Segel und nahmen Diego García gefangen. Später kam es aber doch noch zu einer Einigung, und es wurden mehrere gemeinsame Expeditionen unternommen. Sie verliefen allesamt fruchtlos.

Während einer dieser Reisen ins Landesinnere nutzten die Eingeborenen die Abwesenheit der Soldaten und machten die aufgebauten Stützpunkte der Spanier dem Erdboden gleich. Allein in Sancti Spiritus, einem Fort am Rio Paraná, wurden fast alle Zurückgebliebenen niedergemetzelt. Es gelang nur 22 Männern, sich in eine Bergantine zu retten und flußabwärts zu flüchten.

Angesichts der hohen Verluste zogen Caboto und García es nun vor, weitere Expeditionen einzustellen und in ihre Heimat zurückzukehren. Ihre jahrelangen Reisen waren nur von Mißerfolgen begleitet gewesen, ihre Beuten mehr als dürftig: Caboto brachte eine Unze Silber, ein paar goldene Ohrringe, sieben Indios und 36 in Brasilien gekaufte Sklaven mit nach Hause; Diego García ein bißchen Silber und 40 Indianer aus San Vincente. Caboto wurde nach einer Klage Garcías für einige Zeit nach Marokko verbannt, trat die Strafe aber erst gar nicht an. Später setzte man ihn erneut als Chefseefahrer der Krone ein. Diego García erhielt über Jahre hinweg eine angemessene Unterstützung und begleitete fünf Jahre nach seiner Rückkehr die Expedition des Pedro de Mendoza nach Südamerika.

Neue Berichte waren an des Königs Ohr gedrungen: Es sollte tatsächlich enorm viel Gold und Silber im La-Plata-Land geben – man hatte es nur noch nicht gefunden.

Doch zunächst war es der portugiesische König Johann III., der die Gunst der Stunde nutzte. Diego García und Sebastián Caboto waren noch unterwegs, die Reichtümer des Silberlandes zu entdecken, als er in aller Eile den erfahrenen Kapitän Martín Alfonso de Sousa damit beauftragte, eine Expedition in die Neue Welt zu unternehmen. García und Caboto trafen gerade wieder in Spanien ein, als de Sousa in See stach.

Er gründete 1531 die Stadt Rio de Janeiro und entsandte noch im gleichen Jahr eine gut ausgestattete Expedition, die auf den Spuren Garcías und Cabotos das sagenhaft reiche El Dorado von Gold und Silber finden sollte. Aber keiner der Männer kehrte je wieder zurück. Erst zehn Jahre später erfuhr man, daß sie schon recht weit vorgedrungen sein mußten: Indianer am Rio Yguazú hatten die Portugiesen bis auf den letzten Mann getötet. De Sousa hatte zwar nach einigen Monaten begonnen, nach den Männern zu suchen, dann jedoch kurz vor der La-Plata-Mündung Schiffbruch erlitten. Auch er kehrte schließlich unverrichteterdinge nach Portugal zurück.

Den Spaniern war natürlich nicht entgangen, daß sich nun die Portugiesen an dem von ihnen entdeckten La-Plata-Fluß breitmachen wollten, was in ihren Augen ein glatter Verstoß gegen das Beuterecht neuentdeckter Länder darstellte. Es kam zu politischen Zänkereien zwischen den beiden Ländern, und die spanische Krone sandte nun eiligst den »Ritter und Edelmann des Hofes« Don Pedro de Mendoza mit einer Flotte von 14 Schiffen, 1 500 Spaniern, 150 angeheuerten Deutschen und Sachsen sowie einigen Engländern, 100 Pferden, Geschützen und Handfeuerwaffen über die Meere. Mendozas Vertrag sah vor, in die La-Plata-Länder einzudringen, die Portugiesen vom Reich des sagenumwobenen »Weißen Königs« fernzuhalten und schließlich die dort vermuteten Silberberge zu erobern.

Mitten in die Vorbereitungsphase der neuen Expedition platzte die Nachricht, daß Hernando Pizarro aus dem Inka-Reich zurückgekommen war. Er sollte 155 000 300 Peso an Gold, 500 400 Silbermark, 38 gold- und 48 silbergefüllte Krüge mitgebracht haben. Dazu das lebensgroße Standbild eines zweijährigen Kindes aus purem Gold sowie weitere Goldbarren und Silberplatten von unermeßlichem Wert. Die Neue Welt war plötzlich in aller Munde, und es war angesichts der großen zu erwartenden Reichtümer nun für Pedro de Mendoza nicht schwer, eine hervorragende Mannschaft für die neue Expedition zu finden.

Einer der ausländischen Seeleute auf dieser Fahrt war der deutsche Landsknecht Ulrich Schmidl, dem wir die umfassende Chronik »Wahrhaftige Historien einer wundersamen Schiffahrt« zu verdanken haben, welche die Vorgänge in dieser Zeit anschaulich widerspiegelt. Ferner der Gerichtsherr Juan de Ayolas sowie der Kommandeur der Infanterie, Juan Osorio, der Kapitän der »Anunciada«, Juan de Salazar y Espinosa, und der junge Domingo de

Irala, der sich um die Ausrüstung der Schiffe zu kümmern hatte.

Am 24. August 1535 stach die Flotte in See.

Unterwegs gab es, wie immer auf solch langen und beschwerlichen Fahrten, wo viele Leute auf engem Raum miteinander auskommen müssen, Intrigen und Eifersüchteleien, die darin gipfelten, daß Juan de Ayolas dem stark an Syphilis erkrankten Kapitän Mendoza einredete, Juan de Osorio, der Chef der Infanterie, wolle ihm das Kommando abnehmen. Mendoza ordnete daher die Ermordung Osorios an, die der auf Osorio eifersüchtige Ayolas höchstpersönlich durchführte. Auch Espinosa beteiligte sich rege mit einigen Dolchstichen an der Beseitigung des vermeintlich karrieresüchtigen Osorio.

Mitte Dezember verließ die Flotte die Bucht von Rio de Janeiro, am 3. Februar gründete man an der Mündung des Rio de la Plata die Stadt Buenos Aires, wo zunächst einmal ein kleines Fort »aus Mauern, Steinen und Lehm« erbaut wurde. Doch die »gute Luft«, der die Stadt ihren Namen verdankt, sollte den Männern kein Glück bringen, sondern Hunger und Krankheiten (s. Kasten).

Ulrich Schmidl / über die Entstehung von Buenos Aires

»Wir errichteten dort eine Ansiedlung, genannt Buenos Aires; das heißt auf deutsch: gute Lüfte. Aber unsere mitgebrachten Vorräte gingen bald zur Neige, und Jagd und Fischfang waren wegen der feindseligen Indianer unmöglich. Wilde, hungrige Tiere kamen über die Absperrungen und rissen Menschen. Viele Männer verhungerten oder starben am Fieber. Der Hunger war so arg, daß Ratten, Mäuse und Schlangen nicht ausreichten, ihn zu stillen. Schuhe und Ledersachen, alles wurde gegessen. Einmal stahlen 3 Spanier ein Pferd, schlachteten es und verspeisten es heimlich. Sie wurden erwischt und aufgehängt. Als wir am nächsten Tag die baumelnden Kadaver abnehmen wollten, fehlten große Stücke Fleisch aus ihren Oberschenkeln. Diese und andere Teile waren von den Kameraden herausgeschnitten und verzehrt worden.«

Um wieder aus der mißlichen Lage herauszukommen, stellte Mendoza eine Expedition zusammen, die Eßbares besorgen sollte. Sie wurde aber ein völliger Fehlschlag, und etwa 100 Euro-

Kampf am Rio Paraguay (nach Ulrich Schmidl)

päer kamen dabei um. Eine zweite Expedition startete nun mit 300 Mann, davon 30 zu Pferd. Auch diese Männer wurden von den Indios angegriffen. Die Europäer gingen zwar als Sieger hervor, doch der Bruder Mendozas fiel in diesem Kampf, und – was viel schlimmer wog – die Niederlage hatte den Stolz der Eingeborenen dermaßen verletzt, daß man grausame Rache schwor. Zehn Tage nach der verlorenen Schlacht schlossen über 20000 Indianer die kleine Ansiedlung der Hungernden ein. Mit Speeren, Brandpfeilen und Äxten griffen sie das Fort an. Häuser gingen in Flammen auf, der Schutzwall wurde niedergerissen und die Insassen des Forts getötet. Nur ein kleiner Teil der Leute konnte sich auf einige Schiffe flüchten. Von der anfänglich so stolzen Streitmacht von nahezu 2000 Männern überlebten am Ende nur 560.

Nun war es Juan de Ayolas, der die Aufgabe des kranken Mendoza übernahm und eine Expedition ausstattete, die den Rio Paraná hinauffahren sollte, um Nahrung zu finden. Im Fort »Corpus Christi« stießen die Männer auf einen Überlebenden der früheren Cabo-to-Expedition, der – wie schon so oft in den vorangegangenen Jahren – von enormen Schätzen erzählte, die er mit eigenen Augen weiter im Norden gesehen habe. Seine Geschichte hatte in diesem ganz besonderen Fall aber auch eine gute Seite: Sie weckte wieder die Lebensgeister der halbverhungerten Männer, und man beschloß, die Fahrt fortzusetzen.

Zwei Bergantinen, eine Karavelle und 170 Männer schifften, mit Ayolas an der Spitze, den Rio Paraguay hinauf, während der kranke Don Pedro de Mendoza nun aus Besorgnis wegen des inzwischen dreimonatigen Ausbleibens Ayolas' und seiner Männer Juan de Salazar y Espinosa den Befehl gab, nach Ayolas zu forschen. Dieser machte sich mit 60 Mann auf den Weg. Mendoza wartete und wartete. Aber als sechs Monate nach der Abfahrt Ayolas und drei Monate, nachdem er den

Nicht nur Krokodile, Raubtiere und Hunger begleiteten die Expeditionen auf den Flüssen ins Landesinnere. Auch auf die kleinen, aus Blasrohren geschossenen Giftpfeile der Indios mußten die Spanier immer gefaßt sein

Die dezimierten Stämme der Guaraní-Krieger nahmen die Spanier freundlich auf und versorgten die fremden Besucher mit ausreichend Proviant

Suchtrupp Espinosas losgeschickt hatte, immer noch kein Lebenszeichen von den Expeditionen kam, ernannte er am 27. April 1537 Ayolas in Abwesenheit zum stellvertretenden Gouverneur und Generalkapitän und trat die Heimreise an. Am 23. Juni starb er auf See an den Folgen seiner Krankheit. Mendozas Grab wurde der Atlantische Ozean.

In der gleichen Woche trafen im Rio Paraguay die Mannschaften Ayolas und Espinosas zusammen. Ayolas selbst war mit einem Boot und einer Gruppe von Männern weiter den Fluß hinauf gefahren und galt bei seiner zurückgebliebenen Mannschaft als verschollen. Seine Männer wurden jetzt von Domingo Martínez de Irala geführt, der den ankommenden Suchtrupp mit einem freudigen Salut aus den Schiffsgeschützen empfing.

Don Pedro Mendoza hatte sein Ziel zwar nicht erreicht, aber seine Hauptleute hatten mehrere Stützpunkte entlang der Flüsse Rio Paraná und Rio Paraguay errichten können und damit das Land für die spanische Krone gesichert. Mendozas tödlich endende Reise war – ohne daß man es in der Heimat ahnte – somit doch noch ein voller Erfolg für Spanien geworden. Und während man dort eiligst eine neue Flotte zusammenstellte, um nach dem Verbleib der Mendoza-Expedition zu forschen, schipperten dessen Offiziere geradewegs mitten ins Paradies hinein.

Ulrich Schmidl, der Juan de Ayolas auf der ungewissen Fahrt in den Norden des Landes begleitete, schrieb: »Die Cario-Indianer und die Guaraníes hatten Maniok, Weizen, Mais, Erdnüsse und andere Gemüse. Es gibt Fleisch, Fisch, Wild, Geflügel, Eier und Bienenhonig, aus dem Wein zubereitet wird...«

Zwar versuchten auch die Carios zunächst, die Eindringlinge abzuwimmeln, aber einige Schüsse aus den Handfeuerwaffen schafften rasch Klarheit. Die Indios, über den Lärm der Musketen mächtig erschrocken und eingeschüchtert, baten um Verzeihung und beschenkten die Fremden mit Proviant und Frauen. Ayolas erhielt sechs blutjunge Mädchen, keine älter als 18 Jahre – unter ihnen auch die bildschöne Tochter des Häuptlings Marantia.

Immer noch auf der Suche nach den Silberbergen, marschierte Ayolas nun mit 130 Europäern und 300 Indios 450 km tief in den Chaco, mußte dann

Das restaurierte Kirchenportal der Jesuitenreduktion Trinidad

aber kehrt machen, weil der Stamm der mächtigen Caracaraes gegen ihn mobil machte und es ihm ratsam erschien, sich nicht mit dieser Übermacht anzulegen.

Währenddessen hatte sich Juan de Salazar y Espinosa eine schöne Bucht weiter südlich von Ayolas derzeitigem Standort ausgesucht, wo seine Männer, ohne angegriffen zu werden, die Flußschiffe reparieren konnten. Die hier ansässigen Guaraní-Indianer (*Guaraní* = Krieger) zeigten sich recht friedlich und schafften willig Proviant, Witwen und junge Mädchen heran. Für Espinosas Männer, hinter denen inzwischen zwei extrem entbehrungsreiche Jahre lagen, zeigte sich das Leben, zum ersten Mal, seit man südamerikanischen Boden betreten hatte, von seiner Sonnenseite.

Die Guaraní, deren sonst so angriffslustige Krieger durch die ständigen Kämpfe mit anderen Stämmen, insbesondere mit den Feinden des im Westen liegenden mächtigen Inka-Reichs, dezimiert waren, gaben den Fremden nur allzu gerne ihre Töchter und Witwen als Gastgeschenk. Zwei große Kriege gegen die Inkas hatten die männlichen Guaranís fast ausgerottet. Es fehlte also an Männern bei den Guaraní, und die Ankunft dieser weißen, bis an die Zähne bewaffneten spanischen Heerschar fiel für die Indios und die Seefahrer gleichermaßen in eine günstige Zeit. Rasch wurden familiäre Bande geknüpft, und die paradiesischen Zustände auf diesem herrlichen Flecken Erde wollte schon bald keiner der Europäer mehr missen.

Am 15. August 1537 – es war der Tag Maria Himmelfahrt, und der zweite Jahrestag ihrer Abfahrt aus Spanien näherte sich – entschloß sich Juan de Salazar y Epinosa, hier eine Niederlassung zu gründen. Er ging mit 50 Europäern an Land und gründete, umgeben von neugierigen Indios und zwei Geistlichen, »zu Ehren der Heiligen Jungfrau Maria und für die Spanische Krone« die »Casa Fuerte de Nuestra Señora de Santa Maria de la Asunción« (Festung Unserer Lieben Frau von der Himmelfahrt) – die heutige Hauptstadt Paraguays.

Die Vermischung der Spanier mit der eingeborenen Bevölkerung vollzog sich ab diesem denkwürdigen Tag in keinem anderen Land mit ähnlicher Intensität. Laut zeitgenössischem Zeugnis des Paters Gonzáles Paniagua hielt sich jeder einzelne der spanischen Eroberer 30 bis 50 Guaraní-Frauen. Domingo Martínez Irala, der binnen Kürze zum ersten Gouverneur des Landes avancierte, soll in seiner Amtszeit gar mit 70 Guaraní-Frauen getraut worden sein. Seine hübschen Mestizentöchter vermählte er später, sobald sie ein Alter von 12 Jahren erreicht hatten, mit den vornehmsten seiner Offiziere.

Neun Jahre nach der Gründung Asuncións berichtete der Priester Andrada bereits von etwa 2000 kleinen Mestizen-Kindern, die in den Straßen der neuen Siedlung spielten. Im Jahre 1574 hatte sich die Zahl der in Asunción lebenden Mestizen bereits auf über 10000 erhöht, sich also in nur einem Menschenalter verfünffacht. Fast alle der unzähligen heutigen Träger des Namens Irala beziehen ihre Abstammung auf den ersten Gouverneur Paraguays, Domingo Martínez Irala.

In den folgenden Jahrhunderten bildeten die Mestizen eine dominierende »weiße« Oberschicht, die nur unter sich heiratete. Diese Kaste der Privilegierten ging erst 275 Jahre nach Ankunft der Spanier unter der rigorosen Nivellierungspraktik des Diktators Francia (S. 50–53) völlig in der übrigen Bevölkerung auf.

Der Jesuitenstaat

Den Umwandlungsprozeß der kriegerischen nomadisierenden Guaranís in ein seßhaftes und recht friedliebendes Volk verdankt Paraguay nicht nur der Mestizisierungspolitik Iralas, sondern hauptsächlich der unerschütterlichen und aufopfernden Missionstätigkeit jesuitischer Mönche, einem katholischen Orden, der im Jahr 1534 von Ignatius de Loyola gegründet und unter Papst Paul III. im Jahr 1540 bestätigt worden war.

Die »Wilden in der Neuen Welt« zu bekehren, wurde rasch zu einem der vornehmsten Ziele der Jesuitenpadres. Die Entdeckung der La-Plata-Länder erfolgte zeitgleich mit dem Entstehen des Ordens, und die Unerschrockensten unter den Mönchen stürzten sich tatendurstig in das neue Abenteuer Südamerika, um den Beweis zu erbringen, zu welch großen Taten sie imstande waren!

In der Tat erwartete die Padres ein hartes Stück Arbeit. Das Volk der Guaraní – besagt eine überlieferte Schrift – kannte nur die Zahlen von 1 bis 5 und etwa 400 Worte, für die erst die Franziskaner und die Jesuiten im Laufe der Zeit eine Schrift entwickelten. Die Indios kannten kein geordnetes Gemeinwesen, ihre Stämme waren untereinander oft zerstritten, das Bewirtschaften von Land, Ackerbau, Viehzucht und der Bau von Häusern, Wegen oder Mauern waren ihnen völlig unbekannt.

Erschwerend kam hinzu, daß die ersten spanischen Kolonisten die Freundlichkeit der Einheimischen bis zur Unerträglichkeit hin ausnutzten, was zur Folge hatte, daß sich ganze Gruppen und Sippen in den Urwald zurückzogen und von dort aus die weißen Eindringlinge zu bekämpfen begannen. Auch stieg in den ersten 50 Jahren nach der Gründung der Stadt Asunción die Zahl der europäischen Siedler so rasch an, daß es an Arbeitskräften mangelte und die Guaraní immer häufiger als unentgeltliche Arbeitskräfte zum Bewirtschaften der Felder ausgebeutet wurden.

EXPLICACION
DE EL
CATECHISMO
EN LENGUA GUARANI
PORNICOLAS YAPUGUAI
CON DIRECCION
DEL P. PAULO RESTIVO
DE LA COMPAÑIA
DE
JESUS
Enel Pueblo de S. MARIA La Mayor.
. AÑO DE MDCCXXIV

Titelseite eines Katechismus in Guaraní (1724)

Das Guaraní-Gebiet zu missionieren, zeigte sich schon bald als eine lebensgefährliche Aufgabe. Franziskaner- und Jesuitenmönche wurden in großer Menge umgebracht. Allein 35 jesuitische Missionare starben in diesen harten Zeiten den Märtyrertod durch die aufgebrachten Guaranís.

Im Jahr 1608 erhielt der Jesuitenorden von König Philipp III das »Patent« zur Bekehrung der Indianer in der Provinz Guairá, einem von Kolonisten noch relativ unberührten Landstrich an der heutigen paraguayisch-brasilianischen Grenze. Trotz vieler Fehlschläge errang der Orden phantastische Erfolge. Es gelang, das Mißtrauen der Urbevölkerung durch Geschenke, den Unterricht im Bewirtschaften des Landes, in handwerklichen Fähigkeiten und der Musik zu überwinden. Die Indianer erkannten, daß diese musizierenden und freundlichen Padres anderer Natur waren als jene, vor denen sie sich in die Wälder zurückgezogen hatten. Sie kamen in Scharen aus ihren Verstecken, lauschten entzückt den Geschichten und Liedern, welche die bärtigen Männer in ihrer vertrauten Guaraní-Sprache vortrugen, und wurden rasch zu gelehrigen Schülern.

Binnen weniger Jahrzehnte gelang es so den Jesuiten, 36 landwirtschaftliche Ansiedlungen aus dem Nichts zu schaffen. In jeder dieser Reduktionen lebten etwa 4000 – 10000 Indianer, die sich mit Hilfe der frommen Männer bemühten, das Land urbar zu machen und den Lehren der christlichen Kirche nachzueifern. Zeitweise lebten bis zu 200000 Menschen in den jesuitischen Reduktionen, wo das Gemeinwesen absolut im Vordergrund stand. Nur nebenher oder in Ausnahmefällen durfte der Einzelne sein ihm als persönlicher Besitz zugewiesenes Stück Land bestellen. Dieses neue Gemeinschaftsdenken funktionierte so gut, daß die Guaraní schon bald beträchtliche Überschüsse erwirtschafteten, die dem Orden zugute kamen und dadurch das Fundament für einen florierenden Handel nach Übersee bildeten.

Etwa 150 Jahre lang entwickelte sich der Jesuitenstaat in Paraguay zu einem nicht mehr fortzudenkenden Wirtschaftsfaktor Spaniens und Paraguays. Und voller Wohlwollen blickten 15 Päpste in dieser Zeit auf ein Land, in dem die einst »Wilden« Lebensformen entwickelt hatten, die weitgehend dem christlichen Ideal entsprachen. Hunderttausende waren missioniert worden, und alle arbeiteten als seßhaft gewordene, kostenlose und sich selbst ernährende Arbeitskräfte. Voltaire bezeichnete das paraguayische Werk der Jesuiten als einen Triumph der Menschlichkeit, und andere Schriftsteller und Philosophen äußerten sich ähnlich anerkennend.

Der Wandel zur Auflösung der jesuitischen Reduktionen vollzog sich zunächst nur schleichend und kaum merkbar. Die zur weißen Oberschicht zählenden hispanisierten Mestizen und die spanischen Kolonisten sahen ihre Ausbeutungspolitik und wirtschaftlichen Erfolge immer mehr durch die Ordensleute bedroht. Die Padres, die nun in zunehmendem Maße ihre Schützlinge vor Sklaverei und die indianischen Frauen und Töchter vor sexuellem Mißbrauch zu bewahren hatten, wurden den Landbesitzern immer mehr ein Dorn im Auge.

Die herrschende Oberschicht in Paraguay (1760 lebten in Paraguay bereits etwa 60 000 Weiße und Mestizen) richtete Beschwerdebriefe an den spanischen Hof und den Vatikan, es kam

Anlage einer Jesuitenreduktion in Paraguay

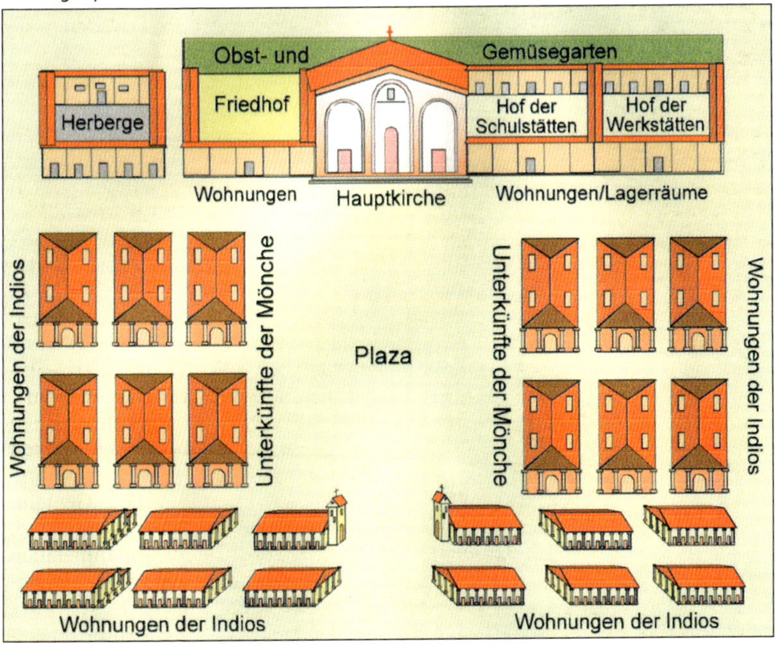

zu Intrigen, ständigen Reibereien und Verleumdungen. Die friedfertigen Jesuiten konterten im Rahmen ihrer enggesteckten Möglichkeiten, indem sie für ihre Kirchen Bilder malen ließen, auf denen Jesus und die Apostel als Indios abgebildet waren. Nur der etwas abseits stehende Judas wurde als Spanier dargestellt...

Jahrzehnte hindurch bestimmten ähnliche Ränkespiele das Zusammenleben zwischen Jesuiten und den Kolonialherren. Letztere wurden noch unterstützt von den Franziskanern, die im Laufe der Jahre ebenfalls eine Rivalität zu den so erfolgreich missionierenden Jesuiten entwickelt hatten. Immer wieder mußten Abgesandte des Papstes nach Paraguay reisen, die die oft völlig gegensätzlichen Darstellungen, Beschwerden und Rechtfertigungen von Jesuiten, Franziskanern und Siedlern prüfen und ausloten sollten. Daß jede der streitenden Parteien dabei versuchte, die Gunst der päpstlichen Gesandten zu gewinnen, versteht sich beinahe von selbst.

Zwar waren die Jesuiten aus den lange anhaltenden Streits am Ende als Sieger hervorgegangen und hatten ihre Machtposition wiederherstellen können, doch nun geriet durch andere Ereignisse in Europa deren Status ins Wanken. Im Jahr 1767 wurde dann das Schicksal des Jesuitenordens in Paraguay über Nacht besiegelt. Das Jesuiten-Imperium habe mehr Untertanen als der spanische König selbst, wodurch es eine Gefahr für die Krone bilde, schrieb der spanische Minister Graf

Heute zeugen nur noch Ruinen und die Skulpturen von Heiligen und Klostervorstehern von den großartigen Leistungen der jesuitischen Padres in Paraguay. Die hier abgebildeten Ruinen befinden sich in Jesús

Aranda am 13. Januar 1767 an seinen König. Und der Orden, dessen oberster Sitz außerhalb des spanischen Königreiches lag, unterläge auch wegen der hohen Privilegien, die er genieße, nicht mehr der spanischen Autorität. Nur noch ein geschicktes Vorgehen könne daher die Souveränität der Gebiete in Übersee retten.

In Befolgung derartiger Ratschläge erließ der König im gleichen Jahr ein »Geheimes Dekret«, aufgrund dessen die etwa 500 in Paraguay lebenden jesuitischen Padres ohne vorherige Nachricht in ihren Siedlungen »ab dem gleichen Tage, zur gleichen Stunde«, verhaftet, abtransportiert und in Ketten nach Europa gebracht wurden.

Die nun führerlos gewordenen Reduktionen unterstanden ab diesem Tag der spanischen Verwaltung, was zur Folge hatte, daß die meisten Indios wegen der organisatorischen Unfähigkeit der neuen Herren durch Hunger und Seuchen stark dezimiert wurden oder zurück in die Wälder flohen. Die Siedlungen waren binnen kurzer Zeit völlig verwaist und verfielen. Nur ihre Ruinen sind heute noch markante Zeugen dieser so großartigen, 160jährigen jesuitischen Vergangenheit.

Die Schlacht von Tacuarí und die Lossagung von der spanischen Herrschaft

Die mehr als anderthalb Jahrhunderte andauernde Herrschaft der Jesuiten hatte ihre Spuren hinterlassen. Hunderttausende Indios aus mehreren Generationen hatten sich willig zum Christentum bekannt, sich führen und leiten lassen und dabei erfahren, daß man unter den strengen Regeln der Jesuitenpadres durchaus zu bescheidenem Wohlstand kommen konnte.

Die christlichen Lehren verlangten viel Gehorsam und ein gewisses Unterordnen. Neid, Mißgunst und Streitlust hatten die Indianer längst abgelegt. Gott war die gesetzte Obrigkeit, jeder Padre dessen Botschafter und Richter. Die Erziehung zum einfachen, arbeitsamen Leben, zur Mißachtung weltlicher Güter und der tief eingeprägte Glaube, daß alle Schwierigkeiten des Daseins nur eine Prüfung Gottes seien, die ausschließlich von den höhergestellten Padres oder von Gott selbst gelöst werden konnten, schufen ein zwar fröhliches, aber auch ehrgeizloses, völlig der Obrigkeit vertrauendes Volk. Eigeninitiative, Machtstreben und Konkurrenzdenken kannte man nicht. Die Indios arbeiteten willig und viel, aber was man wie zu tun hatte – eine solche Entscheidung trafen die Patres für sie.

Nach der Auflösung des Jesuitenstaates sah sich dieses Volk nun völlig führerlos sich selbst überlassen. Es kam zu weiteren Vermischungen der Guaranís mit der übrigen Bevölkerung, und die Paraguayer verschmolzen allmählich zu einem einheitlichen Volksganzen.

Derweil machte in Europa ein Feldherr namens Napoleon von sich reden. Durch ihn verloren die Bourbonen in Spanien ihre Thronherrschaft, und in der Folge kam es jetzt auch in Südamerika zu heftigen Aufständen gegen die spanischen Kolonialherren. Einzig die Paraguayer wahrten gegenüber ihrem spanischen Gouverneur Velazco bis ins Jahr 1811 Loyalität – ein Jahr, das schon bald einen deutlichen Wendepunkt in der paraguayischen Geschichte darstellen sollte. Das Revolutionsregime in Buenos Aires hatte unter seinem General Belgrano eine Streitmacht entsandt, die nun diese letzte lateinamerikanische Bastion gegen Napoleon der spanischen Verwaltung entreißen sollte. Hastig machte jetzt auch Velazco mobil. Alles, was in Paraguay zwei gesunde Beine und eine Waffe besaß, setzte sich in Bewegung, und es kam im Süden des Landes, bei Tacuarí, zu einer blutigen Entscheidungsschlacht.

Die Verluste waren auf beiden Seiten enorm. Gouverneur Velazco glaubte sich schließlich geschlagen und ergriff die Flucht. Obwohl nun ohne Führung, kämpften die paraguayischen Truppen jedoch unermüdlich weiter und zwangen am Ende die Argentinier zur Kapitulation. Da ihr Gegner, General Belgrano, feierlich schwor, seine Männer hätten Paraguay nicht erobern wollen, sondern sie seien gekommen, um das paraguayische Volk von seiner spanischen Herrschaft zu befreien, gewährte man ihm Pardon, und den Argentiniern wurde ein ehrenvoller Abzug gestattet.

Inzwischen hatte Gouverneur Velazco erfahren, daß der Kampf doch zugunsten seiner Truppen ausgefallen war. Er kehrte um und ritt seinen tapferen Männern entgegen. Die aber begegneten ihm mit kalter Verachtung, und niemand unter den Paraguayern zweifelte nun mehr daran, daß auch der von Napoleon entmachtete spanische König und der Kronprinz Feiglinge gewesen waren, denen man jetzt keine Treue mehr schulde.

Überall im Land spürte man plötzlich einen zunehmend stärker werdenden Nationalstolz unter dem Volk. Nach mehr als zwei Jahrhunderten, in welchen man immer nur anderen Herren gedient hatte, lehrte die Schlacht von Tacuarí, daß man sehr wohl auch ohne eine weiße Vorherrschaft auskam. Velazco wurde entmachtet, und im Jahr 1813, zwei Jahre nach dem Sieg über die Argentinier, sagte man sich von Spanien los. Paraguay trat nun, ungeachtet der Vorgänge in Europa – zum ersten Mal in der Geschichte dieses neuen Volks, das sich aus den Nachfahren von Guaranís, Spaniern und Mestizen geformt hatte – die Selbstverwaltung seines Landes an.

Diktator Francia – genial oder ein Verrückter?

Ein revolutionäres Triumvirat, dessen einflußreichstes Mitglied der Rechtsanwalt Dr. José Gaspar Rodriguez de Francia war, übernahm vorübergehend die Verwaltungsgeschäfte und berief im Mai 1811 den ersten Nationalkongreß ein. Francia war eine asketische, dämonische Persönlichkeit, für die Unbestechlichkeit, fanatischer Patriotismus und emsiger Arbeitseifer zu den höchsten Tugenden zählte. Als Sohn eines brasilianischen Einwanderers französischer Herkunft und einer paraguayischen Mutter war er begeisterter Befürworter der französischen Revolutionsbewegung. Sein ungehemmter Haß galt der katholischen Kirche, dem

Spaniertum, der Vetternwirtschaft unter den Mestizen der gehobenen Klasse und – seinen eigenen Familienangehörigen. In den drei Jahrzehnten seiner Regierungszeit duldete er keinerlei Standesunterschiede oder Sippenwirtschaft. Und Francia selbst war es, der seinem Volk als asketisches Beispiel voranging: Er kannte keinerlei materiellen Genuß, pflegte weder künstlerische noch kulturelle Interessen und regierte sein Land in völliger Abgeschiedenheit, ohne Günstlinge, ohne Freunde, ohne Familie. Sein Arbeitstag begann im frühen Morgengrauen und endete erst spät in der Nacht. Für seinen persönlichen Verbrauch und die Kosten seines Haushaltes entnahm er täglich nur zwei Pesos (damals etwa vier US-Dollar) aus der Staatskasse, deren Verwaltung ihm höchstpersönlich oblag. Es gab keine Minister, nur drei Sekretäre, die keinerlei Machtbefugnisse besaßen. Francia war der »Supremo«, der Höchste, und es gab während seiner langen Regierungszeit keinen einzigen Menschen in Paraguay, der es gewagt hätte, ihm diesen Titel streitig zu machen.

Verschwörerische Umtriebe wurden, zuweilen schon beim bloßen Verdacht, mit der Beschlagnahmung des Vermögens und mit Erschießen bestraft. Überhaupt gehörte das Konfiszieren von privatem Eigentum zu einem seiner liebsten Steckenpferde. Wessen immer Francia auch habhaft werden konnte – und sei es aus noch so nichtigen Gründen –, er ließ es beschlagnahmen und führte es der Staatskasse zu, die er in sprichwörtlichem Geiz überwachte. Francia war das emsig sammelnde Eichhörnchen der Nation. Geld, Grundbesitz, Gold und Silber hortete er in solchen Massen, daß aus Paraguay erstmals das wurde, was die Spanier und Portugiesen drei Jahrhunderte zuvor dort vergeblich gesucht hatten: ein reiches Land, welches keinerlei Hilfen von außen benötigte.

Damit dieses Staatsvermögen auch beständig weiterwuchs, schuf Francia beinharte, menschenfeindliche Abgabegesetze. So fiel der Nachlaß von Personen, die keine in Paraguay lebenden Erben hatten, ebenso an den Staat wie das Vermögen von Einwanderern oder Auswanderern (beides war strengstens verboten). Er schaffte die Inquisition ab, hob flugs alle Klöster auf, da sie »weder nötig noch nützlich« seien, schloß Priesterseminare und Kirchen und übergab deren Ländereien und Vermögen der Staatskasse. Als seine einzige Schwester gegen sein ausdrückliches Verbot trotzdem heiratete, ließ er kurzerhand seinen frischgebackenen Schwager und den Priester, der die Trauung vollzogen hatte, erschießen und deren Vermögen einziehen. Von

Der asketische Dr. Francia regierte als erster Präsident Paraguays (1811–40) das Land mit eiserner Faust

der Schwester fehlt jede Spur. Man darf annehmen, daß auch sie seinem recht eigenwilligen Gerechtigkeitssinn zum Opfer fiel.

Francia war zwar nie verheiratet, aber es gab eine uneheliche Tochter. Als diese heranwuchs, stellte sich das Problem der Aussteuer, die Francia mit den täglichen zwei Pesos Gehalt natürlich nicht finanzieren konnte. Um seinen Ruf unübertrefflicher Unbestechlichkeit nicht zu beflecken, erklärte er nun die Prostitution zu einem ehrbaren Beruf. Die Damen des horizontalen Gewerbes durften fortan als Zeichen ihrer Würde einen kleinen vergoldeten Haarkamm tragen. Einen solchen Kamm überreichte er auch seiner Tochter, die sich fortan als Hure durchs Leben schlagen mußte.

Für das Volk, insbesondere für die in Paraguay lebenden Spanier und Mestizen, brachen mit der Regierungsgewalt Francias harte Zeiten an. Der Hochmut, mit welchem Spanier und europäisierte Mestizen auf die von ihnen ausgebeuteten Indianer blickten, war ihm in tiefster Seele zuwider. Er sah darin eine Gefahr für die Einheit der Nation und belegte daher jede Heirat, die innerhalb der »weißen« Oberschicht vollzogen wurde, mit so hohen Strafen, daß diese den physischen und wirtschaftlichen Untergang beider Familien zur Folge gehabt hätte.

Das Konzept ging auf. Die gesamte Führungselite des Landes verehelichte sich ab nun ausnahmslos mit Indianern, alle spanischen Bräuche und Institutionen aus der Kolonialzeit wurden verboten, und an Stelle der spanischen Sprache wurde das Guaraní zur Amtssprache erhoben.

Um alle spanischen Einflüsse von außen abzublocken, wurden die Grenzen nach Argentinien geschlossen und der Handel mit anderen Ländern unter strenge Strafen gestellt. Dies hatte zur Folge, daß ein Überfluß an inländischen Produkten vorherrschte, eine Kuh etwa nur ein Dollar kostete, aber für einen modischen Hut aus Argentinien (der unter Lebensgefahr ins Land geschmuggelt werden mußte) der Gegenwert von 60 Pferden bezahlt wurde.

So hart und furchtbar Francia in diesen dreißig Jahren auch das Regierungszepter schwang, die Vereinheitlichung und Verschmelzung der Guaraní zu einem Volk, das ausgeprägte Nationalbewußtsein und der Stolz der heutigen Paraguayer, dies alles ist auf Dr. José Gaspar Rodriguez de Francia zurückzuführen. Ohne ihn gäbe es dieses Paraguay nicht. Das Land wäre vermutlich zu einer bedeutungslosen Provinz im Inneren Argentiniens abgesunken.

Zweifellos war er ein Tyrann und gnadenloser Diktator. Sein Starrsinn und Geiz, sein fanatischer Arbeitseifer und seine unerbittliche Dickköpfigkeit, mit der er verlangte, daß ein jeder aus dem Volk das karge, spröde und asketische Leben, welches er selbst vorlebte, nachzuvollziehen hatte; die Härte, mit der er strafte und Vermögen konfiszierte, und nicht zuletzt die Tatsache, wie er seine engsten Verwandten behandelte, zeichnen auf den ersten Blick das Bild eines Psychopathen. Berücksichtigt man jedoch die Zeit, in der Francia aufwuchs und später regierte, entsteht eher das Bild eines völlig alleinstehenden, einsamen Kämpfers, dessen übertriebener Gerechtigkeitssinn und Puritanismus keinen anderen Schluß zuließ, als die himmelschreienden Ungerechtigkeiten dieser Epoche konsequent und diktatorisch auszumerzen.

Mit eisernen Borsten fegte er binnen kürzester Zeit die Sippenwirtschaft der Privilegierten fort, vermischte die unterdrückten Randgruppen mit den Reichen und baute ein Staatswesen auf, das sich – wie ehemals bei den Jesuiten – durch Fleiß und Arbeit von selbst erhielt. Er förderte das Grundschulwesen, aber er verbot die höheren Schulen in dieser Umformungsphase, um nicht eine neue Klasse an Privilegierten aufkommen zu lassen. Er baute eine schlagkräftige Armee auf, die keine höheren Ränge als den Hauptmann kannte und – wie sollte es anders sein – die nur ihm untergeordnet war. Er verbot den Außenhandel und schuf so ein Volk, das sich selbst ernähren konnte.

Francia ahnte wohl, daß dieser Weg, ein Volk neu zu bilden, der einzig richtige war, daß später aber eine andere Regierungsform folgen müßte, um keine Unzufriedenheit aufkommen zu lassen. In einer Würdigung Benjamin Franklins (1706–90) sagte er: »Dieser Mann war der erste Demokrat der Welt und ein Vorbild, dem wir nachahmen müssen. In vierzig Jahren kann es sein, daß Lateinamerika Männer wie ihn haben wird. Und dann erst werden wir in den Genuß der Freiheit kommen, auf die wir heute noch nicht vorbereitet sind.«

Unter Präsident Carlos Antonio López (1842–62) wurde Paraguay zu einem der mächtigsten Länder Lateinamerikas

Prächtige Zeiten mit Präsident Carlos Antonio López

Nach Francias Tod am 20. September 1840 folgte eine kurze Zeit der Anarchie, dann war es der 49jährige Rechtsanwalt Carlos Antonio López, der die Zügel in die Hand nahm, um das diktatorische Erbe seines Vorgängers anzutreten.

López war ein rechtschaffener Mann, entfernt mit Francia verwandt, aber nie von diesem gefördert worden. Die vor seinem Amtsantritt liegenden anderthalb Jahre hektischen Nachfolgegerangels hatten ihm gezeigt, daß es ratsam war, das Volk auch weiterhin allein und mit diktatorischer Hand zu regieren, auch wenn seine Ziele völlig anderer Art waren als die seines Vorgängers Francia.

Durch ein Gesetz vom 24.11.1842 hob er – zwanzig Jahre vor Abraham Lincoln – die Sklaverei in Paraguay auf, da »von Geburt an alle Menschen gleich sind; vor Gott und vor mir«. Er öffnete wieder die Landesgrenzen, ließ über 400 neue Schulen bauen, gründete Zeitungen und förderte die Einwanderung ausländischer Spezialisten.

Binnen kürzester Zeit erhöhte er das Heer von 5000 auf 50000 Mann, die innerhalb von Tagen durch die Einziehung von Reservisten verdoppelt werden konnten. In der gleichen Zeit unterhielt das zehnmal so große Brasilien eine Friedenstruppe von nur 12 500 Mann. Das Paraguay unter Carlos Antonio López wurde dadurch ein unübersehbarer Machtfaktor in Lateinamerika, was zu mancherlei politischen Streitigkeiten und Spannungen mit den Angrenzerländern führte.

Doch die Hauptaktivitäten dieses Präsidenten lagen in der Öffnung des internationalen Handels, und es gelang López, alle aufkommenden Reibungspunkte politisch zu lösen. Bald schon erlangte Paraguay die Anerkennung der USA, Argentiniens und Großbritanniens. Eine nie gekannte wirtschaftliche Blütezeit prägte die zwanzig Jahre seiner Regierung. Die Ausfuhren waren – ein einmaliges Ereignis in der gesamten Wirtschaftsgeschichte Lateinamerikas – doppelt so hoch wie die Einfuhren. Leben und Eigentum eines jeden einzelnen paraguayischen Bürgers waren unter López angeblich sicherer als in jedem anderen Land der Welt.

Aber Carlos Antonio López hatte auch seine Schattenseiten. Im Gegensatz zu Francia, dem jede Art von Familien- oder Vetternwirtschaft zuwider war, kennzeichnete diesen Präsidenten die ausgeprägte Vorliebe, Mitglieder aus seiner Familie zu protegieren. So erwarb er nach und nach nicht nur immense Ländereien, die er als Privateigentum auf seine Familie übertrug, sondern er ernannte seinen Bruder (mit Genehmigung aus Rom) zum Bischof von Asunción. Seine Kinder – teilweise noch minderjährig – erhielten die höchsten Staatsämter. Ihren Schwächen und Fehlern gegenüber zeigte er sich beinahe blind, was bereits kurz nach seinem Tod zu fatalen Folgen führen sollte.

Unter Marschall Francisco Solano López – ein Volk blutet aus

Im Jahr 1857 erhielt Carlos Antonio López das Recht, seinen Nachfolger selbst zu bestimmen. Er starb am 10. September 1862, und sein Sohn Francisco Solano López war vom Vater zum neuen Präsidenten bestimmt worden.

Carlos Antonio López protegierte die Mitglieder seiner Familie und setzte selbst Minderjährige in hohe Staatsämter ein. Am Ende seiner Amtszeit besaß die Familie das größte Privatvermögen in Paraguay

Im Alter von 18 Jahren war Francisco Solano bereits zum General ernannt worden, bereiste ab 1853 Europa, wo er in diplomatischer Mission einige Handelsverträge abschloß, und wurde nach seiner Rückkehr vom Vater zum Kriegsminister erhoben. Zwar hatte sein Vater ihn immer wieder beschworen, »außenpolitische Konflikte nicht mit dem Schwert, sondern mit der Feder zu lösen« und jeder militärischen Konfrontation aus dem Wege zu gehen, aber der junge Heißsporn, gerade 35 Jahre alt geworden, war besessen von der Idee, nach dem Vorbild Napoleons durch Stärke und Macht in Südamerika eine erbliche Monarchie zu gründen, zu deren Führung in ganz Lateinamerika er sich nun bestimmt sah.

In Europa hatte er am französischen Hof die in Irland geborene Elisa Lynch kennengelernt, eine schöne Abenteurerin, mit der er fortan in wilder Ehe lebte. Rauschende Feste und Bälle in Asunción und dem am Ypacaraí-See liegenden Sommerfrische-Ort Areguá prägten dieses gemeinsame Leben, aus dem fünf Kinder hervorgingen. Madame Elisa Lynch, wie die Geliebte des Francisco Solano López genannt wurde, förderte die Musik und das kulturelle Leben, besaß ihr privates Theater (der heutige Speisesaal des Gran Hotel del Paraguay in Asunción) und blieb bis zur Stunde seines Untergangs an der Seite des jungen Mannes.

Nach seinem Amtsantritt kam es recht schnell zu ersten Konflikten mit dem angrenzenden Kaiserreich Brasilien. Da López aufgrund der militärischen Stärke seines Landes nicht gewillt war, die Ratschläge seines Vaters zu befolgen und nach politischen Kompromissen zu suchen, gewann Brasilien rasch das mächtige Argentinien und Uruguay als Verbündete, und der folgende Triple-Allianz-Krieg

Francisco Solano López (1862–70) stürzte Paraguay in den verheerenden Triple-Allianz-Krieg

(»Dreier-Bündnis-Krieg«) war programmiert.

Am 11. Nov. 1864 eröffnete Paraguay den Krieg gegen Brasilien und errang auch einige Überraschungssiege. Der gut vorbereitete Gegenschlag begann dann im Februar 1868, als die Alliierten die am Rio Paraguay liegende Festung von Humaitá angriffen und belagerten. Der heldenhafte Widerstand der Paraguayer dauerte ein ganzes Jahr, dann kapitulierten die Truppen des Kommandanten Martinez aus Hunger und Munitionsmangel. Im Dezember 1868 erstürmten die alliierten Truppen schließlich ein befestigtes Lager bei Lomas Valentinas, im Januar 1869 Asunción und andere Landesteile. Durch die anhaltenden Kämpfe wurden López' Truppen mehr und mehr aufgerieben, und im August 1869 folgte dann die entscheidende Niederlage Paraguays bei Curupaity.

Kampf und Blutvergießen waren damit aber noch nicht zu Ende. Angehörige der Oberschicht, darunter auch Mitglieder aus Lopez' Familie, die den Präsidenten zu überzeugen versuchten, den völlig aussichtslos gewordenen Krieg endlich zu beenden, wurden aufs grausamste hingerichtet. Darunter der Bischof von Asunción, der Außenminister, der zu retten versuchte, was noch zu retten war, hochverdiente Generäle und Offiziere und seine eigenen Brüder und Schwager. Selbst seine siebzigjährige Mutter und seine beiden Schwestern wurden bis zur Bewußtlosigkeit ausgepeitscht. Der Hinrichtung entkamen sie nur durch López' eigenen Tod.

Obwohl die Verluste bei allen Kriegsparteien, insbesondere unter den Paraguayern, enorm hoch waren, gab López den Kampf nicht auf. Und so kam es, daß er nach fünfjährigem, blutigem Krieg am 1. März 1870 mit seiner auf 480 Mann zusammengeschrumpften Armee im wilden und menschenleeren Nordwesten Paraguays, in der Schlacht von Cerro Corá, gestellt wurde und hier auch sein Leben verlor – nicht weit von jenem Ort entfernt, wo am gleichen Tag sein erst 15jähriger Sohn als Oberst der paraguayischen Armee fiel. Elisa Lynch, die Geliebte López', floh nach Europa, wo sie vergessen und in völliger Armut starb.

Von den 1 377 000 Einwohnern des Landes überlebten nur 6000 Männer, 20 000 Kinder und Greise sowie 200 000 Frauen. All das, was einst Carlos Antonio López so mühsam aufgebaut hatte, lag vernichtet und ausgeblutet am Boden, und die wenigen Überlebenden traten das furchtbare Erbe des Francisco Solano López an: ein an Territorium um die Hälfte geschrumpftes Land, in dem sich Hunger, Armut und Elend auszubreiten begannen.

Die Zeit der Prüfungen, 1870 bis 1935 – unzählige Präsidenten in einem Menschenalter

Über eine Million Paraguayer waren tot, das Land war von den Alliierten besetzt und unter ihnen aufgeteilt worden. Von dem einst großen und mächtigen Land waren nur noch die Region östlich des Rio Paraguay mit einer Fläche von 159 827 km² verblieben und die trostlose, menschenarme Chaco-Region, womit Paraguay die Hälfte seines früheren Territoriums verloren hatte.

Am 22. Juni 1876 verließen die letzten Besatzungstruppen der Alliierten das Land. Und als habe es in den vorangegangenen Jahren nicht schon genug Tote gegeben, begann nun ein mörderisches Gerangel der Familienclans um den Posten des neuen Präsidenten. Viereinhalb Monate nach Antritt seines Amts wurde der neu gewählte Präsident Juan Bautista Gill nebst seinem Bruder, dem früheren Finanzminister, von Anhängern des früheren Außenministers Dr. Machain auf offener Straße ermordet. Daraufhin übernahm der Vizepräsident für ein weiteres Jahr die Amtsgeschäfte. Nach ihm folgten 1878–80 Präsident Cándido Bareiro, bis 1886 dessen Innenminister General Bernardino Caballero, der die heutige Regierungspartei der Colorados gründete, schließlich Präsident Escobar und ab 1890 Juan Gonzales, den man 1891 erfolglos zu stürzen versuchte. 1894 übernahm Marcos A. Morinigo die Regierung über ein Volk von 335 000 Seelen, inklusive einem Heer von 1 400 Soldaten.

Immer wieder kam es zu Umstürzen. Die persönliche Sicherheit der Bürger war fast ständig in Gefahr, die Währung instabil, Rechtsprechung und Verwaltung waren nahezu gelähmt. Korruption und Angst beherrschten das Leben in einer Zeit, die vom Tod López' bis zum Amtsantritt Alfredo Stroessners im Jahr 1954 in 84 Jahren 40 Präsidenten hervorbrachte.

Man lebte, um zu überleben – eine aussichtsreichere Perspektive hatte das menschenarme Paraguay jener Zeit kaum zu bieten. Entsprechend gering war auch das Interesse, sich in Paraguay anzusiedeln. In den zehn Jahren von 1881 bis 1891 wurden nur 5957 neue Einwanderer registriert, darunter 1343 Deutsche. Auf jeweils anderthalb Quadratkilometern lebte – abgesehen von Asunción mit seinen damals 30000 Einwohnern – im Jahr 1892 durchschnittlich nur ein Mensch.

Kaum hatte sich das Land von dem unheilvollen Triple-Allianz-Krieg etwas erholt, erschütterte 1932–35 unter dem Präsidenten Eusebio Ayala ein neuer Krieg das Land. Der nördliche Nachbar, Bolivien, hatte bereits seit 1852 territoriale Ansprüche auf den Gran Chaco erhoben. Da dieses trockene, öde Savannengebiet jedoch allen Beteiligten als kaum bewirtschaftbar erschien und sich der Binnenstaat Bolivien überdies mehr nach Westen orientierte, wo man bei den Peruanern einen Anschluß zum Meer erzwingen wollte, blieb die Frage nach dem wirklichen Besitzrecht über Generationen hinweg in der Schwebe.

Tatsache ist, daß nach alten spanischen Kabinettbeschlüssen aus den Jahren 1741 und 1777 Bolivien verbriefte Eigentumsrechte am Gran Chaco besaß, wo die Paraguayer in den zurückliegenden Jahrzehnten einige Forts und Festungen zum Schutz gegen wilde Indianerstämme errichtet hatten. Und sicherlich wäre der Chaco auch weiterhin als eine Art von Niemandsland toleriert worden, wären in den zwanziger Jahren nicht hartnäckige Gerüchte laut geworden, daß diese fast gänzlich unerforschte Region riesige Ölvorkommen berge.

Ganz im Nordwesten des Chacos wurde bereits nach Öl gebohrt. Die Standard Oil Cie. aus den USA hatte die Konzessionsrechte für dieses Gebiet erhalten, als ein Mann namens Lu-

Die Nachricht, daß die »Standard Oil Cie.« und die Männer von Luis Torres im Chaco auf Öl gestoßen waren, löste den blutigen Chaco-Krieg von 1932–35 aus

Nur mit Gewehr, Buschmesser und einer um den Körper geschlungenen Decke ausgestattet, kämpften sich die Soldaten durch das unwegsame Gelände des Chacos

is Torres ganz genau wissen wollte, ob der Chaco tatsächlich zum Tummelplatz zukünftiger Ölmillionäre werden würde oder nicht. Er stellte eine Expedition zusammen und durchstreifte monatelang die wasserlosen Wüsten und die Randgebiete der Salzwasserflüsse im Chaco. Er zeichnete Karten, nahm Erdproben und führte Gesteinsuntersuchungen im Chaco durch, die allesamt zu seiner höchsten Zufriedenheit ausfielen.

Da Torres nicht über das notwendige Kapital verfügte, selbst Bohrungen durchzuführen, versuchte er nun über einen Mittelsmann der bolivianischen Regierung seine geologischen Untersuchungen an die Standard Oil zu verkaufen. Die Lunte zum blutigen Chaco-Krieg wurde damit gezündet.

Die Paraguayer hatten natürlich auch ihre Informanten. Und als in Asunción bekannt wurde, daß Torres auf Ölvorkommen im Chaco gestoßen war, deren Ausbeutung durchaus lohnenswert erschienen, machten sich von verschiedenen Seiten Kräfte bemerkbar, die den Verkauf der Konzessionen an Standard Oil zu verhindern versuchten. Torres, der sich gerade zu Verhandlungen in Asunción aufhielt, mußte fliehen, und die paraguayische Regierung schob ihre nördlichen Militärposten immer weiter in den westlichen Chaco vor. Auf bolivianischer Seite erwachte nun ebenfalls ein brennendes Interesse an dem öden Landstrich, der rund 180 Jahre zuvor der Regierung in La Paz zugesprochen worden war.

Binnen kürzester Zeit sah sich Paraguay nun wieder mit einem militärisch und personell weit überlegenen Gegner konfrontiert. Drei Jahre kämpften die gegnerischen Armeen in der sengenden Hitze der »grünen Hölle« unter furchtbaren Entbehrungen. Durch die Unwegsamkeit des Geländes kam es auf beiden Seiten immer wieder zu Nachschubproblemen. Es fehlte an Trinkwasser, Essen, Medikamenten und Munition. Malaria, Schlangenbisse, die mörderisch herabbrennende Sonne, Moskitos, Ameisen, Typhus und die schiere Erschöpfung forderten täglich ihre Opfer. Ganze Bataillone kamen bis auf den letzten Mann durch Durst um.

Trotz des höheren Menschenpotentials und der besseren Bewaffnung der Bolivianer, siegten die paraguayischen Truppen im September 1932 in der Schlacht um die befestigte Stellung Boqueron; ein knappes Jahr danach schlugen sie die bolivianischen Elitetruppen bei Centeno, wobei der Einsatz der oft bis zur Verzweiflung weiterkämpfenden Paraguayer absolut beispiellos war. Einmal griff eine ihrer Einheiten ohne einen einzigen Schuß Munition, nur mit einem einzigen Bajonett, Knüppeln und Spaten ausgestattet, ein voll ausgerüstetes bolivianisches Regiment in einem unübersichtlichen Sumpfgelände an und machte es – freilich unter furchtbaren eigenen Verlusten – vollständig nieder.

Insgesamt verloren in diesem Krieg, aus dem Paraguay als unbestrittener Sieger hervorging, 50 000 Paraguayer und 80 000 Bolivianer ihr Leben. Der nachfolgende Friedensvertrag regelte

Liste der Präsidenten Paraguays

Von 1535 (Pedro de Mendoza) bis 1811 (Bernardo de Velazco) oblag die Regierungsgewalt in Paraguay den von der spanischen Krone eingesetzten Gouverneuren. 1811 erfolgte dann die Loslösung von Spanien und die Unabhängigkeit unter folgenden Präsidenten:

Nr.	ab Jahr	Name
1	1811	José Gaspar Rodriguez de Francia
–	1840	Provisorisch eingesetzte Junta nach Tod Francias
2	1844	Carlos Antonio López
3	1862	Marschall Francisco Solano López
–	1869	Triumvirat nach Triple-Alianz-Krieg
4	1870	Cirilo Antonio Rivarola
5	1871	Salvador Jevellanos
6	1874	Juan Bautista Gill
7	1877	Higinio Uriarte
8	1878	Cándido Bareiro
9	1880	General Bernadino Caballero
10	1886	General Patricio Escobar
11	1890	Juan G. González
12	1894	Marcos Morinigo
13	1894	General Juan Bautista Egusquiza
14	1898	Emilio Aceval
15	1902	Hector A. Carvallo
16	1904	Juan Bautista Gaona
17	1905	Cecilio Báez
18	1906	General Benigno Ferreira
19	1908	Emiliano Gonzáles Navero
20	1910	Manuel Gondra
21	1911	Cnl. Albino Jara
22	1911	Liberato Rojas
23	1912	Pedro P. Peña + Eduardo Schärer
24	1916	Manuel Franco
25	1919	José P. Montero
26	1920	Manuel Gondra
27	1921	Eusebio Ayala
28	1923	Eligio Ayala
29	1924	Luis A. Riart + Eligio Ayala
30	1928	José P. Guggiari
31	1932	Eusebio Ayala
32	1936	Cnl. Rafael Franco
33	1937	Félix Paiva
34	1939	General José Felix Estigarribia
35	1940	General Higinio Morinigo M.
36	1948	Juan Manuel Frutos + J. Natalicio González
37	1949	Raimundo Rolón + Felipe M. López + F. Chavez
38	1954	Tomás Romero Pereira
39	1954	General Alfredo Stroessner
40	1989	General Andrés Rodriguez
41	1993	Juan Carlos Wasmosy
42	1998	Rual Cubas

die Gebietsrechte, und der Chaco wurde anerkannt als paraguayisches Gebiet.

Die Hoffnung auf große Ölschätze blieb jedoch unerfüllt. Obwohl die Standard Oil später alle Bohrversuche für ergebnislos erklärte, tauchen hier und da auch heute noch Gerüchte und Meldungen auf, gigantische, geheimgehaltene Ölvorkommen existierten unter dem Boden des Gran Chaco. Sie seien den USA vertraglich als »schlummernde Reserve« zugesichert worden, heißt es, aber bestätigt wurden derartige Aussagen von offiziellen Stellen nie.

1936 bis 1989: Die Zeit der Militärdiktaturen

Zwei Männer, die sich im Chaco-Krieg einen großen Namen gemacht hatten, Marschall José Felix Estigarribia und der junge Offizier Alfredo Stroessner, wurden später zu Präsidenten des Landes. Gleichzeitig bildeten sie den Beginn und das Ende einer über fünfzig Jahre anhaltenden Militärdiktatur in Paraguay.

Die militärischen Erfolge des Chaco-Krieges hatten das Prestige des Militärs so erheblich gestärkt, daß es nun zu einem innenpolitisch bestimmenden Machtfaktor wurde. Am 19. Februar 1936 übernahm Oberst Rafael Franco die Führung des Landes. Er leitete eine Landreform ein, in dem er ehemaligen Chaco-Kriegern Parzellen aus verstaatlichten Landgebieten zuteilte. Außerdem leitete er eine Sozialgesetzgebung ein und regte die Bildung von Gewerkschaften an.

Durch einen Putsch wurde Franco 1937 vom Helden des Chaco-Krieges, Marschall Jóse Felix Estigarribia, gewaltsam abgelöst. Diese Regierungszeit, in der sich Estigarribia an faschistischen Vorbildern orientierte, dauerte nur wenige Jahre. Kurz nachdem er im Jahr 1940 eine neue Verfassung verabschiedete, die den präsidialen Führungsstaat verankerte, kam er bei einem Flugzeugabsturz ums Leben.

Nun griff der amtierende Kriegsminister General Higino Morinigo nach den Hebeln der Macht. Unter seiner achtjährigen Diktatur stagnierte zwar die Landreform, aber er förderte die Industrialisierung im Land und löste sich von der allzu bindenden wirtschaftlichen Abhängigkeit zu Argentinien, indem er wichtige Handelsverträge mit Bolivien und Brasilien schloß. Ein Putsch gegen ihn konnte zwar mit großer Mühe und Hilfe der Landbevölkerung zurückgeschlagen werden, dennoch trat er 1948 vom Amt zurück. Aus dem nachfolgenden, etwa einjährigen Gerangel um den neuen Führungsanspruch im Land ging schließlich der Führer der Colorado-Partei, Federico Chávez, hervor.

Durch einen Kooperationsvertrag verband er – im krassen Gegensatz zu seinem Vorgänger – nun noch enger das Schicksal Paraguays mit dem Argentiniens (unter Juan Perón). Er nahm das Landreformprogramm wieder auf, allerdings ohne dabei etwas an den überalterten Besitzrechten der Landbesitzer zu ändern.

Chávez wurde im Mai 1954 vom Befehlshaber seiner Streitkräfte, dem deutschstämmigen Alfredo Stroessner, gestürzt. Bereits seit Januar des gleichen Jahres war es zu offen ausgetragenen Streitigkeiten und heftigen Debatten innerhalb der Colorado-Partei gekommen. Treibende Kraft war der damalige Chef der Zentralbank, Méndez, der eine Handvoll unzufriedener Militärs und die Jung-Colorados hinter sich wußte und nun alles daransetzte, Federico Chávez zu entmachten.

In dem heillosen Durcheinander von Rücktrittsforderungen, Sondersitzungen und Mißtrauensanträgen hatte Alfredo Stroessner schließlich im Mai geschickt seine Macht und die Gunst der Stunde genutzt und die Führung des Landes übernommen. Am 15. August 1954 wurde er als Präsident bestätigt und regierte, gestützt von der Colorado-Partei, in der nun auch hohe Militärs Vorstandsposten innehatten,

Die Präsidenten Stroessner (links) und Figueiredo bei der Inbetriebnahme der 1. Staustufe des Wasserkraftwerks Itaipú im Jahr 1984

bis zu seinem Sturz im Februar 1989 unangefochten als Staatsoberhaupt Paraguays.

In seiner 35jährigen Amtszeit präsentierte sich Alfredo Stroessner als eine Kombination der beiden ersten Präsidenten Francia und López. Wie bei Francia begann sein Arbeitstag in den frühesten Morgenstunden und endete erst spät in der Nacht. Er war ein emsiger Arbeiter, hielt die Staatskasse mit eiserner Konsequenz zusammen, schlief wenig, vertraute prinzipiell nur seiner eigenen Führungskraft und Intuition und hielt das Land von allen innen- und außenpolitischen Konflikten frei.

Und wie einst unter Carlos Antonio López, ließ auch er Schulen, Krankenhäuser und Universitäten errichten und förderte erheblich die kulturelle und wirtschaftliche Entwicklung des Landes. Er holte Spezialisten nach Paraguay, und durch eine Palette umfangreicher Investitionsförderungsgesetze und einwanderungsfreundlicher Maßnahmen erreichte er einen immensen Zustrom von Siedlern aus Europa, Asien, den USA, Brasilien und Argentinien in das nun wieder krisensicher gewordene Land. Stroessner entwickelte neben der Landwirtschaft die Infrastruktur des Landes, indem er mit Hilfe eines Straßenbauprogrammes und dem intensiven Ausbau des Flugverkehrs Paraguays Abhängigkeit von der Flußschiffahrt minderte, er förderte das Bildungswesen, und ihm gelang es, die Währung stabil zu halten.

Stroessners Verdienst sind ferner die für Paraguay sehr vorteilhaft abgeschlossenen Staatsverträge mit Brasilien und Argentinien über den Bau der beiden gigantischen, stromerzeugenden Staudammanlagen, die von den Nachbarn voll finanziert wurden. Dadurch kamen nicht nur zweistellige Milliardensummen für bauliche Aufträge ins Land, sondern die Anteile an den immensen Stromerträgen, die Paraguay weitgehend an die beiden Mitbetreiber der Kraftwerke verkauft, lassen auch eine hohe Rentabilität für künftige Jahrzehnte erhoffen. Mit guten Verträgen und einer umsichtigen Politik könnte Paraguay noch vor Ende dieses Jahrtausends zum größten Energielieferanten der Welt aufsteigen.

Doch wie einst bei Carlos Antonio López gibt es auch viele Angriffspunkte gegen das Wirken Alfredo Stroessners. Wie López bevorzugte er Familienmitglieder oder Günstlinge, was in den Jahren seiner Regierung die Machtverhältnisse bis in die kleinste Amtsstube hinein prägte.

Zweifellos kam es in Stroessners Regierungszeit zu Hunderten, wenn nicht zu Tausenden von Menschenrechtsverletzungen. Regimegegner wurden wirtschaftlich geschädigt, verhaftet, einige gefoltert und vermutlich umgebracht. Andere steckte man ins Gefängnis, wo sie ohne Verhandlung oder Rechtsbeistand jahrelang dahinschmachten mußten, oder sie flüchteten aus dem Land. Zwar berechtigte die alte und in Stroessners Amtszeit immer noch gültige Verfassung aus dem Jahr 1870 ein solches Vorgehen, dennoch verstößt ein derartiges Verhalten der Staatsgewalt gegen die darüberstehenden menschlichen Gebote.

Die Folge war, daß es unter Stroessner zwar wieder »zu Ruhe und Ordnung« in Paraguay kam, der Preis hierfür jedoch eine relativ verängstigte Gesellschaft war, in der der Einzelne gegenüber den staatlichen Autoritäten völlig verunsichert auftrat. Führerscheine, Personalausweise, Wohnsitzummeldungen usw. wurden in der Regel als Bittgesuch und in Demutshaltungen beantragt. Fragen hatte man nur zu beantworten, aber nicht

zu stellen. Wer dennoch eine Frage hatte, mußte sie an einen Adjutanten richten, niemals jedoch direkt an den Gemeindevorsteher, den Polizeikommissar oder den betreffenden Amtsvorsteher – selbst dann nicht, wenn dieser direkt neben dem Adjutanten stand. Das Buckeln und Dienern gehörte in jenen Zeiten – neben den Vorzügen einer kaum oder gar nicht vorhandenen Kriminalität – zum zur Gewohnheit werdenden Alltag der Paraguayer.

Unbestritten war Alfredo Stroessner aber auch jener Mann, der einer chaotischen, vorangegangenen Ära von 40 Präsidenten in nur einem Menschenalter ein Ende zu setzen verstand. Nach übereinstimmender Ansicht aller Beobachter, auch seiner Gegner, hatte er, trotz aller Fehler und Härten während seiner gesamten Regierungszeit, die große Mehrheit des paraguayischen Volkes hinter sich. Seine hauptsächlichen Regierungsaktivitäten konzentrierte er auf die kulturelle und volkswirtschaftliche Entwicklung des Landes, wobei er in den außenpolitischen

Das mächtige, stromerzeugende Wasserkraftwerk von Itaipú ist einer der größten Devisenbringer Paraguays

Briefmarkenserie aus der Stroessner-Ära, welche den Bau des Flughafens, des Staudamms Itaipú und die Schiffahrtslinie würdigt

Ehemalige Stroessner-Statue auf dem »Cerro Lambaré« in Asunción

Betätigungen und Verbindungen stark zu den kapitalkräftigen Vereinigten Staaten, zu Japan und zu Deutschland hin tendierte.

Etwa seit 1982 fiel Stroessners Leistungsfähigkeit stark ab, und er mußte sich auch einigen Operationen unterziehen. Wie bei fast allen Diktatoren, die die Fäden ihrer Macht in allen politisch wichtigen Ämtern selbst kraftvoll in Händen halten, führte der persönliche Leistungsabfall schließlich zu seinem Sturz am 3.2.1989. Der inzwischen 86jährige Stroessner durfte, in vollem Einvernehmen mit der neuen Regierung, mit seiner Familie das Land verlassen und zog sich als Privatmann ins brasilianische Exil zurück.

Das demokratische Paraguay

Im Februar 1989 leitete der relativ unblutige Putsch des Obersten Generals, Andrés Rodriguez, die Demokratie in Paraguay ein. Da Stroessner und Rodriguez durch die ehelichen Beziehungen ihrer Kinder gewissermaßen mit-

Juan Carlos Wasmosy (r.), der erste vom Volk gewählte Präsident Paraguays, neben seinen Herausforderern Vargas (l.) und Laino (2. v. r.) und Wahlbeobachter Jimmy Carter

einander »verschwägert« sind und zudem Beobachter der Vereinigten Staaten bereits Stunden vor dem Putsch an allen wichtigen Straßenkreuzungen Asunciόns gesichtet worden sein sollen, kam es immer wieder zu Gerüchten, der Putsch sei eine »abgekartete Sache« zwischen dem schwach gewordenen Stroessner und Andrés Rodriguez oder den USA und dem neuen mächtigen Mann Paraguays gewesen.

Gesichert ist nur eines: Nach wenigen Stunden war alles vorüber, ohne daß es unter der Zivilbevölkerung zu Opfern gekommen war. Schon Stunden nach seinem Amtsantritt verkündete der neue Präsident über die Medien das Ende der Militärdiktatur und kündigte für den Monat Mai des gleichen Jahres die ersten freien Wahlen an.

Noch nach altem Wahlrecht wurde Andrés Rodriguez am 1.5.1989 mit einer Mehrheit von über 70 % vom Kabinett als Präsident bestätigt. Auch bei den Neuwahlen zur verfassunggebenden Versammlung siegte am 1. 12. 1991 erneut die seit 30 Jahren herrschende Colorado-Partei von Andrés Rodriguez. Sie erhielt 58 % der Stimmen und erarbeitete im darauffolgenden Jahr die erste demokratische Verfassung Paraguays.

Am 9. Mai 1993 kam es dann zu den ersten freien Wahlen. Der frühere US-Präsident Jimmy Carter, der auf Bitten aller drei Präsidentschaftskandidaten als Beobachter vor Ort war, bemängelte einige Unregelmäßigkeiten, die jedoch – so Jimmy Carter – angesichts des Stimmenvorsprungs des Wahlsiegers Juan Carlos Wasmosy keinen entscheidenden Einfluß auf die Mehrheitsverhältnisse ausgeübt hätten.

Wasmosy wurde mit seiner Wahl erster ziviler Präsident Paraguays. Seine Amtszeit wird durch einen sich kontinuierlich festigenden Demokratisierungsprozeß geprägt, der die deutlichen Züge einer noch sehr jungen Volksdemokratie trägt. Die verkrusteten Strukturen eines völlig veralteten Rechtswesens, einzelne noch verunsicherte oder korrupte Richter, eine stark ansteigende Kriminalität, steigende Staatsverschuldung und Wirtschaftsverbrechen in Milliardenhöhe gehören zu den Randerscheinungen dieser neuen »Freiheit«.

1995–98 erschütterten mehrere Bankenkrisen das Land. Zunächst fehlten in den Kassen der staatlichen Zentralbank Millionen-Dollar-Beträge, dann – kaum eine Woche später – mußten mehrere nationale Bankinstitute die Pforten schließen, weil mehrstellige Millionenbeträge an Kundengeldern von den Bankenchefs teilweise in die eigene Tasche gewirtschaftet worden waren. Inzwischen mußte selbst die größte paraguayische Bankvereinigung die »Banco Union« mit 23 Niederlassungen die Pforten schließen.

Am 22. April 1996 kam es dann zur schwersten Krise, welche die noch junge Demokratie zu bewältigen hatte: Die »Versetzung in den Ruhestand« des mächtigen, in Deutschland ausgebildeten Heereschefs, General Lino Cesar Oviedo, durch Juan Carlos Wasmosy lenkte wieder einmal die Blicke der Welt auf Paraguay. Oviedo deutete an, den Rausschmiß nicht hinzunehmen, und während er in seiner Kaserne gelassen den »Jahrestag der Kavallerie« feierte, rief der verstört wirkende Präsident über die Medien das Volk auf, ihm und der Demokratie beizustehen.

Eine hektische Nacht folgte, und am nächsten Tag zeigte sich ein nun wieder gelassen dreinblickender Wasmosy dem Volk. Staatsmänner aus allen Ländern Lateinamerikas waren nach Paraguay geflogen, um dem Präsidenten den Rücken zu stärken. Tausende von Zivilisten erschienen vor dem Regierungspalast und demonstrierten für die Demokratie. Und selbst das gesamte Parlament, inklusive aller Oppositionsabgeordneten, kam zum Palast, um geschlossen für die Demokratie einzustehen.

Der hervorragend Deutsch sprechende Lino Oviedo, der Jahre zuvor maßgeblich daran beteiligt war, Juan Carlos Wasmosy zu seinem Amt zu verhelfen, übergab schließlich den Posten des Heereschefs seinem Nachfolger, ohne die angedeuteten Drohungen wahrzumachen. Man darf jedoch damit rechnen, daß er im Jahr 1998 auf politischem Wege versuchen wird, für das Amt des neuen Staatspräsidenten zu kandidieren.

Einen Rückfall in eine Militärdiktatur – das zeigte in diesen angespannten Tagen des April die Resonanz der Bevölkerung, insbesondere die der Jugend – will man in Paraguay nicht mehr hinnehmen. Einem starken Mann wie Lino Oviedo, der auf demokratischem Weg das Präsidentenamt anstrebt, steht man jedoch sehr positiv gegenüber. Der Wunsch nach einer »stärkeren Hand« liegt in der hohen Arbeitslosigkeit, einem sehr niedrigen Pro-Kopf-Einkommen, der weiterhin um sich greifenden Korruption und nicht zuletzt in der bedrohlich ansteigenden Kriminalität begründet. In den parteiinternen Wahlen der Colorados im September 1997 wurde zur Überraschung seiner eigenen Partei Lino Oviedo zum offiziellen Präsidentschaftskandidaten gewählt, aber auf Bestreben des Wasmosy-Flügels wegen der angeblichen Rebellion im April 1996 inhaftiert und zu 10 Jahren Haft verurteilt. Der Bauunternehmer Raul Cubas, der 1996 einige Monate unter Wasmosy Wirtschaftsminister war, kandidierte nun an Stelle von Oviedo und gewann am 10. 5. 1998 mit den Colorados die Präsidentschafts- und Parlamentswahlen.

Zeittafel zur Geschichte

1524	Die ersten Spanier betreten den Boden des heutigen Paraguay
1534	Pedro de Mendoza rüstet die Streitmacht zur Eroberung der La-Plata-Länder aus
1537	Juan de Salazar y Epinosa gründet am 15. August, am Fest Maria Himmelfahrt, die heutige Hauptstadt Asunción
1539–56	Regierungszeit des 1. Gouverneurs Irala
1608	König Philipp III stellt für den Jesuiten-Orden das Patent zur Bekehrung der paraguayischen Indianer aus
1619	Versetzung des ersten deutschen Jesuitenpaters nach Paraguay
1700	Die erste Druckerei der Jesuiten im La-Plata-Land beginnt zu arbeiten (Bibeln in Spanisch und Guaraní)
1767–68	Vertreibung der Jesuiten aus Paraguay durch Carlos III.
1811	Sieg der Paraguayer über die Argentinier in der Schlacht von Tacuarí. Eine Junta-Regierung wird eingesetzt
1813	Lossagung Paraguays von der spanischen Krone
1811–40	Regierungszeit des ersten paraguayischen Präsidenten, Diktator José G. Rodriguez de Francia
1842–62	Präsidentschaft von Carlos Antonio López
1859	Abschluß eines bis heute gültigen Friedens- und Freundschaftsvertrages mit den USA
1862–70	Präsidentschaft von Francisco Solano López
1864–70	Triple-Allianz-Krieg gegen Brasilien, Argentinien und Uruguay mit über 1 Mill. Toten auf paraguayischer Seite
1870–78	Brasilianische Besetzung nach López' Tod
1870–1954	Epoche innenpolitischer Instabilität. 40 Präsidenten in 84 Jahren und Massenauswanderung in die Angrenzerländer
1870–90	Erste Einwanderungswelle europäischer Siedler nach Paraguay
1887	Gründung der ersten politischen Parteien
1920–39	Mennonitische Siedler gründen im Chaco die ersten Kolonien
1932–35	Chaco-Krieg gegen Bolivien
1936–89	Ära der Militärdiktaturen in Paraguay
1954–89	Amtszeit des deutschstämmigen Präsidenten Alfredo Stroessner
26.4. 1973	Vertrag mit Brasilien über den Bau des Wasserkraftwerks Itaipú2.12. 1973 Vertrag mit Argentinien über den Bau des Wasserkraftwerks Yacyretá
3.2. 1989	Sturz des Präsidenten Stroessner durch General Andrés Rodriguez und Beginn der Demokratie
1.5. 1989	Bestätigung des Präsidenten Andrés Rodriguez und Gründung weiterer politischer Parteien
Mai 1991	Inbetriebnahme der 18. und letzten Turbine des Kraftwerks Itaipú
1993	Die UNESCO erklärt die Jesuitenruinen von Trinidad zum »Welterbe der Menschheit«
9.5. 1993	Durch erste freie Volkswahlen wird Juan Carlos Wasmosy neuer Präsident von Paraguay
10.5. 1998	Raul Cubas gewinnt die Präsidentschaftswahlen

Staat und Verwaltung

Verfassung und Regierungsform

Paraguay ist eine präsidiale Republik mit einem Parlament, das sich aus dem Senat und dem Abgeordnetenhaus zusammensetzt. Seine am 26.8.1967 in Kraft getretene Verfassung basierte bisher auf den Grundrechten der bereits seit 1870 gültigen Verfassung und wurde im Jahr 1992 dem demokratischen Wandel angepaßt. Der Gesetzgeber bekennt sich in ihr »zu den unabänderlichen Grundsätzen der repräsentativen Demokratie und zum Recht der Gleichheit und Gerechtigkeit als unantastbarem Besitz zur Sicherung der Würde und des Glücks« und proklamiert eine vorbildliche Liste staatsbürgerlicher und demokratischer Grundrechte, die praktisch mit jenen anderer Länder vergleichbar sind.

Präsidentschaftswahlen finden alle fünf Jahre statt, nachdem zuvor die Parteien, jeweils intern und nach dem Vorbild vieler westlicher Staaten, aus den Bewerbern ihren Kandidaten bestimmt haben. Jede zugelassene Partei kann ihren Präsidentschaftskandidaten aufstellen. Der neue Präsident wird dann aus allen Bewerbern, wie zuvor Juan Carlos Wasmosy, direkt vom Volk gewählt. Aktive Militärangehörige sind im Gegensatz zur Epoche vor 1989 nicht zugelassen. Sie müssen mindestens drei Jahre vor der Kandidatur den aktiven Dienst verlassen haben.

Bei den Wahlen hat in der Regel der Kandidat der Colorados die besten Chancen. In dieser Partei vereinigen sich das Kapital und die Elite Paraguays – die gleichen Männer, in deren Besitz auch 80% der Massenmedien sind. Die Oppositionsparteien sind auf Grund dieser propagandistischen Ungleichheit empfindlich benachteiligt. So hat die Colorado-Partei auch das notwendige Kapital zur Verfügung, in einer Art Kaffeefahrt Wähler aus den entlegensten Winkeln der Wahlbezirke herbeizuschaffen. Hunderte von Bussen (Stadt- und Linienbusse gehören Privatunternehmern) werden für diese »Wahlfahrten« bereits Monate vor den Wahlen vertraglich angeheuert.

Andererseits ist insbesondere die ländliche Bevölkerung von den Oppositionsparteien sensibilisiert worden, einen Wechsel der seit Jahrzehnten herrschenden Regierungspartei herbeizuführen.

Die gültige Verfassung vom Juni 1992 sieht eine Aufgabenteilung des Staates in Legislative, Exekutive und Judikative fest. Die Legislative wird von einem Kongreß, bestehend aus einer Senatoren- und Abgeordnetenkammer, ausgeübt. Die Abgeordneten werden direkt vom Volk gewählt und haben eine Amtszeit von fünf Jahren. Der Kongreß überwacht die Einhaltung der Konstitution und der Gesetze, erläßt neue Vorschriften, Gesetze und Wahlgesetze.

Die Exekutive üben der Präsident und, in seiner Abwesenheit, der Vizepräsident aus. Der Exekutive gehören auch elf Minister an.

Die Judikative wird durch den Obersten Gerichtshof ausgeübt, welcher sich in fünf Zuständigkeitsbereiche aufgliedert. Darüber hinaus gibt es die Appellationsgerichte für Zivil-, Handels-, Straf- und Arbeitsrecht sowie den Rechnungshof. Die Justizverwaltung setzt sich aus dem Generalstaatsanwalt, Staatsanwälten, Steuerbeamten und anderen Richtern niederer Instanzen zusammen.

Politische Parteien und Massenorganisationen

Um die Wahl in das paraguayische Zweikammerparlament (Congreso), das sich aus dem Senat mit 30 und dem Abgeordnetenhaus mit 60 Mitgliedern zusammensetzt, bewerben sich hauptsächlich sieben größere Parteien: die Regierungspartei ANR (Asociación Nacional Republicana), bekannter unter dem Namen »Colorado«, die Partei PLRA (Partido Liberal Radical Auténtico), auch die »Blauen« oder »Liberalen« genannt, die Revolutionäre Febrerista-Partei (PRF), die Christdemokraten (PDC), die Partei Encuentro Nacional (EN) und der Partido Humanista (PH).

Die Parteien PRF und EN bildeten sich aus Splittergruppen der anderen Parteien. Die EN wurde gegründet, um dem parteilosen Caballero Vargas im Wahlkampf 1993 die legitime Grundlage für die Teilnahme an der Präsidentenwahl zu ermöglichen. Auf Grund des Parteiengesetzes mußte die Wählergruppe einen Namen annehmen. Sie erhielt damals 28,5 % der Stimmen.

Wahlsieg 1988: Ein kleiner Junge hält stolz eine Friedenstaube mit dem Porträt Alfredo Stroessners in die Höhe

Ideologische Unterschiede zwischen den Parteien sind nicht leicht festzustellen. Ihr Hauptunterschied liegt wohl eher in den führenden Persönlichkeiten und den verschiedenen Wählerschichten.

Die beiden größten Parteien, die Colorados und die Liberalen, wurden im Jahr 1887 gegründet. In der Regierungszeit Alfredo Stroessners spaltete sich die Liberale Partei. Aus den schärfsten Gegnern der Colorados bildete sich schließlich die Radikal-Liberale Partei. 1936 wurde der Partido Revolucionario Febrerista (PRF) gegründet.

Die Arbeitnehmerschaft ist nur teilweise gewerkschaftlich organisiert. Hier sind die Gewerkschaften CUT, CNT, CPT und CESITEP zu nennen, die mit nur bescheidenem Erfolg die Interessen ihrer Mitglieder durchzusetzen versuchen. Nach Meinung des Gewerkschaftsvorsitzenden Alan Flores (CUT) gibt es nur 700000 tatsächlich in Lohn und Brot stehende Arbeitnehmer in Paraguay. Die von der Regierung in Auftrag gegebenen Basisdaten sprechen hingegen von 1,5 Mill. Arbeitnehmern. Die vier Gewerkschaften zählten 1996 insgesamt 350000 Mitglieder.

Zwei im März und April 1996 durchgeführte Generalstreiks führten zu teilweise chaotischen Ausschreitungen und brutalen Übergriffen durch die Polizei. In ihren Abschlußreden werteten führende Gewerkschaftsvertreter die Streiks als »vollen Erfolg«, obwohl über keine einzige ihrer zehn Forderungen zwischen ihnen und den Vertretern der Regierung auch nur diskutiert wurde.

Grundlinien der paraguayischen Außenpolitik

Wirtschaftliche und außenpolitische Stütze Paraguays sind vornehmlich die USA. An den ersten Freundschaftsverträgen, die bereits unter Carlos Antonio López (1859) geschlossen wurden, hat seitdem kein Präsident der beiden Länder gerüttelt. Überhaupt ist die Außenpolitik Paraguays eng mit seiner wirtschaftlichen Situation verknüpft. So haben sich die Regierungen im Laufe der vergangenen Jahrzehnte damit abfinden müssen, daß potente Kreditgeber bestimmte Auflagen erfüllt sehen wollen und daher auch Bedingungen stellen.

Der Staatsbesuch des deutschen Außenministers Dr. Klaus Kinkel im Mai 1996 machte das noch einmal ganz deutlich. Laut Kinkel ist für intensivere Beziehungen zwischen Deutschland und Paraguay (Kapitalzufluß aus der Bundesrepublik) »ein auf einer Demokratie basierendes funktionierendes Rechtssystem unabdingbar«.

Hervorragende Beziehungen unterhielt Paraguay – bestärkt durch Hoffnungen auf wirtschaftliche Förderung – bereits unter der Regierung Stroessner zu Spanien, Japan, Taiwan, Argentinien, Brasilien und Südafrika. Japan dürfte, was die Vergabe günstiger Kredite und Förderungen angeht, den USA auf dem Fuße folgen. Die Kontakte zur Bundesrepublik Deutschland sind seit jeher vertrauensvoll und herzlich. Sie werden nun, mit einem neuen, demokratischen Paraguay und mit Blick auf die Organisation »Mercosur« (ein wirtschaftlicher Verbund lateinamerikanischer Länder, dem auch Paraguay angehört) sicherlich intensiviert werden.

Rechtsordnung

Das völlig marode Rechts- und Gesetzeswesen in Paraguay bedarf dringend einer Erneuerung. Prinzipiell kann man behaupten, daß der recht hat, der über die besseren Geldmittel verfügt. Wer wegen einer kriminellen Straftat angezeigt wird und sich – egal, ob schuldig oder unschuldig – keinen Anwalt leisten kann, wird unter Umständen Jahre in den staatlichen Gefängnissen zubringen müssen.

So mußten sich im Juni 1995 insgesamt 1 267 (möglicherweise unschuldige) Untersuchungsgefangene mit nur 99 tatsächlich verurteilten Häftlingen, unter ihnen auch einige Schwerverbrecher, im hoffnungslos überfüllten Asunciöner Gefängnis »Tacumbú« die Zellen teilen. Im Frauengefängnis »Buen Pastor« (Guter Hirte) waren zur gleichen Zeit von 117 Insassen nur sechs verurteilt. In den Gefängnissen »Emboscada« und »Panchito López« (Jugend-Strafanstalt) gab es unter den 235 Häftlingen nur 17 Verurteilte. Insgesamt waren im Juni 1995 also nur 8% aller Häftlinge in Asunción rechtskräftig verurteilt worden – 92% warteten, einige unter ihnen bereits seit Jahren, auf ihren Prozeß.

Das Rechtssystem Paraguays basiert auf der Annahme – im krassen Gegensatz zu den meisten Ländern dieser Erde –, daß der Beklagte zunächst einmal als schuldig anzusehen ist und es nun ihm obliegt, seine Unschuld glaubhaft nachzuweisen. Das ist oft kein leichtes Unterfangen, vor allem in einem Rechtssystem, das immer noch von korrupten Richtern durchsetzt ist und wo gute Beziehungen oder hohe Schmiergelder über Recht und Unrecht und in letzter Konsequenz damit auch über das zukünftige Leben eines Angeklagten entscheiden können.

Für das Zivil- und Strafrecht gilt gleichermaßen, daß ein Beklagter bei Gericht nur dann angehört oder vernommen wird, wenn er von einem Anwalt vertreten wird. Letztere sind oft teuer, zuweilen arbeitsscheu oder untauglich. Gegen die selten ausgesprochenen Urteile kann Berufung eingelegt werden. Entscheidet die zweite Instanz erneut gegen den Beklagten, hat man die Möglichkeit, in die dritte und letzte Instanz zu gehen. Diese hat aber nur noch darüber zu befinden, ob die ersten beiden Verhandlungen verfahrensrichtig durchgeführt wurden oder nicht.

1994 teilte die neutrale Comisión Internacional de Juristas de Suecia mit, daß das paraguayische Rechtssystem korrupt, ineffizient, politisiert und nicht unabhängig sei. Es widerspräche völlig den international geltenden Rechtsnormen, und die uralte Strafprozeßordnung stelle sich gegen alle internationalen Vereinbarungen über Gesetzgebung und Menschenrechte.

Die Mißstände im Strafvollzug sind ebenso eklatant wie die der rechtsprechenden Justiz selbst. Auch der eingeführte rotierende Turnus unter den Richtern hat keine nennenswerten Verbesserungen in das paraguayische Rechtssystem bringen können. Die Anwälte von Klägern und Beklagten dehnen und verschleppen im Bedarfsfall einen Fall durch Eingaben so lange, bis »ihr« Richter turnusgemäß zuständig wird, womit das leidige Spiel um Beziehungen und Geld erneut beginnt.

Derartige Praktiken sind besonders verabscheuungswürdig, wenn Strafanzeigen konstruiert werden, um andere Personen wirtschaftlich zu schädigen, oder bei tödlich endenden Verkehrsunfällen (Strafrecht, da nach paraguayischem Gesetz ein Tötungsdelikt vorliegt), bei denen der Getötete zwar selbst den Unfall verursachte, der Überlebende jedoch zunächst einmal bis zur Klärung der Schuldfrage inhaftiert wird. Bei Unfällen tauchen fast immer sehr rasch Familienmitglieder des »Opfers« auf, um Schadensersatzansprüche geltend zu machen. Diese sind für beteiligte Ausländer – die in der Regel eine lange Untersuchungshaft fürchten und zudem noch den Ruf reicher Leute genießen – fast immer ungleich höher als eine Schadensregulierung zwischen den Einheimischen.

Das Strafgesetzbuch bedarf also dringend einiger Korrekturen. Die eigentlichen Probleme liegen jedoch trotz manch fataler Gesetze nicht in der Gesetzgebung selbst, sondern vielmehr an der Willkür und der Bestechlichkeit der ausführenden judiziellen Gewalt. Hier obliegt es nun der demokratisch gewählten Regierung, sich als Vertreter des Volkes und als ausführendes Organ ihrer Wählerschaft durch entsprechende Maßnahmen selbst ein Denkmal für die Zukunft zu setzen. Ein demokratisches Fundament wurde in Paraguay gelegt. Doch auf seinem Sokkel thront – immer noch weit vom Rechtsstaat entfernt – Justitia, in deren Waagschalen dicke Dollarbündel wie eh und je die Balance bestimmen.

Mitgliedschaft in internationalen Organisationen

Paraguay gehört zu den Gründern und aktiven Förderern jeder Art weltweiter, vor allem interamerikanischer Zusammenarbeit. Es ist eine stets zuverlässige Stimme für alle Belange der US-amerikanischen Außenpolitik und gehört zu den Mitbegründern der Vereinten Nationen (1945), der OAS (Organisation Amerikanischer Staaten), der ALADI (Vereinigung der Lateinamerikanischen freien Wirtschaft) und des am 26. März 1991 gegründeten MERCOSUR, einem »Gemeinsamen Markt« zwischen den Ländern Argentinien, Brasilien, Paraguay und Uruguay.

Ziele des MERCOSUR sind die Stärkung der Wettbewerbsfähigkeit nationaler Unternehmungen, die Vergrößerung der Binnenmarktpotentiale und die Schaffung einheitlicher Zoll- und Handelsrichtlinien. Die Gründungsakte des MERCOSUR wurde in Paraguay ausgestellt, womit sie den für Paraguay schmeichelnden Namen »Akte von Asunción« erhielt. Die Bestrebungen, einen »Gemeinsamen Markt« zu gründen, setzen jedoch die Abschaffung einiger nahezu unüberwindlicher Hindernisse zwischen den Mitgliederländern voraus. Fünf Jahre nach seiner Gründung bewerten einige Wirtschaftsfachleute inzwischen den MERCOSUR eher als innenpolitisch wirksamen und volksbeeindruckenden Schachzug als eine tatsächlich realisierbare Unternehmung, in der die hochgesteckten Ziele, gleichsam positiv für alle Beteiligten, erreicht werden könnten.

Militär und Wehrpflicht

Wie die Episode im April 1996 zwischen dem starken Mann der Streitkräfte, General Lino Oviedo, und dem Präsidenten Juan Carlos Wasmosy bewies, besteht weiterhin eine enge Symbiose zwischen Staat und Militär (S. 66). Da keine außenpolitischen Konflikte drohen, sind auch heute noch die Streitmächte eher als innenpolitische Rückendeckung der jeweils regierenden Präsidenten anzusehen, was sich in der Vergangenheit – auch im April 1996 – zuweilen als »Spiel mit dem Feuer« entpuppen kann.

Von seiten der Opposition wird zwar immer wieder eine Reform der Militärstruktur gefordert, hier aber ernsthafte Maßnahmen zu ergreifen, dürfte für keinen regierenden Präsidenten einfach sein. Die Macht der Generäle und der Respekt der Regierenden vor dieser Macht scheint ungebrochen zu sein. So wurden 1994 noch 42% des Haushaltes für das Militär ausgegeben.

Die allgemeine Wehrpflicht beträgt zwei Jahre. Wenn sie im Chaco abgeleistet wird, verkürzt sie sich um ein Jahr. Die jungen, fast kahlgeschorenen Rekruten werden in ihrer Dienstzeit auch zum Straßenbau, Brunnenbohren und ähnlichen Erschließungsarbeiten herangezogen. Der Wehrsold ist gleich Null und hat nur symbolischen Wert.

Die Wehrpflicht beträgt in Paraguay zwei Jahre – im Chaco jedoch nur ein Jahr

Gesundheitswesen

Das Gesundheitswesen wird durch den staatlichen Bereich (Gesundheitsministerium und Sozialversicherung IPS) sowie durch private Gesundheitseinrichtungen (Versicherungen, Krankenhäuser und Privatversicherung einzelner großer Krankenhäuser) bedient. Die Staatsausgaben sind auf diesem Sektor sehr gering, und im staatlichen Krankenhaus der IPS kommt es regelmäßig zu Skandalen wegen der hygienischen Bedingungen, mangelhaft ausgebildetem Personal und der Unterschlagung und Veruntreuung von Geldern und medizinischer Geräte.

Nach Berichten des Gesundheitsministers und der Presse herrschen in den staatlichen Krankenhäusern unbeschreiblich katastrophale Verhältnisse, die durch folgende Statistik (1995) ebenfalls verdeutlicht werden: Die durchschnittliche Lebenserwartung paraguayischer Frauen liegt bei 69,4 Jahren, bei Männern bei 64,8 Jahren. Nur 61% der Bevölkerung hatten Zugang zu irgendwelchen Gesundheitsdiensten (bei der Landbevölkerung waren es nur 38%!). 75% verfügten nicht über fließendes Wasser, 89% weder über ein Abwassersystem noch über Kanalisation.

Landesweit werden für die 4,7 Mill. Einwohner nur 4115 Krankenhausbetten (1 Bett für 1142 Personen) in insgesamt 678 staatlichen Gesundheitsangeboten. Vielen dieser überwiegend kleinen Versorgungsstationen fehlen selbst die notwendigsten Dinge wie Operationsbestecke, Sauerstoff, Mullbinden usw. Die Patienten oder deren Einlieferer müssen sie oft selbst besorgen. Zahlreiche der 1078 Ärzte des Gesundheitsministeriums und der 813 Ärzte der IPS müssen ihre Instrumente ebenfalls täglich aus der eigenen Praxis oder von zu Hause mitbringen.

Die Gesamtzahl der privaten und staatlichen Ärzte betrug im Jahr 1995 etwa 3570. Von ihnen waren 453 im Ausland ausgebildet worden. 70% aller paraguayischen Ärzte arbeiten in städtischen Gebieten, womit auf die ländliche Bevölkerung nur jeweils ein Arzt auf ein Gebiet von 372 km^2 entfällt!

Darüber hinaus existiert vornehmlich in Asunción eine größere Anzahl privater Krankenhäuser, welche recht gut bis sehr gut ausgestattet sind und teilweise auch eigene, private Versicherungen anbieten. Gemessen an europäischen Preisen ist eine solche Versicherung sehr preiswert (1996 ca. 80 DM/Monat für eine dreiköpfige Familie), für die überwiegend ärmere Bevölkerungsschicht aber unerschwinglich.

Flagge und Wappen

Die paraguayische Nationalflagge besteht aus drei horizontalen Streifen von gleicher Breite in den Farben Rot-Weiß-Blau. Sie gleicht jener vom Großherzogtum Luxemburg, trägt jedoch im weißen Mittelstreifen das Staatswappen.

Das Staatswappen besteht aus einem strahlenumkränzten fünfzackigen Stern. Ihn rahmen jeweils ein Palmen- und ein Olivenzweig ein, die am unteren Ende durch eine rot-weiß-blaue Schleife verbunden sind. Bogenförmig verläuft über den beiden Zweigen die Inschrift »República del Paraguay«. Die Rückseite der Flagge weist ein zweites Staatswappen auf – ein vor der aufgepflanzten phrygischen Mütze sitzender Löwe mit der Inschrift »Paz y Justicia« (Frieden und Gerechtigkeit).

Verwaltungsgliederung

Paraguay teilt sich in 17 Bezirke, sogenannte Departamentos, auf, welche nach den Weisungen der Zentralregierung verwaltet werden. Drei dieser Verwaltungsbezirke entfallen auf die nur schwach besiedelte Chaco-Region (Presidente Hayes, Boqueron und Alto Paraguay mit nur 97210 Einwohnern), die anderen liegen im dichter besiedelten Ost-Paraguay.

Die Departamentos sind in 174 Kreise unterteilt, von welchen 43 den Rang von Stadtkreisen haben. Die 131 Landkreise werden jeweils von Gemeinderäten verwaltet, deren Vorsteher der Intendente, der Bürgermeister, ist. Die Verwaltung kleinerer Ortschaften innerhalb der Landkreise obliegt je drei Bewohnern dieser Orte, den Juntas Locales.

Das Wappen Paraguays

Die Flagge Paraguays

Die 17 Verwaltungsbezirke von Paraguay

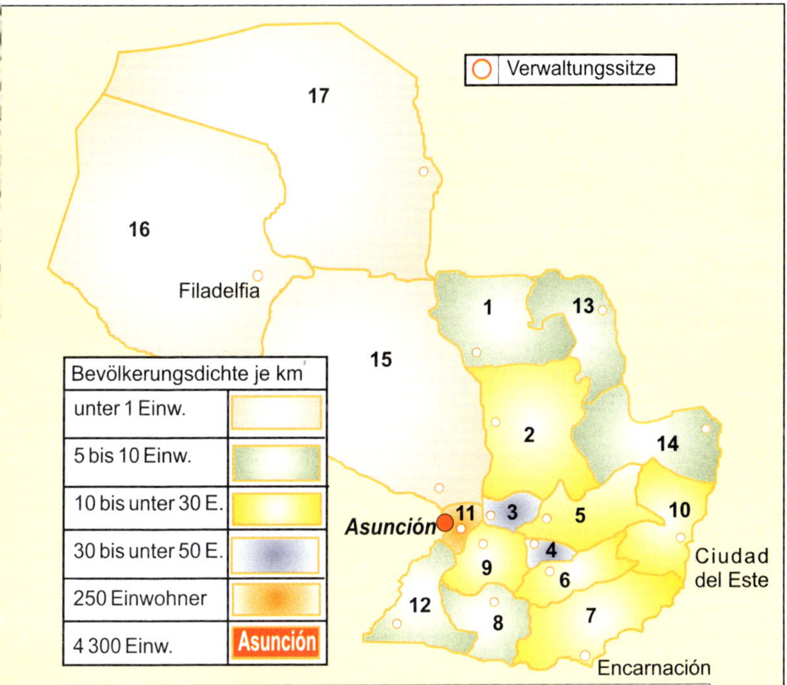

Nr.	Departement	km²	Verwaltungssitz
1	Concepción	18 051	Concepción
2	San Pedro	20 002	San Pedro
3	Cordillera	4 948	Caacupé
4	Guairá	3 846	Villarrica
5	Caaguazú	14 408	Coronel Oviedo
6	Caazapá	9 496	Caazapá
7	Itapúa	16 527	Encarnación
8	Misiones	9 556	San Juan Bautista
9	Paraguarí	8 705	Paraguarí
10	Alto Paraná	14 895	Ciudad del Este
11	Central	2 652	Areguá
12	Neembucú	13 868	Pilar
13	Amambay	12 933	Pedro J. Caballero
14	Canendiyú	14 667	Salto del Guairá
15	Pdte. Hayes	84 000	Pozo Colorado
16	[illegible]	91 500	Filadelfia
17	Alto Paraguay	[illegible]	Fuerte Olimpo

Wirtschaft

Allgemeines

Paraguays Menschen haben durch Generationen hindurch gelernt, sich weitgehendst selbst zu ernähren. Diese Tendenz wurde durch die Möglichkeit, sich als Bewohner Paraguays ohne Berufsausbildung nahezu grenzenlos betätigen zu dürfen, von seiten des Staates von jeher unterstützt.

So kommt es, daß Tausende von kleinen Läden, Geschäften und handwerklichen Kleinbetrieben das Land durchziehen. In jedem auch noch so winzigen Dorf gibt es Autowerkstätten, Friseure oder kleine Schuppen, wo Kühlschränke, plattgefahrene Reifen und anderes mit zuweilen großem Geschick und einer noch größeren Portion an Erfindungsreichtum repariert werden. Bunte Hinweisschilder von Zigaretten- und Getränkemarken an den Hauswänden oder den oft abenteuerlich konstruierten Kiosken verweisen vielfältig in jedem Dorf auf *despensas* (Gemischtwarenläden) und *copetines* (kleine recht anspruchslose Läden mit Ausschank und selbst zubereiteten einfachen Speisen). Stadt und Land werden nicht nur vom satten Grün der Natur, sondern auch von diesem überaus bunten Gemisch selbständiger Kleinunternehmer geprägt.

Gesamtheitlich erlebte Paraguay in den vergangenen Jahrzehnten, etwa bis zum Jahr 1982, einen kontinuierlich wachsenden Wirtschaftsaufschwung. Durch den Ausbau von Asphaltstraßen, die inzwischen in alle wichtigen Landesteile führen, konnte sich der Handel so enorm ausweiten, daß man heute selbst im verstecktesten Winkel abgelegener Regionen alle notwendigen Gebrauchsgüter kaufen kann. In be-

Buntbemalte Kioske an den Landstraßen laden zu eisgekühlten Getränken und einfachen Speisen ein

stimmten ländlichen Zonen haben die Mitglieder von Kooperativen die Möglichkeit, hier im Gegenwert der von ihnen gelieferten landwirtschaftlichen Erzeugnisse preisgünstig einzukaufen.

Im Jahr 1982 kam es dann zu einer gesamtlateinamerikanischen Auslandsschulden-Katastrophe, die den Zustrom langfristiger Kredite und des Investitionskapitals aus den USA und Westeuropa drastisch stoppte. Fast gleichzeitig fielen auch die Weltmarktpreise wichtiger Agrarprodukte, wie Soja oder Baumwolle, die zu den wichtigsten Ausfuhrerzeugnissen Paraguays gehören. Die Folge war eine stufenweise durchgeführte Abwertung der Landeswährung Guaraní gegenüber dem US-Dollar, was nun selbst risikobereitere Investoren abschreckte.

Von diesem Schock hat sich die Wirtschaft aber inzwischen wieder weitgehend erholt. Gemessen an vielen anderen lateinamerikanischen Ländern, wo eine hohe Inflation und Arbeitslosigkeit herrscht, haben sich

Ein Mädchen verkauft Chipas am Straßenrand – aus Mais, Maniok, Käse und Eiern gebackene Brotkringel

Das Armenviertel Chacarita beschränkt sich auf etwa 100 Hütten, nahe des Kongreßgebäudes in Asunción

die meisten Paraguayer wieder ein wirtschaftlich recht gut funktionierendes Fundament schaffen können, das ihnen ein relativ gesichertes Auskommen, freilich in oft nur bescheidenem Wohlstand, ermöglicht.

Slums und Armenviertel, wie etwa in den Ballungszentren von Brasilien, gibt es nicht. Lediglich in Asunción findet man unterhalb des Kongreßgebäudes eine kleine Ansammlung von etwa hundert Bretterhütten mit Wellblechdächern (Chacarita). Die Eingliederung dieser Menschen in andere Wohngebiete wurde zwar von seiten des Staats mehrfach versucht, scheiterte aber am Willen der wenigen Slumbewohner. Auch die Besiedelung in den staatlich geförderten »Conavi-Projekten« – kleine Dörfchen mit einfachen, funktionellen Wohnhäusern, die langfristig durch geringe Monatsbeträge abbezahlt werden und damit in den Besitz der Käufer übergehen – wurde von den meisten Familien des Slumviertels abgelehnt.

Versorgungsengpässe gibt es nicht in Paraguay. Nationale und internatio-

In den abgelegenen Ortschaften und Marktflecken bieten einheimische Händler ihre Produkte noch auf Ochsenkarren an

nale Zulieferer sorgen – auch in wirtschaftlich schlechteren Zeiten, in denen nur besser situierte Paraguayer ohne Einschränkungen leben können – für alles, was das Auge erfreut oder den Magen zufriedenstellt. Die Supermärkte und Shopping-Center in den Städten stehen in ihrem Ambiente und Warenangebot in nichts den europäischen Häusern nach.

Generell kann man sagen, daß die wirtschaftliche Situation des Landes trotz fehlender Industrie gut ist. Im sogenannten »verlorenen Jahrzehnt« Lateinamerikas (1980–90), in dem der Kontinent nur ein durchschnittliches jährliches Wirtschaftswachstum von 0,9 % (pro Kopf nur –11 %!) zu vermelden hatte, konnten lediglich Paraguay und Kolumbien auf Wachstumsraten von über 3% verweisen. Seit 1990 kann Paraguay mit + 4,6 % eine der höchsten Steigerungsraten in Lateinamerika für sich verbuchen.

1996 betrug die Inflationsrate nur 9 %. Das Pro-Kopf-Einkommen lag bei 1800 US-$, die Arbeitslosigkeit bei 12 %. Die staatliche Auslandsschuld belief sich 1995 auf 1350 Mill. US-$. Dem standen Devisenreserven in Höhe von 1187 Mill. US-$ gegenüber.

Land- und Forstwirtschaft

Viehwirtschaft

Paraguay ist das Land der Rinderfarmen, die hier *estancias* heißen, schlechthin. Rinderzucht und Rindermast wird praktisch in allen Landeszonen betrieben, auch im heiß-trockenen Chaco, wo bei extensiver Haltung bis zu 10 Hektar Land für ein Rind benötigt werden. Die Methoden der paraguayischen Viehzucht unterscheiden sich enorm von denen westlicher Industrieländer. Stallhaltung, Kraft- und Zufutter, künstliche Besamung usw. sind nahezu unbekannt.

Die Tiere nähren sich, so gut es geht, von dem, was sie auf ihrem Areal finden. Um eine höhere Zahl an Rindern halten zu können, sind inzwischen viele Farmer dazu übergegangen, Futtergräser zu pflanzen (Büffelgras, Kolonialgras u. a.), womit im Chaco pro Hektar nun bis zu zwei Rinder ausreichend Futter finden. Bei einer Kalbungsquote ab etwa 35 % des Rinderbestands verzeichnen fachmännisch geführte *estancias* zuweilen enorme wirtschaftliche Gewinne.

Die Haltung von Rindern im Chaco, auch deren Fleischqualität, unterscheidet sich deutlich von den Tieren, die im Osten des Landes gezüchtet und gemästet werden. Im Chaco benötigt man für große Herden entsprechend viel Land und für die Trockenzeit in den Monaten Mai bis August Wasserreservoirs *(tajamares)*, die der Größe des Viehbestandes angepaßt sind. Das Vorkommen von Parasiten ist hier relativ gering, was auch die Kosten für die tierärztliche Versorgung in Grenzen hält. Fleisch von Chaco-Rindern erzielt auf Grund seiner Qualität etwas höhere Preise als das von Rindern aus dem Osten.

Im fruchtbaren Ost-Paraguay wird überwiegend eine kontrollierte und geregelte Beweidung durchgeführt. Wasserprobleme sind selten, da die meisten gut geführten Rinderfarmen über eigene Bäche, kleine Flüsse oder Tränken verfügen, die nie versiegen. Die Menge an Rindern, die hier bei intensiver Bewirtschaftung mit den Vorteilen einer doppelt so hohen Kalbungsquote auf einem Hektar gehalten werden kann, ist um ein Vielfaches höher als im Chaco. Kostenfaktor ist hier allerdings die Bekämpfung von Parasiten, die im schwül-warmen Klima der Ostregion in vielen Schattierungen auftauchen können.

Milcherzeugung und Milchprodukte spielten früher in der Volksernährung nur eine unwesentliche Rolle und wurden deshalb immer vernachlässigt. Das Verbraucherverhalten hat sich in den zurückliegenden fünf Jahren in dieser Hinsicht jedoch verändert, und die Milchproduktion gewinnt zunehmend an Bedeutung. Hauptziel ist jedoch immer noch die Gewinnung von Fleisch.

Stallhaltung kennt man nicht in Paraguay. Die Rinder leben in der freien Natur, wo sie nach etwa zwei bis drei Jahren ihr Schlachtgewicht erreichen

Landwirtschaftliche Bodennutzung d. Distrikte

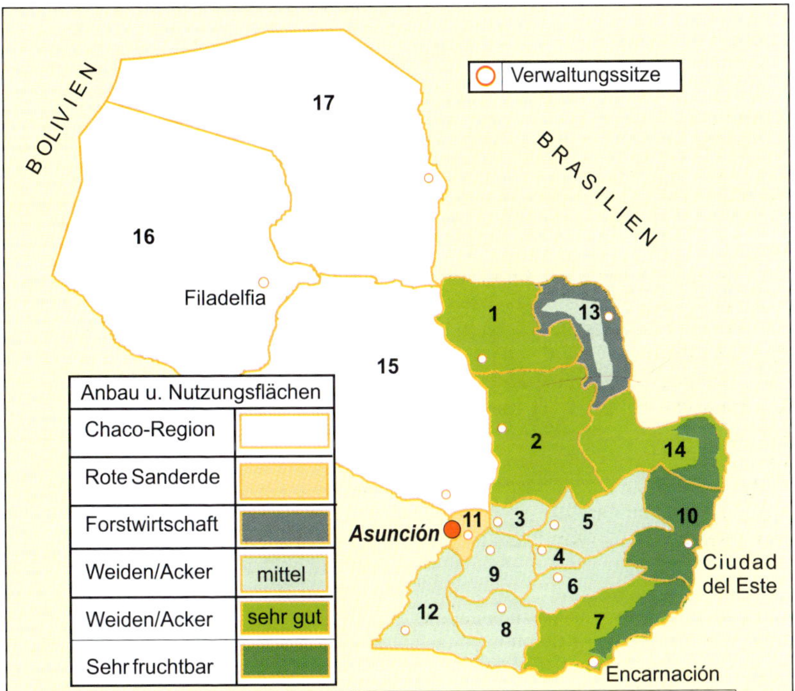

Nr.	Departement	Landwirtschaftliche Nutzung
1	Concepción	Viehzucht, Baumwolle, Mais u.a
2	San Pedro	Viehzucht, Soja, Weizen, u.a.
3	Cordillera	Mais, Zuckerrohr, Baumwolle u.a.
4	Guairá	Viehzucht, Zuckerrohr, Mais u.a.
5	Caaguazú	Erdnüsse, Mais, Viehzucht u.a.
6	Caazapá	Soja, Weizen, Zuckerrohr u.a.
7	Itapúa	Soja, Weizen, Mate, Viehzucht
8	Misiones	Zuckerrohr, Kartoffeln, Viehzucht
9	Paraguarí	Viehzucht, Kleinanbau u.a.
10	Alto Paraná	Alle Produkte, Viehzucht, Milch
11	Central	Gemüse, Früchte, Kleinanbau
12	Neembucú	Viehzucht, Baumwolle
13	Amambay	Alle Produkte, Forstwirtschaft
14	Canendiyú	Viehzucht und alle Produkte
15	Pdte. Hayes	Viehzucht, Bananen, Maniok u.a.
16	Boquerón	Viehzucht, Baumwolle, Soja u.a.
17	Alto Paraguay	Erdnüsse, Rizinus, Viehzucht, Reis

Holztransport für das holzgefeuerte Kraftwerk der Kolonie Fernheim im Chaco. 1998 wurde die Kolonie an das staatliche Stromnetz angeschlossen

Außer den ca. 7,5 Mill. Rindern werden in Paraguay unter anderem etwa 15 Mill. Hühner, 1,5 Mill. Schweine, 320 000 Pferde und etwa 500 000 Schafe und Ziegen gehalten. Die Viehwirtschaft nimmt eine Fläche von 22 Mill. ha für sich in Anspruch (überwiegend Weideland).

Forstwirtschaft

Die Nutzungsmethoden der Forstwirtschaft (etwa 12,5 Mill. ha Fläche) besitzen für die inzwischen umweltbewußt denkenden Europäer einen höchst verschwenderischen und extensiven Charakter. Die ursprünglich reichen Waldbestände sind stark dezimiert, und nur ein geringer Teil der noch bestehenden Wälder wird forstwirtschaftlich genutzt. Ein großer Teil der für landwirtschaftliche Betriebe gerodeten Waldflächen wird einfach abgebrannt (Brandrodung) oder liegengelassen und der Fäulnis preisgegeben. Dadurch findet kaum ein Drittel des geschlagenen Holzes als Nutzholz Ver-

Bodenbeschaffenheit und Anbaugebiete in Paraguay

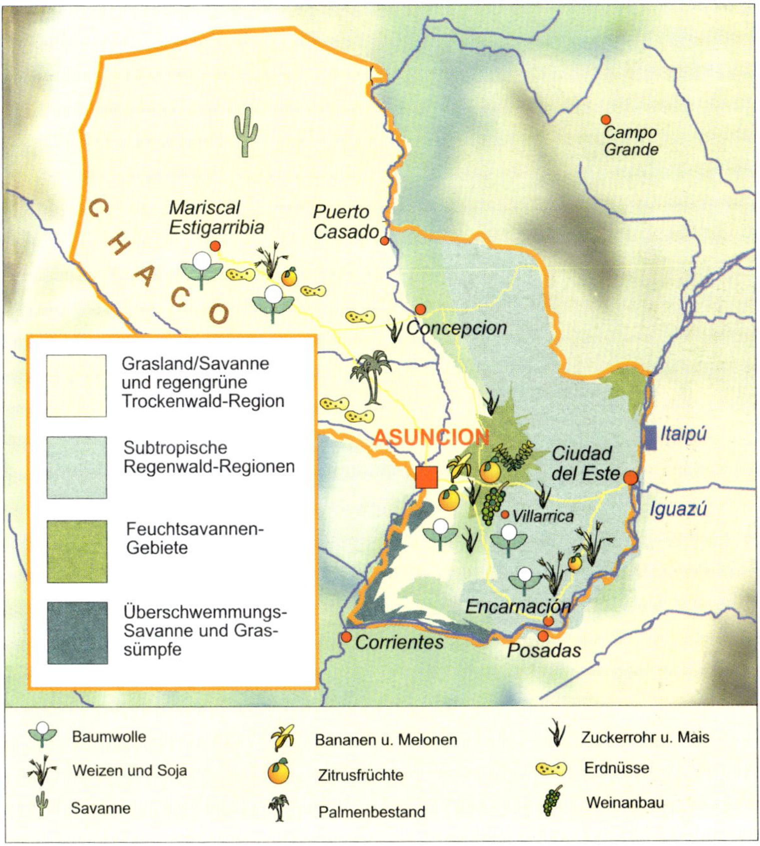

wendung. Der Rest wird als billiges Brennholz verkauft, womit unter anderem der Energiebedarf der holzgefeuerten Eisenbahn und vieler Industriebetriebe gedeckt wird.

Seit zwanzig Jahren schreibt die Regierung, zur Verbesserung der nationalen Handelsbilanz und des Beschäftigungsstandes im Inland, limitierte Grenzen für die Ausfuhr von Rundhölzern vor. Inzwischen haben sich die ausländischen Konsumenten und Abnehmer daran gewöhnt, daß aus Paraguay jetzt Holz als verarbeitetes Halbprodukt kommt, womit sich die von Alfredo Stroessner eingeleitete Maßnahme bewährt hat.

Leider besteht dennoch die paraguayische Forstwirtschaft in der Hauptsache aus dem hemmungslosen Abholzen von Wäldern. Eine Wiederaufforstung wird – bis auf ganz wenige Ausnahmen – gar nicht oder nur halbherzig in Angriff genommen. Viele der wertvollen Edelhölzer, früher einmal Hauptexportgut, sind fast ausgerottet.

Unter ihnen der steinharte *Lapacho*baum, die Zeder, die Trebol- und Petevy-Bäume und der Yvyrá-pytá.

Wohl eher der besseren Statistik wegen wird von einigen Stellen das Anlegen neuer Yerba-Mate-Plantagen unter dem Begriff der »Wiederaufforstung« deklariert. Staatliche Stellen befürworten das nicht, und das Anlegen von Yerba-Plantagen unterliegt daher auch nicht – wie einige Landanbieter glauben machen wollen – der staatlichen Förderung und Bezuschussung tatsächlicher Aufforstungsprogramme.

Ackerbau

Die beiden sehr unterschiedlichen Vegetationszonen in Paraguay verlangen wegen des ungleichen Klimas und Bodens auch verschiedene Arten der Bodennutzung und Feldbestellung. Auf Grund der überaus fruchtbaren Böden in Ost-Paraguay, ausreichender Niederschlagsmengen und des warmen Klimas, ist hier zwei- bis dreimal pro Jahr eine Feldbestellung möglich.

Der Anteil der für den Ackerbau genutzten Fläche beträgt insgesamt 4,6 Mill. ha.

Leider gilt auch hier, daß bei der Inkulturnahme gerodeter Flächen ausschließlich das sich unter der Walddekke angesammelte höchst fruchtbare Potential zur Erzeugung der Kulturpflanzen genutzt wird, was zwangsläufig und rasant zu tiefgreifenden Veränderungen des Bodens führt. Die hohe Feuchtigkeit und Temperatur der Böden, die keine Winterruhe kennen, führen dazu, daß der Humusabbau etwa sechsmal so schnell wie in gemäßigteren Zonen erfolgt. So kommt es, daß viele von Kleinbauern oder unerfahrenen Landwirten betriebene Akkerbauflächen schon nach wenigen

Baumwolle gehört zu den am meisten exportierten landwirtschaftlichen Produkten Paraguays

Jahren ausgelaugt sind, allmählich veröden und damit der Erosion von Wind und Regen völlig preisgegeben werden.

Gut geführte landwirtschaftliche Großfarmen, wo Wechselanbau, Pflanzenschutz, Düngung und experimentelle Saatgutzüchtungen umsichtig betrieben werden, verbuchen allerdings kontinuierlich hohe und wirtschaftlich interessante Renditen in Paraguay.

Nach Meinung der Deutsch-Paraguayischen Industrie- und Handelskammer in Asunción sollte ein landwirtschaftlicher Betrieb ausschließlich von qualifizierten Fachleuten geleitet werden. Die vielen Pleiten der neuen Siedler beweisen, daß man auch in Paraguay seinen fachlichen Standard beibehalten müsse. Erfolg sei immer dort angezeigt, wo man nicht mehr von »kleiner Landwirtschaft«, sondern eher von »Landwirtschaftsunternehmen« sprechen könne.

Daß mit entsprechendem Knowhow kleine landwirtschaftliche Wunder vollbracht werden können, beweisen die Produktionszahlen des paraguayischen Hauptexportschlagers Soja: Im Jahr 1990 wurden auf einer Fläche von 907 000 ha insgesamt 1,7 Mrd. Tonnen, 1993 hingegen auf nur 635 000 ha die gleiche Menge Soja produziert. Die Erträge verbesserten sich um 1 032 kg pro Hektar. 1994 wurden die gleichen Ergebnisse erzielt, im Jahr 1995 wurden die Hektarerträge gegenüber 1990 um sogar 1 350 kg verbessert.

Daß Paraguay heute auf den Import vieler Feldfrüchte verzichten kann, ist zum großen Teil der unbestrittene Verdienst der etwa 10 000 japanischen Siedler, die aufgrund des paraguayisch-japanischen Staatsvertrags von 1959 einwanderten und im tiefen Süden des Landes vorbildliche und blühende Obst- und Gemüseplantagen aufbauten.

Vom Mu[illegible] großzügig mit Know-how, Kapital und günstigen Krediten ausgestattet, schafften es diese Kolonisten innerhalb kurzer Zeit, dem Süden eine Infrastruktur zu geben, die einmalig in Paraguay sein dürfte. Ein weitverzweigtes Stromnetz, hervorragende Asphaltstraßen und Zufahrtswege, wirtschaftlich bestens geführte Kooperativen, funktionierende landwirtschaftliche Großbetriebe und eine bestechende Sauberkeit prägen heute diese Region.

Die japanischen Einwanderer genießen einen guten Ruf, und ihre Erfolge machen deutlich, daß der fruchtbare Boden Paraguays bei sachverständiger Arbeit und den erforderlichen Kapitalien eine gesunde und höchst ertragreiche Investitionsgrundlage darstellen kann.

Fischerei

Der Fischfang spielt eine noch bescheidene Rolle im Wirtschaftsleben Paraguays. Die Fischgerichte, die in guten

Anhänger mit Erdnüssen

Fischfang wird in Paraguay meist nur als Hobby betrieben

Eines der Wasserzulaufrohre für die Turbinen des Wasserkraftwerkes Itaipú

städtischen Restaurants und der Hotelgastronomie auf der Speisekarte zu finden sind, kommen vorwiegend von den beiden gigantischen Flußfischen *surubí* und *dorado*. Diese Fische werden in der Regel von privaten Fischern oder sehr kleinen Betrieben geliefert.

Fischerei wird überwiegend aus Hobby und Leidenschaft betrieben. Ein paar wenige Fischzüchter gibt es sicherlich, sie werden aber in keiner Statistik aufgeführt. Die Fischerei hat somit nur in Verbindung mit dem Tourismus – und auch hier nur unwesentlich – eine Bedeutung.

Industrie und Handwerk

Paraguay ist eines der am wenigsten industrialisierten Länder Lateinamerikas, dessen Produkte ausschließlich dem Inlandkonsum, nicht dem Export, zufließen. Zu den florierenden Unternehmen gehören eine Drahtfabrik, die nun die einst importierten und teuren Materialien für Weidezäune liefert, eine Wellpappefabrik, fleischverarbeitende Betriebe und Fabriken, welche die heimischen Produkte Zucker, Alkohol (aus Zuckerrohr) und Baumwolle weiterverarbeiten.

Die wenigen Industriebetriebe des Landes sind zu 70% im Großraum Asunción angesiedelt. Von den rund 4550 Betrieben gehören allein 1320 der Lebensmittelbranche an; über 780 sind holzverarbeitende Firmen, von denen 270 ausschließlich Möbel anfertigen. 200 Betriebe gehören dem Druck- und Verlagswesen an, 320 der Textilindustrie, wobei hier die Produktion von Unterwäsche (245 Firmen) überwiegt.

Impulse positiver Art sind in der Bauwirtschaft zu beobachten. Auch die Stahl- und Zementindustrie verzeichnet auf Grund der gestiegenen Nachfrage gute Zuwachsraten. Rund 8000 Arbeiter sind in Paraguay bei kleinen und mittleren Industriebetrieben beschäftigt, 21000 hingegen bei angemeldeten Kleinbetrieben mit einem Personalaufwand von maximal ein bis fünf Beschäftigten. Nach Schätzungen arbeiten im gesamten Land etwa 290000 Menschen im produzierenden Gewerbe.

Etwa 51% der paraguayischen Gesamtbevölkerung sind volkswirtschaftlich aktiv. Davon sind 78,4% Männer, also rund 1,83 Mill., die in irgendeiner Form einer Beschäftigung nachgehen. 36,9% der Gesamtbevölkerung arbeiten als Selbständige; ein großer Teil von ihnen im eigenen handwerklichen Kleinbetrieb.

Bis auf sehr wenige Ausnahmen ist jede Art von freiem Handel und Betätigung in Paraguay erlaubt. Selbständigkeit wird nicht drastisch reglementiert und strengstens überwacht, sondern gefördert oder toleriert. Wer Friseur werden möchte, wird es; wer eine Autowerkstatt eröffnen will, wer sich zum Bäcker berufen fühlt oder am Straßenrand selbstgebrutzelte Würstchen verkaufen will, wird Kleinunternehmer.

Diese Kleinunternehmer sind weder organisiert, noch existieren Innungen, Berufs-, Dach- oder Interessenverbände. Jeder macht so, wie er es für richtig und angemessen hält, seine Arbeit, die nicht von Auflagen, Vorschriften und Bestimmungen geprägt wird, sondern einzig und allein von dem, was der Kleinunternehmer, intuitiv oder aus Erfahrung klug geworden, für durchführbar und lukrativ hält.

Werkstätten, die ausschließlich Autoreifen reparieren (»gomerias«), findet man an fast jeder Ecke

Paraguay kennt weder Preisbindungen, Ladenschlußzeiten oder (wie z. B. in der Bundesrepublik) bestimmte Deckenhöhen, die man benötigt, um Lehrlinge auszubilden. Lautsprecherwagen, bunte Transparente über der Straße, Hinweis- und Firmenschilder in jeder Form, Farbe und Größe, Straßenverkäufer, Schwarzgeldhändler vor den öffentlichen Wechselstellen, geschmuggelte Waren in vielen Schaufenstern, die unterschiedlichsten Taktmesser und Zähluhren bei Taxifahrten – dies alles prägt nicht nur das sich selbst ernährende Wirtschaftsgebilde des Landes, sondern auch die Straßen

Ohne Kleiderzwang und Streß. Gitarren- und Harfenverkäufer am Stadtrand von Asunción

in Stadt und Land. Und dies war auch in der Ära eines Alfredo Stroessner kein bißchen anders.

Da jeder sich der zu seiner Verfügung stehenden, meist schon vorhandenen Mittel und Unterkünfte bedient, um fortan als selbständiger Unternehmer tätig zu werden, gleicht in Paraguay natürlich kein Kleinbetrieb dem anderen. So wird bei einem das frühere Schlafzimmer oder die überdachte Terrasse zum Verkaufsraum, bei anderen die fensterlose Garage zur Werkstatt, und bei einem Dritten bietet sich das Haus der Schwiegereltern als ideal betrachteter Standort für einen Kopierladen an. Flugs entsteht so praktisch über Nacht ein »Copy-Center«, ein Spezialist für »Autoelektrik«, eine *gomeria* auf dem Hof (repariert Autoreifen) oder ein »Klimaanlagen-Spezialist«. Da für die meisten Tätigkeiten weder Berufsschulen noch andere ausbildende Institutionen im Land existieren, entscheiden über die Berufswahl Begabung, Interesse oder Erfahrungen, die man zuvor als Angestellter eines Betriebes sammeln konnte.

Diese selbständigen Kleinbetriebe findet man überall in Paraguay. Aus den ländlichen Gebieten sind sie nicht mehr fortzudenken. Jedes Dorf hat seinen selbsternannten *plomero* (Klempner), den mehr oder weniger guten Schildermaler, seinen Sargschreiner, Elektriker, Friseur, Eisenwarenladen oder die kleinen *despensas,* in denen man vom Klopapier bis zum Päckchen Nudeln alles kaufen kann.

Und inmitten dieser Läden und Werkstätten mit ihrem heillosen Durcheinander von Reifen, alten Automotoren, herumhängenden Kabeln und undefinierbarem Schrott picken ein paar Hühner die Krümel vom Boden, grunzen kleine schwarze Ferkel den Besucher an oder schläft ein Baby in der Hängematte im Schatten eines Mangobaums.

Jeder dieser kleinen, selbständigen Betriebe, ohne die in Paraguay nichts funktionieren würde, zeigt nicht nur, daß mit etwas gutem Willen und einer hohen Gabe zur Improvisation alles wieder irgendwie in Gang zu kriegen ist – sie symbolisieren auch liebenswerte Menschlichkeit zum Anfassen. Der Besuch irgendeiner kleinen Werkstatt auf dem Lande sollte daher auf der Liste eines jeden Touristen stehen. Die vier Mark, die man dafür bezahlt, daß das Kabel am Scheibenwischer oder der Hupe wieder angeklemmt wird, sind das sicherlich wert. Nirgends sonst wird man so die Mentalität und tatsächliche Arbeitswelt paraguayischer Handwerker kennenlernen, wie eben in diesen Betrieben, wo man Gast und Kunde zugleich ist.

Energiewirtschaft

Nach jahrelangem zähem Ringen über die Gebietsrechte an den westlichen Ufern des mächtigen Paraná-Flusses wurde am 26.4. 1973 zwischen Brasilien und Paraguay ein Vertrag geschlossen, der beide Länder als gleichberechtigte Partner beim Bau und der Nutzung des größten Wasserkraftwerks der Welt, Itaipú, charakterisierte. Der damalige Präsident Alfredo Stroessner unterzeichnete damit ein Vertragswerk, in dem Brasilien die schwere Bürde der Kapitalbeschaffung für das gesamte Projekt zu tragen hatte. Seine eigenen Verpflichtungen muß laut diesem Dokument Paraguay erst nach Fertigstellung der kompletten Anlage bezahlen, und zwar ausschließlich durch den laufenden Verkauf aus der Itaipú-Energieproduktion, die zu 50% Paraguay zufließt.

Zur Tilgung seiner Altschulden werden nun, nach der Fertigstellung der gigantischen Anlage, große Teile der produzierten Energie an Brasilien geliefert. 21 Mrd. US-$ kostete das Projekt, das überwiegend durch Kredite finanziert wurde, deren Zinsen Brasilien auch heute noch zu schaffen machen.

Zwei Dinge waren es, welche die Brasilianer veranlaßten, einen derart für sie ungünstigen Vertrag zu unterzeichnen: Das Land benötigte dringend eine immense Energiequelle, und da der Rio Paraná ein Grenzfluß ist, brauchte man zur Nutzung dieses unaufhörlich dahinrauschenden Energiepotentials die Einwilligung Paraguays.

Nun mag man dem Ex-Diktator Paraguays nachsagen, was man möchte, hier jedoch erkannte er die Gunst der Stunde und ließ sich durch nichts erweichen. Selbst der militärischen Besetzung des strittigen Uferstreifens durch Brasilien sah er gelassen zu. Als sich die Lage dann immer mehr zuspitzte, mobilisierte Stroessner die Medien in aller Welt. Er bot neue Grenzvermessungen an, machte den Vorschlag, den Haager Schiedsgerichtshof anzurufen, und angesichts solch lobenswerter Äußerungen, die in aller Deutlichkeit die Friedensbereitschaft des kleinen brasilianischen Nachbarn aufzeigten, wurde es für Brasilien praktisch unmöglich, die Sache einfach, militärisch und effizient zu lösen. So blieb also nur die politisch friedliche Lösung, mittels eines Vertrages Einigung zu erzielen. Paraguay zahlte keinen Pfennig, verdiente ordentlich an den baulichen Maßnahmen des Projektes mit und profitiert heute von den 50%igen Stromanteilen, die ihm vertraglich zustehen.

62000 Kubikmeter Wasser schießen pro Sekunde durch die Turbinen und Schleusen der 196m hohen und 1,2 km breiten, äußerst beeindruckenden Staudammanlage, wobei die riesigen 18 Turbinen 12,6 Mill. Kilowatt produzieren – also weit mehr Energie als einige mitteleuropäische Atomkraftwerke.

Sieben Monate nach der paraguayisch-brasilianischen Vertragsunterzeichnung unterschrieb auch Argentinien (Isabel Perón) einen analog gestalteten Vertrag für ein etwas kleineres Projekt, das derzeit im Süden des Landes realisiert wird: das ebenfalls hydroelektrische Kraftwerk Yacyretá bei Ayolas. Auch hier übernahm Argentinien die volle Finanzierung, während Paraguay seinen Anteil durch den teilweisen Verkauf der ihm zustehenden 50%igen Energie nach der Fertigstellung abdeckt.

Nach der kompletten Schuldentilgung der paraguayischen Anteile wird Paraguay mit den beiden Wasserkraftwerken Itaipú und Yacyretá sicherlich mit zu den größten Energielieferanten der Erde gehören. Der Eigenverbrauch ist sehr gering. Durch den Mangel an Industrie konzentriert sich der Energieverbrauch im Land hauptsächlich auf private Wohnhäuser, kleine Handelsbetriebe und die Straßenbeleuchtung in besiedelten Regionen.

Der Stromverbrauch lag 1995 bei nur 2236 Mill. kWh, wovon nur 637 Mill. kWh auf industrielle Betriebe entfielen.

Die geparkten Wagen vor den Röhren des größten Wasserkraftwerks der Welt, Itaipú, wirken wie winzige Zwerge

Handel

Der Handel unterliegt in Paraguay recht eigenwilligen und eigenen Regeln, die Ausländer kaum nachvollziehen können. Er wird überwiegend durch geschmuggelte Waren getätigt, die dann ganz offiziell in den Geschäftshäusern angeboten werden. Es existiert somit kein Schwarzmarkt, wo Kunde und Verkäufer unter höchster Vorsicht und mit Verschwörerblick ihre Geschäfte tätigen, sondern der Verbraucher weiß in der Regel gar nicht, daß das, was er gerade in seiner Einkaufstüte nach Hause trägt, Schmuggelware ist.

Da in Paraguay vom modernsten Computer bis hin zum Nobel-Champagner wirklich alles in den üppig bestückten Regalen der Boutiquen, Supermärkte und Warenhäuser zu finden ist und dort auch reißenden Absatz findet und da ein Großteil dieser Waren zollfrei die Grenzen passiert, floriert mit der steigenden Handelsbilanz auch der zum paraguayischen Alltag gehörende Schmuggel von Konsumgütern.

Etwa die Hälfte aller in Paraguay angebotenen importierten Waren kommt unverzollt ins Land. Das ist ein so hohes Aufgebot an täglich über die Grenzen rollenden LKWs, daß man heimliche Grenzübertritte getrost vergessen kann. Handel und Zollbeamte haben sich also bestens arrangiert. Das gilt auch für die im Land fahrenden Autos. Nach Angaben der CADAM (Cámara de Distribuidores de Automotores y Maquinarias) sind über die Hälfte aller

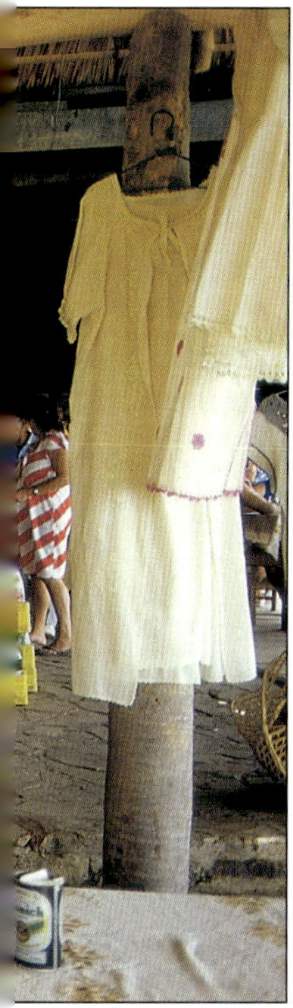

Verkaufsstand in San Bernardino

Die Ochsenkarren, sogenannte »carretas«, findet man heute nur noch in ländlichen Gebieten, wie hier auf dem Marktplatz von Concepción

im Land fahrenden Autos illegal eingeführt worden – sogenannte »Mau-Autos«.

Zu diesem lukrativen Zweig paraguayischer Handelstätigkeit gehört auch das Umgehen von Zöllen beim Export. In der Hauptsache sind es hier die Restbestände von Edel- und Rundhölzern sowie jährlich etwa 15 000 Rinder, welche das Land illegal, meist nach Brasilien, verlassen.

Hauptabnehmer für legale Exporte (Rohstoffe und industrielle Erzeugnisse) waren in den vergangenen Jahren Brasilien (30,5 %) und die Niederlande (13,4 %). Es folgten Argentinien mit 7,6 % aller exportierten Güter und die USA mit 3,8 %. Deutschland spielte mit nur 1,9 % (1993), 2,3 % (1994) und 3,7 % (1995) eine untergeordnete Rolle als Abnehmer paraguayischer Rohstoffe und Waren.

Die wichtigsten Importländer sind in der Reihenfolge Brasilien, Argentinien, die USA, Japan und mit 2,6 % Anteil am Import die Bundesrepublik Deutschland.

Verkehrs- und Transportwesen

Was früher die gemächlich dahinziehenden Ochsenkarren mit ihren oft mannshohen Rädern und den ohrenbetäubend quietschenden und wimmernden Holzachsen waren, die man kilometerweit herannahen hörte, wurde inzwischen von Sattelschleppern, Lastwagen und modernen Traktoren abgelöst. Die Ochsenkarren – seit Jahrzehnten bereits mit Metallachsen und leise rollenden Kugellagern ausgestattet – versehen nur noch in abseits gelegenen ländlichen Gebieten ihren Dienst. Selbst dort sind sie rar geworden und immer seltener zu beobachten.

Auch das Pferd, mit dem viele Kinder noch vor dreißig, vierzig Jahren zur

Schule ritten, ist von der Technik verdrängt worden. Auf abgelegenen Farmen oder dort, wo bei starkem Regen die lehmigen Zufahrtswege unpassierbar werden, ist das Pferd als zuverlässiger Partner des Menschen aber auch heute nicht wegzudenken.

Ebenfalls ein Überbleibsel der »guten, alten Zeit« ist die paraguayische Eisenbahn, die sich – leider nur noch ganz selten – mit einer Geschwindigkeit von rund 25 km/h über die buckligen Schienen quält und seit dem Jahr 1861 das einzige und wichtigste Transportmittel für landwirtschaftliche Erträge war. Inzwischen hat sie diese Bedeutung verloren, und Schienen und Wagenbestand sind jetzt vom physischen Verfall bedroht. Die letzte größere Investition bei der Eisenbahn erfolgte im Jahr 1919!

Auch den wenigen Straßenbahnen, die ausschließlich im Zentrum Asun-

Immer noch fahren die uralten, holzgefeuerten, mit Kuhfängern ausgestatteten Dampfloks über die dünnen Schienen

cións regelrecht über die an vielen Stellen gebrochenen und abgesackten Schienen hoppeln, dürfte bald das endgültige Aus beschieden sein. Der Versuch, diese museumsreifen Straßenbahnen als Touristenattraktionen einzusetzen (Stadtrundfahrten mit Folklore und feuchtfröhlichen Haltepunkten), wurde zwar schon einige Male ins Auge gefaßt, aber bis heute nicht realisiert.

Auf dem Land dominieren – obwohl die verkehrsmäßige Erschließung mit nur 2700 km asphaltierten Straßen weit hinter internationalen Ansprüchen zurückbleibt – heute Lastwagen, Busse und Privatfahrzeuge. Die gesamten nationalen Warentransporte, Ex- und Importe, werden überwiegend über das Straßensystem und teilweise über Flußwege abgewickelt, wobei der Schiffahrt – durch die häufig auftretenden Hoch- oder Niedrigwasser der Flüsse Rio Paraguay und Rio Paraná – gewisse Grenzen gesetzt sind. Mittels Flußschiffahrt werden jährlich etwa 6–7 Mill. Tonnen Fracht bewegt.

Paraguay besitzt Freihafen- und Freihandelszonen in Argentinien (Buenos Aires, Rosario und Santa Fe), Brasilien (Santos und Paranaguá), Chile (Antofagasta) sowie in Uruguay (Montevideo, Nueva Palmeira und Colonia).

Es existieren zwei internationale Flughäfen: in Asunción und Ciudad del Este. Ein dritter soll 1998 im Süden des Landes bei Encarnación fertiggestellt sein. Nach Angaben der Flughafen-Verwaltungsbehörde DINAC existieren in Paraguay 1169 weitere kleinere Flugpisten, von denen jedoch nur 270 eine offizielle Genehmigung besitzen. Kleine ein- oder zweimotorige Privatmaschinen findet man insbesondere bei Eigentümern weit entfernter oder schwer zugänglicher *estancias* (überwiegend im Gran Chaco). Sie sind für viele Farmer ein notwendiges Transport- und Beförderungsmittel.

In Asunción besteht ein dichtes Bussystem, das in den Stoßzeiten erheblich

Bei starkem Regen verwandeln sich einige Straßen in Asunción zu reißenden Bächen – die Stadtbusse sind dann als Beförderungsmittel besonders gefragt

zur Überlastung des Gesamtverkehrs beiträgt. Viele dieser Busse sind nicht mehr verkehrssicher, völlig überaltert und in schlechtem Zustand. 1995 verkehrten im Großraum Asunción 1900 Stadtbusse. Fahrpläne oder bestimmte Abfahrtzeiten existieren nicht, da besonders tagsüber und im Zentrum etwa alle fünfzehn Sekunden ein Bus auftaucht. Das Zu- und Aussteigen wird durch Handzeichen signalisiert. Praktisch kann man, wo immer man möchte, den Bus verlassen oder zusteigen.

Geld- und Kapitalmarkt

Durch einen freien Wechselkurs, die Möglichkeit, in jeder harten Währung Sparkonten führen zu können und ohne Einschränkungen Devisen ein- und auszuführen, ist Paraguay zu einem Tummelplatz ausländischer Festgeldanleger, Sparer und Geldwäscher geworden. Den Ruf, die »Schweiz Südamerikas« zu sein, erwarb sich Paraguay durch zwei Umstände: Seit Jahrzehnten gilt die Landeswährung Guaraní als die stabilste Währung Lateinamerikas. Ferner bietet Paraguay ein ausgesprochen hohes und für Anleger erfreulich gewinnträchtiges Zinsniveau für Dollarkonten (7%–11%) und Sparkonten in der heimischen Währung (27% bis 38% je nach Bank und Risikobereitschaft).

Paraguay kann auf eine stattliche Anzahl von nationalen und internationalen Banken verweisen, deren Zentralen fast alle in Asunción zu finden sind. Ende 1995 gab es 4900 Beschäftigte in den 35 verschiedenen Bankhäusern, die insgesamt über 183 Niederlassungen im Land verfügten.

Zu den international bekannten Bankhäusern, die hier tätig sind, gehören die Citibank, Lloyds-Bank, Banco ABN-Amro, Banco Paraná und die ING-Bank. Die Deutsche Bank, die bis 1990 mitten im Zentrum ein repräsentatives Gebäude vorzeigen konnte, ging inzwischen an ein paraguayisch-uruguayisches Konsortium über. Sie heißt nun Banco Aleman-Paraguayo und hat das überwiegend auch deutschsprechende Personal beibehalten.

Neben den Bankhäusern existieren rund 65 Finanzierungsgesellschaften in Paraguay, von denen viele als Partnerbüros einiger Banken oder deren Direktoren fungieren. Mit diesen Verflechtungen schrieben die Vorstände einiger Großbanken im Mai 1995 traurige Bankgeschichte in Paraguay: Nachdem zuvor in der staatlichen Zentralbank einige Millionen US-Dollar unauffindbar verschwunden waren – was sich hartnäckig in jährlichen Intervallen (auch wieder im Jahr 1996 und 1997) wiederholt – verwiesen die Vorstände der Zentralbank, empört darüber, als einzige »schwarze Schafe« der Branche dargestellt zu werden, auf die vier großen nationalen Bankinstitute Banco General, Bancopar, Banco Mercantil und Bancosur, in denen es weitaus schlimmer zuginge. Die entsprechenden Nachforschungen lösten eine Krise aus, unter deren Nachwirkungen das Land noch heute zu leiden hat.

Höchste Zinsen versprechende Schwarzgeldkonten von privaten Sparern waren im Wert von über 500 Mill. US-$ von Bankern, Vorständen und den angeschlossenen Finanzierungsbüros teilweise in die eigenen Taschen abgezweigt worden oder sonst irgendwie verschwunden. Über eine halbe Milliarde Dollar also, die in »schwarzen Listen« geführt und – steuerfrei für die Banken – an der staatlichen Zentralbank vorbeigeschleust worden waren, gab es nun plötzlich nicht mehr. 99,5% der Spareinlagen wurden bei diesen Banken nicht aufgeführt! Es kam zu Firmenpleiten, Entlassungen und viel persönlichem Leid unter all

Die paraguayische Währung, der Guaraní, gilt – trotz zahlreicher Bankenskandale – seit Jahrzehnten als die stabilste Währung in Südamerika

In Paraguay haben sich 35 große Banken mit 183 Niederlassungen angesiedelt

jenen, die sich nun plötzlich verarmt oder nicht mehr zahlungsfähig sahen.

Tausende von diesem Bankskandal nicht betroffene Paraguayer verloren das Vertrauen in ihre nationalen Banken. Sie lösten dort ihre Konten auf und wechselten zu ausländischen Instituten.

Im normalen Geschäftsablauf müssen paraguayische Banken 30 % der Deviseneinlagen und 18 % der Guaraní-Einlagen als zinslose Rücklage und Mindestreserve bei der staatlichen Zentralbank (BCP) hinterlegen. Bei längerfristigen Anlagen ab zwei Jahren fließen (bei Devisen) nur noch 5 % an die BCP, wodurch sich ein enormer Spielraum bei der Festlegung von Zinsen ergibt.

Kredite sind hingegen eine so ausgesprochen unerfreuliche Angelegenheit, daß besonders Ausländer erschüttert sind, wenn die zuweilen gekonnt verschleierten tatsächlichen Zinsen gezahlt werden müssen. Andererseits muß einem klar sein, daß dort, wo man extrem hohe Zinsen auf seine Spareinlagen bekommt, die Kredite ebenso extrem teuer sein müssen. 1995 betrugen die jährlichen Zinsen bei Dispositionskrediten in der Landeswährung 49,20 bis 49,97 % und bei den »sehr günstigen« Entwicklungskrediten 28 bis 29,75 %! Für ein Darlehen auf Kreditkarten mußte man 42,50 % Zinsen bezahlen.

Günstiger, aber mit enormem Beantragungsaufwand verkoppelt, sind Kredite auf dem Handelssektor in ausländischer Währung (12 %–14,40 %). Daß das Kreditgewerbe trotz seiner immensen Zinsen in Paraguay floriert, liegt an dem Umstand, daß viele Geschäfts- und Privatleute äußerst kurzfristige Darlehen in Anspruch nehmen, um liquide zu sein, bis man durch absehbare, noch ausstehende oder überfällige Rechnungen den Kredit wieder ablösen kann. Andere nehmen Kurzkredite zum Ankauf von Waren auf, die dann wieder schnell unter das Volk gebracht werden.

Einen großen Anteil am Devisenumtausch (Geldwechsel) haben die sogenannten Cambios in Paraguay. 1994 bewegten die 19 Firmen, die Wechselstuben betrieben, eine Summe von 19,251 Mrd. US-$. Im gleichen Jahr wurden in Banken und Wechselstuben insgesamt über 66 Mrd. US-$ bewegt.

Darüber hinaus gehören dem paraguayischen Finanzsektor 9 Bausparkassen, 126 Spar- und Anleihengenossenschaften und 50 Versicherungsgesellschaften an; ferner 307 Firmen anderer Art, die der Bankenaufsicht unterliegen (u.a. Finanzierungsbüros, die Eigenkapital verleihen, ohne selbst Kredite aufnehmen zu müssen). Etwa 30 % des Gesamt-Bruttoinlandsprodukts entfallen auf den Sektor Handel und Finanzen.

Im ersten Halbjahr 1995 verabschiedete die paraguayische Abgeordnetenkammer einen Investitionsschutzvertrag zwischen Deutschland und Paraguay. Danach sollen die Privatinitiative und der Wohlstand beider Völker gefördert und Kapitalinvestitionen geschützt werden. Unter Kapitalinvestitionen versteht das Vertragswerk alle Arten von beweglichen Gütern, Immobilien und Hypotheken. Unter den gleichen Schutz sollen fortan auch die bisher recht stiefmütterlich behandelten Urheber-, Patent- und Markenschutzrechte fallen. Es wurde eine freie Nutzung der Investitionen vereinbart. Enteignungen, so sieht der Vertrag vor, seien nur dann erlaubt, wenn sie dem Gemeinwohl dienen und juristisch festgelegt werden.

Tourismus

Paraguay ist ein Land, das jeden Besucher immer wieder durch seine vielschichtige Flora und Fauna begeistert.

Auch ohne Sandstrände und Gebirge bietet Paraguay außergewöhnliche Naturschauspiele

Als Binnenland ohne Gebirge, Meer und weiße Sandstrände – Dinge, ohne die insbesondere Touristen der westlichem Welt ihren Urlaub nur ungern verbringen – muß man hier also ohne einen devisenbringenden Massentourismus auskommen. Von Individualreisenden wird das als immenser Vorteil gewertet, da sich Paraguay dadurch sein typisch südamerikanisches Flair und die einzigartige Ursprünglichkeit von Land und Bewohnern erhalten konnte.

Pro Jahr besuchen durchschnittlich 350000 bis 400000 Touristen Paraguay, wobei sie etwa 145 Mill. US-$ ausgeben, das sind pro Besucher 386 US-$. Das Gros bilden mit etwa 65% Prozent des Besucheraufkommens Argentinier und Brasilianer, die die preiswerten Einkaufsmöglichkeiten im Land nutzen oder sich hier einfach nur vom Heimatstreß erholen möchten. Etwa 17% aller Touristen kommen aus Europa, 3% aus den USA.

Am Bruttoinlandsprodukt ist der Tourismus mit nur schwachen 3,5% beteiligt. Darunter fallen auch die Ausgaben in Höhe von etwa 30 Mill. US-$, die einheimische Touristen im eigenen Land ausgeben (Wochenendfahrten, Besichtigungen, Freizeitvergnügen).

Sonnenuntergang über dem Paraguay-Fluß

Viele Marktfrauen tragen auch heute noch ihre Waren auf dem Kopf

Der wahre Zustrom ausländischer Gäste – Jahr für Jahr ist das immerhin die stattliche Menge von rund 12 Mill. Personen! – findet sich nur zu einer Stippvisite im Land ein und bleibt weniger als 24 Stunden. Auch diese Besucher kommen aus den Nachbarländern Argentinien und Brasilien. Sie haben es auf die bekannten Whisky-, Parfüm- und Zigarettenmarken abgesehen sowie auf Textilwaren und asiatische Elektronik, die bei diesen Einkaufsfahrten im einzigartigen »Duty-free-Shop Paraguay« reißenden Absatz finden.

Nach Schätzungen werden mit den Einkaufstouristen jährlich ca. 600 Mill. US-$ Umsätze getätigt – ein Bereich, der etwa 300 000 Arbeitsplätze bindet, die aber wegen der zukünftigen MERCOSUR-Zoll-Vereinheitlichungen stark gefährdet sind.

Nach einem Gesetz von 1990 soll der Tourismus durch intensive Investitionen und der Schaffung eines Fonds zur Erhaltung der Jesuitenreduktionen, historischer Dörfer, des Ethno- und Ökotourismus und zum Ausbau des Kauftourismus mehr gefördert werden. Diese neuen Impulse aus dem paraguayischen Fremdenverkehrsamt (Dirección General de Turismo) sind zwar begrüßenswert, aber wohl mehr

Ausländische Besucher in Paraguay

theoretischer Natur. Immer noch obliegt es überwiegend privaten Unternehmern, touristische Anreize aufzuspüren und diese in ihre Programme aufzunehmen.

In der Liste der durchschnittlichen Aufenthaltszeit in Paraguay führen deutsche, kanadische und peruanische Besucher die Statistik an, gefolgt von Chilenen, Spaniern und Bolivianern. Die Mehrzahl deutscher Besucher kommt ausschließlich nach Paraguay, um sich vor einer ins Auge gefaßten Einwanderung über die möglicherweise zukünftigen Lebensbedingungen zu informieren oder um hier Land bzw. eine Immobilie zu erwerben. Das paraguayische Fremdenverkehrsamt unterhält auch in Deutschland (s. S. 252) ein unter deutscher Leitung geführtes Informationsbüro.

Niederlassungs- und Steuerecht

Paraguay gilt unter Eingeweihten als eine Art Steuerparadies, das besonders dadurch attraktiv wird, daß Finanzgeschäfte jeglicher Art in jeder beliebigen harten Währung getätigt werden können. Größere Auslandsgeschäfte werden fast immer auf der Basis des US-Dollars abgewickelt.

Ausländische Firmen dürfen nach Vorlage der Statuten des Stammhauses und ihrer Registrierung im Mutterland Filialen in Paraguay gründen, wobei der überwiegende Teil der Beschäftigten die paraguayische Staatsbürgerschaft besitzen muß. Neugründungen – sie werden in der Regel von Notaren getätigt – sind bei der Stadtverwaltung und der Steuerbehörde anzumelden. Für selbständige Handwerksbetriebe sind keine Lizenzen erforderlich. Die Gründungskosten für im Handelsregister einzutragende Firmen sind sehr niedrig. Mit umgerechnet 350 US-$ an Notar- und Amtskosten kann bereits eine SRL (GmbH) und mit ca. 500 US-$ eine SA (Aktiengesellschaft) tätig werden. Seit Juli 1992 wird keine Steuer auf das Kapital einer Firma erhoben – ganz gleich, ob sie mit nur 2000 Dollar oder mit 500 Millionen Dollar ins Leben gerufen wurde.

Im- und Exportfirmen benötigen einen Kapitalnachweis von 10 Mill. Guaranís, also etwa 5000 US-$, Versicherungsgesellschaften und Kredithäuser (Geldverleiher) 40 Mill. bzw. ca. 20 000 US-$. Wer in seinem Kredithaus (auch als SRL möglich) nicht nur eigenes Geld verleiht, sondern selbst Kredite aufnimmt oder andere Bankgeschäfte tätigt, muß tiefer in die Tasche greifen: 3 000 Mill. Guaranís sind für eine solche *financiera* erforderlich (ca. 1,5 Mill. US-$). Die eigene Bank in Paraguay erfordert ein Mindestkapital von 5 Mill. US-$.

Mindestens eine Person einer SRL oder SA muß Paraguayer sein oder eingewanderter Ausländer mit den entsprechenden Aufenthaltspapieren *(Cedula, Residente permanente)*. Jeder legal in Paraguay lebende Bewohner kann also eine Firma gründen. Für die Gründung einer SRL genügt eine einzige Person, wobei Geschäftsführer und Syndikus (der gleichzeitig der Buchhalter sein kann) bei der Gründung namentlich genannt werden müssen.

Nach der Verfassung kann jeder in Paraguay gemeldete Ausländer innerhalb der gesetzlich vorgeschriebenen Grenzen einem Beruf nachgehen oder sich politisch betätigen. Die Steuerbelastung ist, gemessen an westlichen Ländern, ausgesprochen gering. So beträgt die Einkommensteuer für Einkünfte, die von Privatpersonen im Land erzielt wurden, je nach Steuerklasse nur 1–4 %. Aktive Firmen unterliegen hingegen einem Steuersatz von 10 % (bis 50 Mill. Guaranís Einkommen) bis zum Höchstsatz von 30 %.

Interessant für ausländische Investoren ist das im Dezember 1990 verabschiedete Gesetz 60/90, das Investitionsförderungsgesetz, nach dem der Staat für die Dauer von 5 Jahren auf 95 % der Steuern verzichtet, wenn die Investition dem Land förderlich ist (Schaffung von neuen Arbeitsplätzen u.ä.).

Gewinne aus landwirtschaftlicher Tätigkeit werden grundsätzlich mit 25% versteuert. Der Verkauf von Rindern unterliegt dabei einer zusätzlichen Pro-Kopf-Umsatzsteuer in Höhe von 2 % des Lebendgewichtpreises. Brachland wird mit einer Zusatzsteuer von 0,1–0,4 % versteuert.

Die allgemeine Umsatzsteuer *Impuesto al valor agragado* (IVA) liegt bei 10 %. Für Land- und Immobilieneigentümer wird eine jährlich sehr geringe Grundsteuer erhoben, die sich nicht aus dem Verkehrswert des Bodens, sondern aus dem fiskal berechneten Wert ergibt. Dieser Fiskalwert stellt meist nur einen Bruchteil des tatsächlichen Wertes dar und dient als Bemessungsgrundlage für eine jährliche Steuer von 0,5–1 % (je nach Region und Infrastruktur).

Hohe Steuerhinterziehung und eine ausgesprochen schlechte Steuermoral kennzeichnen den Umgang der Gewerbstätigen mit den Fiskalbehörden. Dadagegen versuchte der Staat durch eine Fiskal-Lotterie vorzugehen. Attraktive Tombolagewinne – als Lose fungierten die von Staatsbürgern eingesandten Zahlungsbelege – lockten eine Zeitlang, um mittels dieser Belege den Steuersündern beizukommen. Da man sich aber auch in Steuerangelegenheiten in gängiger Praxis gerne mit den Männern der Finanzbehörde privat arrangiert, wurde die Lotterie 1997 wieder abgeschafft.

Nach Meinung der Deutsch-Paraguayischen Handelskammer in Asunción wird der Zufluß interessanter Investoren – trotz aller Steuervorteile und der Möglichkeit, einfach und preiswert in Paraguay Firmen zu gründen – leider immer noch durch ein unberechenbares Arbeitsgesetz und das ebenso marode Rechtssystem deutlich gehemmt. Dieser Meinung schließt sich auch die Interamerikanische Entwicklungsbank an, die neben der ausbleibenden politischen Partei- und Justizreform zusätzlich die Vernachlässigung der Ausbildung und Erziehung von Arbeitskräften bemängelt. Es bleibt also auch weiterhin zu hoffen, daß Staat und Regierung bald ein überschaubares Rechtssystem aufbauen, welches im Land ganz sicher ein sehr viel investitionsfreudigeres Klima schaffen würde, als es bisher der Fall war.

Arbeit und Soziales

Über die Hälfte der paraguayischen Bevölkerung geht einer volkswirtschaftlichen Tätigkeit nach, davon 36,9 % als Selbständige (S. 88), soziale Leistungen jedoch existieren so gut wie nicht.

Man kann in Paraguay alles kaufen, erwerben oder verkaufen, was man will. Engpässe in der Versorgung gibt es nicht. Strom, Wasser, Telefonlinien existieren überall, sieht man einmal von sehr abgelegenen Regionen oder Einzelfarmen ab, die sich sonst irgendwie behelfen müssen (Funk-Telefone, Stromgeneratoren usw.). In den Städten, vornehmlich in Asunción, gibt es Krankenhäuser, Schulen, Banken, Versicherungsanstalten und andere nützliche oder notwendige Einrichtungen. Kleine Hospitale, Apotheken *(farmaci-*

Viele Touristen nutzen Paraguays paradiesische Einkaufsmöglichkeiten

as) und Tankstellen schießen auch in winzigen Ortschaften wie Pilze aus dem Boden. Grundnahrungsmittel kann man selbst im hintersten Winkel des Landes kaufen, wobei einheimische Produkte dem niedrigen Einkommen der überwiegend schwach verdienenden Paraguayer angepaßt sind.

1 kg Bananen oder Tomaten kostete 1997 umgerechnet etwa 60 Pfennig (500 Gs.), 1 kg Rinderfilet etwa 7 DM, 1 Stange US-Zigaretten 17 DM (nationale die Hälfte). Einheimische Zuckerrohr-Schnäpse waren pro Liter ab 3 DM zu haben, der Liter Superbenzin kostete umgerechnet etwa 90 Pfennig.

Das Mindestgehalt für einen paraguayischen Arbeiter (angestellte Gärtner, Maler, Maurer, Hausmädchen usw.) betrug in der gleichen Zeit etwa 400 DM pro Monat. Facharbeiter und Spezialisten (Drucker, Bankangestellte, Grafiker usw.) verdienten im Angestelltenverhältnis je nach Firma und Posten 900 000 Gs. bis 1,5 Mill. Gs. (630–1 050 DM). Für eine ärztliche Untersuchung zahlte man (vom einfachen Landarzt bis zu im Ausland ausgebildete Fachärzte) 15 000 Gs.–70 000 Gs. (etwa 11 DM–51 DM). Grob kann man sagen, daß in der Vergangenheit Preise und Gehälter jährlich um 10 % – 20 % stiegen.

Die Freiheit, in Paraguay mit fast allem Geld verdienen zu dürfen, was einem gewinnträchtig erscheint, hatte und hat zur Folge, daß fast alle Landesbürger über ihr eigenes Haus mit Garten verfügen und Mietwohnungen fast unbekannt sind. Viele dieser Häuser, die für ausländische Besucher ärmlich oder zumindest sehr bescheiden wirken, sind der ganze Stolz einer Familie, und man sollte sich als Ausländer davor hüten, den Wohnstandard der paraguayischen Landbevölkerungen mit den Vorstellungen der westlichen Welt zu messen.

Der Konsumglanz in den Schaufenstern, Warenhäusern und Shopping-Center der Hauptstadt, all diese wunderschönen Luxusartikel aus der Fernsehwerbung, die sich der »kleine Mann von der Straße« niemals wird leisten können, hinterlassen dennoch bei vielen psychische Spuren. Entgegen früheren Jahren setzte eine deutliche Landflucht ein. Viele Arbeiter zieht es in die Stadt, vornehmlich nach Asunción, Ciudad del Este oder Encarnación, wo sie – oft vergeblich – auf einen besseren Job hoffen.

Einheimischen-Hütte im Landesinneren. Mietwohnungen sind nahezu unbekannt. Fast jeder Paraguayer lebt – wenn oft auch sehr bescheiden – in seinen eigenen vier Wänden

Kriminalität und Gewaltverbrechen sind gestiegen. Sicherlich nicht nur aus einer neuen Armut heraus, sondern weil viele auch in einem Überfall oder dem brutalen Raub eines Autos die ein-

Das paraguayische Volk ernährt sich ohne staatliche Hilfe gewissermaßen selbst. Die meisten selbständigen Berufe können ohne Befähigungsnachweis, Prüfungen oder Genehmigungen ausgeübt werden

zige Möglichkeit sehen, schnell und relativ mühelos viel zu verdienen. Daß bei derartigen Überfällen, die zuweilen am hellichten Tag stattfinden, ein Menschenleben nicht viel zählt, ist eine traurige, aber nicht fortzuleugnende Begleiterscheinung.

Zwar ist das heutige Paraguay immer noch weit entfernt von den Kriminalitätsraten im benachbarten Brasilien, den USA oder einiger europäischer Länder, aber ganz unbestritten existiert seit dem Februar-Putsch im Jahre 1989 (S. 64) eine beunruhigende Zunahme von Gewaltverbrechen. Nach Angaben des Informationsbüros der nationalen Polizei (April 1995) werden in Paraguay pro Tag fünf Fahrzeuge mit brutaler Waffengewalt geraubt und sieben weitere auf andere Art gestohlen. Jährlich kommt es also allein bei den mehr als 1800 Autodiebstählen zu gewalttätigen Handlungen oder Tötungsdelikten. Das sind alarmierende Zahlen, aber Gott sei Dank dokumentieren sie nur die Auswüchse in einem sonst recht gut funktionierenden Wirtschaftssystem.

Kulturelle Grundlagen

Religion

Etwa 90 % aller Paraguayer sind katholisch, was auf das frühe Missionieren durch Franziskaner und Jesuiten und auf den Einfluß der früheren spanischen Kolonialherren zurückzuführen ist. Da im paraguayischen Grundgesetz die Religionsfreiheit verankert ist, folgen auch hier Mormonen (die »Heiligen vom Jüngsten Tag«) oder deutschsprachige Zeugen Jehovas (»Bibelforscher«) und kleinere Sekten unaufhörlich dem Ruf, neue Schafe für ihre Gemeinde zu sammeln. Die vom Staat garantierte Glaubensfreiheit war es auch, die gegen Ende dieses Jahrhunderts Tausende von Mennoniten – eine streng protestantische Glaubensgemeinschaft – dazu veranlaßt hat, sich in Paraguay anzusiedeln (S. 138–142).

Gebetsort in den Markthallen des Mercado cuatro. Kleine Geldspenden und Gebete sollen gute Geschäfte ankurbeln

Auch aus der Union Israelita, einer Religionsgemeinschaft mit ca. 2000 Mitgliedern in Paraguay, entstammt ein nicht unerheblicher Teil dem deutschen Kulturkreis. Einen großen Anteil unter den rund 400 000 Nicht-Katholiken im Land bildet die protestantische Täuferbewegung der Baptisten.

Bei der Landbevölkerung mischt sich häufig der immer noch tiefverwurzelte urindianische Glaube an Dämonen, Sturm- und Nachtgeister mit dem christlichen Glauben. Es wird eifrig Schwarze und Weiße Magie betrieben, und der Dorfzauberer, eine Art Schamane oder Voodoo-Priester (der sonntags wie alle anderen in die Kirche geht), erfreut sich hoher Beliebtheit. Seine Kunden sind zuweilen kranke Menschen, die von ihm ein Wundermittel erwarten, aber auch Personen, die eine Rezeptur oder ganz spezielle Räucherwürfel gegen die krankhafte Eifersucht des Gatten, gegen den schlecht laufenden Geschäftsbetrieb oder ein Pülverchen kaufen, welches die Liebe einer anderen Person ungestüm zu einem selbst entflammen lassen soll.

Sich über den *bombéro* (mächtiger Sturmgeist) oder den Nachtmann (man lockt ihn mit ein paar Zigaretten auf dem Fenstersims an, und er kommt dann, um zu helfen) lustig zu machen, stößt auf Ablehnung bei den meisten Menschen. Die Geister und deren Macht werden sehr ernst genommen: Pferdehaare, die ins Wasser fallen, wachsen zu Aalen heran. Und wer das Nest eines Töpfervogels zerstört oder diesen gar selbst tötet, wird damit

Schriftfunde in Paraguay (Felsen von Amambay) legen offen, daß es schon lange vor der Ankunft der Spanier ein funktionierendes Schriftsystem gegeben haben muß. Interessant an diesem Alphabet ist die enge Verwandschaft zu Schriftzeichen aus Kleinasien und jenen der skandinavischen Wikinger. Vielleicht erklärt sich durch eine frühe Anwesenheit der Wikinger in Paraguay der Umstand, daß etwa 100 Guaraní-Vokabeln schwedischen Ursprung haben

rechnen müssen, daß kurz darauf sein Haus zusammenfällt. Frauen, die kinderlos bleiben, so raunen die Nachbarn, haben einen anderen Vogel, den *pitogué* getötet, und Zahnschmerzen bekommt man meist nur dann, wenn man eine Katze schlecht behandelte.

Aberglaube, indianische Mythen und christliche Religionen sind also in Paraguay noch eng miteinander verknüpft. Die Geister *kurupí, luisón* und der allgegenwärtige *bombéro* gehören zu diesen Menschen wie der Katholizismus oder der nächste Regen- oder Sonnentag.

Sprache

Paraguay kennt zwei Landessprachen, welche auch rege eingesetzt werden: Spanisch und die indianische Sprache Guaraní. Daneben existieren einige weitere indianische Sprachen und Dialekte, wie die in Silben zerhackte gutturale Sprache der Maká oder die Dialekte der Chulupí, Lenguá und Toba. Sie alle konnten sich – wie das geographisch viel weiter verbreitete Guaraní – über Jahrhunderte hinweg als lebende Sprachen erhalten.

Das Guaraní gilt als zweite Landessprache und als Kultursprache überhaupt. Dichter und Erzähler benutzen es ebenso wie unzählige Land- und Erntearbeiter, die zwar Guaraní reden und verstehen, aber der spanischen Sprache nicht mächtig sind. Guaraní ist auf dem Land allgegenwärtig und wird zuweilen dort durch spanische Vokabeln ergänzt, wofür die jahrhundertealte Ursprache keine Begriffe kennt (z.B. Computer, Fernsehen, Fußball u. ä.). In den Wahlreden von Politikern, bei bestimmten Nachrichten in Fernseh- und Radiosendern und vor allem in Liedertexten paraguayischer Folkloregruppen hört man immer wieder das Guaraní, das so gar nicht in das Bild anderer uns bekannter Sprachen hineinpassen will.

Zuweilen werden auch Begriffe aus dieser Sprache in spanischen Texten verwendet, weil oft ein einziges Guaraní-Wort dazu imstande ist, Umstände zu erklären, für die man in Spanisch einen ganzen Satz benötigen würde. Wie z. B.: *pokaré,* was als Oberbegriff für »wortbrüchig geworden zu sein und damit jemanden in die Pfanne gehauen, angeschmiert zu haben« steht. Übersetzt heißt es eigentlich nur »umgedrehte Hand«, drückt tatsächlich aber ein »schmutziges Spiel« aus, mit dem man durch Heuchelei und Lüge sein Ziel erreicht hat. Mit »Heuchelei« alleine wäre der Begriff jedoch nicht zu übersetzen, weil die komplette Umschreibung der Tätigkeit nebst ihrem Ausgang in diesem einzigen Guaraní-Wort enthalten ist.

Ob das alte Volk der Guaraní bereits zu Zeiten der Jesuiten und Franziskaner über eine eigene Grammatik, Zahlen und Schrift verfügte, wurde vielfach in Frage gestellt. Vieles deutet jedenfalls darauf hin, daß diese, damals in Südamerika weitverbreitete Sprache höher entwickelt war, als allgemein angenommen wird. Sie ist mit jener der Tupi-Indios verwurzelt, die längs der Küsten Brasiliens und Argentiniens bis hin zum Amazonas lebten.

Neben lateinischen und griechischen Begriffen wurden von botanischen und zoologischen Wissenschaftlern aus keiner anderen Sprache dieser Welt so viele Namen aus der Tier- und Pflanzenwelt übernommen wie aus dem Guaraní.

Bildung

Unter Carlos Antonio López (ab 1840) kam es zu einem enormen Bildungsschub in Paraguay. In seine Amtszeit fiel der Bau von 400 Schulen, das Zeitungswesen blühte auf, und Dichter, Denker und Philosophen, die zuvor unter der Diktatur Francias zum Schweigen verdammt worden waren, belebten wieder die kulturelle Szene. Nach dem verheerenden Triple-Allianz-Krieg verkümmerte dann dreißig Jahre lang das Schul- und Bildungswesen. Die wenigen Überlebenden hatten Wichtigeres zu tun, als schöngeistige Dinge zu schreiben oder die Schulbank zu drücken. Es galt zu überleben – nur das zählte.

Zu Beginn der Stroessner-Ära (1954) war die Zahl der Analphabeten noch enorm hoch, lag jedoch bereits 1962 – nach der Einführung der Schulpflicht und dem Bau unzähliger moderner Schulen, Hochschulen und Universitäten – nur noch bei 25 % der Bevölkerung über 15 Jahren. 1985 waren es nur noch 11,8 % und 1995 nur etwas mehr als 9 %.

Verantwortlich für die Planung, Leitung und Durchführung der paraguayischen Erziehungspolitik ist das Kultusministerium. Das Schulsystem besteht aus Vorschule, Grundschule und Mittel- bzw. Oberschule. 33 000 Lehrer arbeiteten 1996 für das Ministerium, von denen 22 000 staatlich zugelassen und 11 000 noch vor ihrer Zulassung standen. Die Schüler setzten sich aus 65,4 % Grundschülern (7 bis 12 Jahre), 22 % Jugendlichen der Sekundärausbildung (13 bis 18 Jahre) und 3,5 % Schülern der Tertiärausbildung (19 bis 23 Jahre) zusammen. 9,1 % waren ohne Unterricht.

Der Minister für Schulen und Ausbildung, Nicanor Duarte Frutos, bemängelte, daß Paraguay 1995 nur 1,9 % BIP-Ausgaben für den schulischen Sektor bereitstellte. Nur Haiti läge innerhalb der lateinamerikanischen Staaten noch unter diesem niedrigen Niveau (empfohlen von der UNESCO sind 4,1 %).

In der Tat liegt das Bildungsniveau der Schüler weit unter dem Durchschnitt anderer Länder. Viele Kinder – besonders auf dem Land – verlassen frühzeitig die Schule, um in der Landwirtschaft zu arbeiten. Auch in den Universitäten, landwirtschaftlichen Fachschulen, der Ingenieurschule und anderen Lehrbildungsanstalten müssen viele Studenten und Lehrer ihren Lebensunterhalt tagsüber durch eine andere berufliche Tätigkeit verdienen. Auch in den gehobenen nationalen Schulen reicht der Bildungsstand bei weitem nicht an den europäischer oder nordamerikanischer Unterrichtsstätten heran.

Einige Ausnahmen bilden hier sicherlich die nicht billigen ausländischen Schulen in Paraguay (z. B. die deutsche Goetheschule oder amerikanische und japanische Schulen).

Der durchschnittliche Schulbesuch liegt bei paraguayischen Schülern bei 5 Jahren, in der Stadt bei 6,5 und auf dem Land nur bei dreieinhalb Jahren. Allein in Asunción verdienen 30 000 Kinder lieber Geld, als die Schulbank zu drücken. Sie putzen Schuhe und Windschutzscheiben oder verkaufen Zeitungen, Getränke und andere Utensilien an größeren Ampelkreuzungen.

Paraguay verfügt über zwei staatliche und acht private Universitäten. Eine der staatlichen ist die 1887 gegründete Nationale Universität Asunción mit acht Fakultäten (Rechts- und Sozialwissenschaften, Medizin, Philosophie, Pharmazie, Natur- und Wirtschaftswissenschaften, Agronomie nebst Architektur und Veterinärmedizin). Außerdem werden die Fächer bildende Künste und öffentliche Verwaltung gelehrt.

Die zweite ist die 1962 vom Paraguayischen Episkopat ins Leben gerufene Katholische Universität mit den Fächern Philosophie, Sozialwissenschaften und Verwaltungswissenschaften. Diese Universität hat außer in Asunción weitere Niederlassungen in Concepción, Encarnación und Villarica. Die Katholische Universität erhält überwiegend staatliche Zuschüsse, der Vatikan ist nur mit kleinen Beiträgen beteiligt.

Die Professoren beider Universitäten üben ihre akademischen Lehr- und Forschungstätigkeiten überwiegend nur nebenberuflich aus. Jährlich werden von ihnen etwa 30 000 eingeschriebene Studenten unterrichtet. Paraguayische akademische Grade und Titel werden in Deutschland nicht anerkannt.

In Asunción arbeiten etwa 30 000 Kinder als Zeitungsjungen, Schuhputzer oder Ampelverkäufer

Literatur und Theater

National bekannte literarisch große Werke tauchten in Paraguay erst um die Jahrhundertwende auf, als sich Männer wie Alejandro Guanes (»Las Leyendas») einen Namen machten oder Ignacio Alberto Pane (mit einer literarischen Hymne auf die Leistung der Frau im männerlosen Paraguay nach dem Triple-Allianz-Krieg) und schließlich der Journalist Juan E. O'Leary, der 1912 in seinem Werk »Historia de la Guerra de la Triple Alianza« jenem Mann einen Glorienschein verlieh (Francisco Solano López), der vierzig Jahre zuvor sein Volk in den verheerenden Dreierbündnis-Krieg geführt hatte. Nach dem umwerfenden Erfolg seines verklärenden historischen Werks schrieb er noch weitere sieben Bücher zum gleichen Thema und avancierte damit zum Außenminister Paraguays. Im Zentrum Asuncións wurde eine Straße nach ihm benannt.

Erwähnenswert ist ferner Manuel Ortiz Guerrero (1897–1933), der als erster Dichter des Landes prosaische Werke in der Guaraní-Sprache schuf. Bedeutendster paraguayischer Schriftsteller der Gegenwart ist der 1917 in Asunción geborene Augusto Rosa Bastos. Während der Stroessner-Ära lebte er im französischen Exil, wo er bedeutende Romane und Novellen schrieb. Sein preisgekrönter Roman »Menschensohn«, die Novelle »Unter dem Mangobaum« und andere Erzählungen wurden auch ins Deutsche übersetzt. Als sein herausragendstes Werk gilt seine historische Betrachtung über den Diktator Francia (»Ich, der Allmächtige«). Im April 1990 wurde Rosa Bastos für sein literarisches Wirken vom spanischen König Juan Carlos mit dem Cervantes-Preis ausgezeichnet.

Während Paraguay auf den Gebieten der Poesie und Prosa immerhin einiges an Weltniveau zu bieten hat, sind die auf die Bühne gebrachten, oft

mit großem Applaus honorierten paraguayischen Theaterstücke im wesentlichen für den recht genügsamen Zuschauer bestimmt.

Das Teatro Municipal (Stadttheater seit 1881), Teatro Arlequin und das moderne Teatro de las Américas führen regelmäßig Stücke auf. Neuerdings verfügen auch die Zentralbank, die Botschaften von Argentinien und Brasilien und das Paraguayisch-Japanische Kulturinstitut über hervorragend ausgestattete Theatersäle. Daneben existieren vier kleine Ensembles und die Laienspielgruppen einiger Schulen. In Asunción existiert darüber hinaus ein deutschsprachiges Laientheater, das seit etwa sieben Jahren einmal jährlich ein Stück zur Aufführung bringt. Gewissermaßen als Kulturersatz findet auch in den deutschsprachigen Mennoniten-Siedlungen zuweilen die Vorführung klassischer Bühnenstücke mittels 16-mm-Projektor statt.

Gitarrenverkäufer am Stadtrand von Asunción

Musik und Tanz

Die klassische paraguayische Heimatmusik (Folklore) hat das Land in aller Welt berühmt gemacht. Kulturelle Botschafter der paraguayischen Klänge ist die seit Jahrzehnten international bekannte Gruppe »Los Paraguayos«, die von Männern wie dem Gründer der Gruppe, Luis Alberto del Paraná, oder nach dessen Tod Reynaldo Meza, von Erfolg zu Erfolg geführt wurden. Auftritte im Kreml, am japanischen Hofe, beim damaligen Schah von Persien oder bei Königin Elisabeth II. gehören zu den Höhepunkten ihrer Tourneen. Und sie machten die Gruppe international populärer als in Paraguay selbst, wo man sie praktisch nicht kennt.

Die Paraguayer besitzen eine enorme musikalische Begabung und Stimmgewalt – sicher ein Erbgut ihrer indianischen Vorfahren. Nationalinstrumente sind die Gitarre, die *Guatambu*-Harfe und – bei den in Guaraní singenden *Guarania*-Gruppen – das Akkordeon. Auch die Herstellung von hervorragend klingenden Gitarren und Harfen hat Paraguay weit über die Landesgrenzen hinweg bekannt gemacht.

Die typisch paraguayische Musik unterscheidet sich stark von jener anderer lateinamerikanischer Länder. Gesungen wird, wo immer sich dazu eine Gelegenheit bietet. Im Botanischen Garten in Asunción kann man an den sommerlichen Wochenenden (Dezember bis März) bei einem Bummel unzähligen Gruppen und Solisten lauschen. Sie sitzen dort im Gras oder in

Musikergruppe mit Gitarren und Guatambu-Harfe

Restaurants und spielen und singen einfach aus Leidenschaft.

Die von den Einheimischen bevorzugten Klänge sind aber nicht die melodischen, die man von den »Los Paraguayos« her kennt, sondern sehr viel typischere paraguayische Lieder im Polka-, Fado- oder *Galopera*-Rhythmus, wo in der Regel die Harmonika als bestimmendes Instrument herausragt. Für europäische Ohren klingt hier ein Lied wie das andere, doch die Einheimischen hören sehr wohl die feinen und differierenden Untertöne in Text und Musik heraus.

Die Gruppe Conjunto Musical Paraguayo als Briefmarkenmotiv

Folkloristische Tänze werden leider immer seltener und überwiegend nur noch in speziellen Touristen-Shows dargeboten. Sie erinnern – auch in der Bekleidung von Tänzern und Tänzerinnen – stark an die maurisch-spanischen Tänze, die wohl als Kulturgut aus der spanischen Kolonialzeit die Jahrhunderte überlebten. Lediglich die Indianerstämme, auch die nahe bei Asunción in einem ärmlichen Reservat lebenden Maká (S. 180/181), haben sich ihre alten indianischen Stammestänze bis in die heutige Zeit hinein unverändert bewahren können.

Der Einfluß ausländischer Musik verdrängt gegenwärtig immer mehr die urparaguayischen Rhythmen. Gab es vor einigen Jahren nur eine einzige bekannte *Mariachi*-Gruppe in Paraguay (nach mexikanischem Vorbild spielende und gekleidete Musiker), so sind es heute sicherlich schon zwanzig »Origi-

Heute bestimmen junge Maler von Weltruf die Kunstszene Paraguays

»Anfang aller Dinge« von Felix Toranzos und »Entkleidet« von Koki Ruiz (rechts)

nal-Mariachis«, die mit Bläsern und riesigen Sombreros die Shows und Privatveranstaltungen mitgestalten. Auch die typischen Andenklänge peruanischer oder bolivianischer Gruppen (man kennt sie aus den Fußgängerzonen in deutschen Großstädten: Trommeln, Gitarren, Panflöte) sickern in Paraguay ein und werden zunehmend beliebter.

Die paraguayische Jugend hat andere Idole. Wie in den USA oder in Europa besucht sie die großen Veranstaltungen von international bekannten Pop-, Rock-, Schlager und Techno-Stars, die allmonatlich in Paraguay ihre Gastspiele geben. Bei diesen Veranstaltungen lösen einige Gruppen besonders bei den jungen paraguayischen Mädchen eine solche Hysterie aus, wie es in dieser Intensität einst nur Gruppen wie die Beatles oder Rolling Stones zustande brachten.

Bildende Kunst

Die Guaraní zeigten sich schon unter ihren jesuitischen Lehrmeistern als künstlerisch hochbegabte Schüler. Nachdem die Padres diese musikalischen und gestalterischen Begabungen erkannt hatten, brachten sie europäische Originalwerke nach Paraguay, um sie dort von den einheimischen Künstlern kopieren zu lassen. Es entstanden unter den Händen dieser Indio-Meister wahre Kunstschätze an Gemälden und Skulpturen, die auch später noch, unter der Herrschaft der Spanier, zur Ausschmückung südamerikanischer und spanischer Kirchen dienten.

Eine landeseigene und landestypische Malerei entwickelte sich erst gegen Ende des 19. Jahrhunderts, wobei sich die Künstler mit ihren Werken am europäischen Naturalismus orientierten. Pablo Alborno, Delgado Rodas und Jaime Bestard gelten als die bekanntesten Vertreter dieser Kunstrichtung.

Heute wird die Kunstszene Paraguays von hochbegabten, kreativen, meist jungen Künstlern belebt, deren Ausstellungen überall in der Welt großen Anklang finden. Namen wie Olga Blinder, Carlos Colombino (reliefartige, abstrakte Bilder auf dünnem Holz), Koki Ruiz (ländlich-moderne Motive in Öl), Michael Burt oder Felix Toranzos (geometrisch strenge Formen antiker Motive) sind weit über die paraguayischen Grenzen hin bekannt. In Asunción und dem nahen Künstlerdorf Areguá (S. 193–195) finden regelmäßig in Galerien oder anderen Räumlichkeiten Ausstellungen und Vernissagen statt, wo man auch auf in Paraguay lebende Künstler aus anderen lateinamerikanischen Ländern trifft. Viele dieser jungen Künstler stellten ihre Werke bereits erfolgreich in den USA, Japan und Europa aus.

Eine Maká-Frau beim Weben eines bunten Gurtes. Die Maká leben heute ausschließlich vom Verkauf dieser und ähnlicher Arbeiten

Kunsthandwerk

Den gesamtheitlichen Ausdruck eines typisch paraguayischen Kunstgewerbes wird man in diesem Land vergeblich suchen. Was man hingegen vorfindet, das ist die sehr viel reizvollere Vielschichtigkeit völlig unterschiedlicher Stilrichtungen, welche die sehr schönen bis zuweilen total verkitschten kunsthandwerklichen Gegenstände prägt. Der Grund hierfür liegt in der Verschmelzung der verschiedenen Ethnien, aus denen sich das heutige Volk gebildet hat. In vielen Indianerstämmen haben sich die alten Traditionen und Riten erhalten können, was sich auch in der Gestaltung ihrer kunsthandwerklichen Produkte niederschlägt.

So unterscheiden sich die Arbeiten der Maká-Indios, die heute mit nur noch rund 100 Familien in der Nähe von Asunción wohnen (S. 180/181) und ausschließlich von den Utensilien leben, die sie an Touristen verkaufen können, völlig von denen der Lengua- oder Ayoreo-Moro-Stämme aus dem Chaco. Was der Tourist meist zu sehen bekommt, sind die bunten Arbeiten der Maká-Indios, die allgegenwärtig zu sein scheinen. Im Flughafen, in den Stadtzentren, auf Messen oder anderen Ereignissen – wo immer eine Menge Leute zusammenkommt, darf man auch mit Makás rechnen, die einem

Typischer Laden mit paraguayischen Töpferarbeiten. Viele dieser sehr preiswerten Läden findet man in Areguá oder Tobatí

eine bunte Bohnenkette, Federkopfschmuck, kleine gewebte Taschen oder Gurte und ähnliches verkaufen wollen.

Wirklich schöne und erlesene Dinge findet man hingegen in einigen Kunstgewerbeläden in Asunción und in Areguá, wo die Arbeiten nahezu aller Richtungen und Ethnien preiswert zu erwerben sind. Ein kleiner Laden, der ausschließlich die kunstgewerblichen Arbeiten von Chaco-Indianern anbietet, existiert auch in Filadelfia (S. 239–241), nahe der mennonitischen Schule und des Buchladens.

Hervorzuheben als Orte des Kunsthandwerks sind Itauguá (S. 198), Areguá (S. 193–195) und Tobatí (S. 201/202). In Itauguá entstehen in mühevoller Kleinarbeit die vielbewunderten Ñandutí-Spitzenarbeiten, Tischdecken, Sets, Kopf-schmuck und kunstvoll gefertigte Hängematten, Hemden und Kleider.

In Areguá und Tobatí werden sehr schöne Töpferarbeiten hergestellt, wobei man sich (insbesondere in Areguá) nicht von den unzähligen Läden an der Hauptstraße abschrecken lassen sollte, die in Massen kitschige Schwäne oder grellbunt bepinselte Madonnen und Mickymäuse aus Ton für die Touristen aus den Nachbarländern vor ihren Türen stehen haben. In den meisten Geschäften gibt es auch sehr schöne kunstgewerbliche Arbeiten.

Recht attraktive Holzschnitzereien (Schachspiele, Indio- und Tanzmasken, kleine Skulpturen) werden neben sehr hübschen Töpferarbeiten in Tobatí gefertigt. Auch die Goldschmiede- und Filigrankunst von Paraguay ist berühmt. Die meisten dieser kleinen Handwerksbetriebe findet man in Luque, einer Stadt, die etwa 15 km von Asunción entfernt ist.

Massenmedien

Obwohl es die Verfassung Paraguays anders vorsah, unterlagen während der Regierungszeit Alfredo Stroessners die Medien in ihrer Berichterstattung starken Einschränkungen. Zeitungen, Radio- und Fernsehsender waren in dieser Epoche mehr oder weniger linientreu, oder sie wurden verboten, wie das damalige Febrerista-Parteiblatt »El Pueblo« oder die parteilose Tageszeitung »ABC-Color«.

Seit dem Regierungswechsel im Jahr 1989 herrscht eine wirkliche Presse- und Meinungsfreiheit in Paraguay, was nach der langen Pflichtpause nun auch kräftig genutzt wird. Attacken gegen die Beschlüsse der Regierung oder

In Paraguay gibt es neben den nationalen auch zwei deutschsprachige Zeitungen

gegen korrupte Parteileute, Richter und andere im Staatsdienst tätige Beamte füllen heute jene Seiten und Sendungen, in welchen früher nur Lobreden über das Wirken des Altpräsidenten zu finden waren.

Die wieder auferstandene »ABC-Color« ist heute mit einer Auflage von 85 000 Exemplaren die mit Abstand auflagenstärkste Tageszeitung in Paraguay. Mit nur halb so vielen Lesern müssen die »Ultima Hora«, »El Dia« und »El Diario Noticias« auskommen.

Die zwei deutschsprachigen Zeitungen in Paraguay sind die »Aktuelle Rundschau« (alle 10 Tage, seit 1988) und das Mennonitenblatt »Neues für alle« (wöchentlich, seit 1979). Darüber hinaus erscheint einmal monatlich ein Informationsheft in deutscher und spanischer Sprache für die Mitglieder der Deutsch-Paraguayischen Handelskammer.

Es bestehen unzählige Radiosender und vier Fernsehanstalten (»SNT«, Canal 9 sowie »RPC«, Canal 13, TEVEDOS und TELEFUTURO). Durch Kabelanschlüsse in den Städten (und spezielle Adapter im Einzugsgebiet der Städte) werden in Paraguay bis zu 50 Sender aus aller Welt ausgestrahlt, darunter auch das überwiegend deutschsprachige 24-Stunden-Programm der »Deutschen Welle TV«, welches auch via Parabolantenne überall im Land empfangen werden kann.

Sport

Von allen Sportarten gehört das Fußballspiel zu den größten Volksleidenschaften Paraguays. Der »Liga Paraguaya de Fútbol« sind 320 Clubs angeschlossen, die freilich meist auf armseligen Dorfplätzen spielen, was jedoch dem Geschick und der Wendigkeit der Spieler keinen Abbruch tut.

1986 erkämpfte sich Paraguay in der Fußball-WM von Mexiko durch einen bravourös gehaltenen Elfmeter kurz vor dem Ende seiner wichtigsten Begegnung die Teilnahme im Achtelfinale, was in Paraguay eine Fußballhysterie ohnegleichen auslöste. Zwar schied die Mannschaft dann aus, aber die Spieler wurden nach ihrer Rückkehr wie Nationalhelden gefeiert. Auch 1998 war Paraguay in der Fußball-WM in Frankreich vertreten.

Volkssport des kleinen Mannes ist Volleyball. Auf jedem Dorf, hinter jeder Fabrik oder Farm findet man irgendwo ein Plätzchen, das zu einem Volleyball-Spielfeld umfunktioniert wurde und wo man mit Freunden, Kollegen oder Vereinsmitgliedern selbst bei der höchsten Tageshitze spielt. Volleyballspielen ist eine Leidenschaft, und dafür hat man immer Zeit.

Erfolgreiche Begegnungen gibt es für Paraguay auch immer wieder beim Tennis oder Boxen. Die internationalen Wettkämpfe beider Sportarten werden (wie auch alle Formel-1-Rennen) stets live von den Fernsehsendern ausgestrahlt. Wann immer in den Staaten Don King seine Kämpfer in den Ring schickt oder sich die Weltelite im Tennis trifft – die Paraguayer sind via Satellit stets dabei. Bekanntester paraguayischer Tennisspieler ist Victor Pecci, der 1987 im Davis-Cup die hochdotierten US-Gegener schlug, nachdem er schon 1978/79 Zweiter in Wimbledon geworden war.

Paraguay verfügt auch über sehr schöne Golfplätze, Pferderennbahnen und unzählige private Sportclubs mit Tennisplätzen, Schwimmbädern und anderen sportlichen Einrichtungen. Ein riesiges Gelände, das an den internationalen Flughafen Pettirossi bei Asunción anschließt, wurde als Freizeitgelände für Jogger und Radfahrer von der Stadt zur Verfügung gestellt. Diese Einrichtung erfreut sich von Jahr zu Jahr zunehmender Beliebtheit.

Mensch und Gemeinschaft

Mentalität

Die Paraguayer sind ausgesprochen positiv eingestellte, hilfsbereite Menschen und sehr fremdenfreundlich. Das über Jahrhunderte andauernde Dienen unter Kolonialherren, Mestizen und Diktatoren haben die Menschen dieses Landes gelehrt, sich auch an kleinen Dingen erfreuen zu können und jedem Problem auch eine gute Seite abzugewinnen.

Die *tranquilidad,* die »Gelassenheit«, mit der die Einheimischen jede auch noch so prekäre Situation bewältigen, ist erstaunenswert und sicherlich einmalig auf der Welt.

Nichts beunruhigt den Paraguayer wirklich. Die Geschichte hat die Menschen gelehrt, daß sich letztlich doch alles irgendwie zum Guten wendet, also warum soll man sich über ein von Gott gegebenes Schicksal aufregen? Was zählt, das ist man selbst, die Familie, die Menschlichkeit, der Stolz, den ein anderer nicht verletzen sollte, das enge überschaubare Umfeld, die kommende Ernte und vielleicht noch das Wetter von morgen. Erst wenn diese Werte in Gefahr geraten, können selbst die bravsten und geduldigsten Paraguayer kratzbürstig oder gar rachsüchtig werden.

Mit dieser lebensbejahenden Einstellung durchlebte das Volk alle Höhen und Tiefen der unterschiedlichsten Regierungsformen. Und bis heute hat sich daran nicht viel geändert. Leben und leben lassen, heißt die Devise. Man neidet dem anderen nichts, Probleme werden mit Gelassenheit diskutiert, und man wartet – wenn es einmal ganz dick kommen sollte – ein-

Die Paraguayer sind äußerst positiv eingestellte Menschen, die auch in den kleinen Widrigkeiten des Lebens stets eine gute Seite sehen

Straßenbild aus Asunción. Für ein kleines Schwätzchen nehmen sich die Nachkommen der Guaraní immer Zeit

fach bessere Zeiten ab. Um es auf einen Nenner zu bringen: Man lebt für das Leben, nicht um sich für andere abzurackern oder sich über sie zu ärgern...

So prägt ein gewisses Phlegma gegenüber den Widrigkeiten des Lebens die meisten Paraguayer. Man lebt nach dem Motto »was heute nicht ist, kann vielleicht morgen werden«, was bedeutet, daß nichts wirklich eilig ist – eine Einstellung, der man im Arbeitsalltag ebenso begegnet wie bei privaten Verabredungen, scheinbar wichtigen Geschäftsterminen, Festen oder großen Publikumsveranstaltungen. Das geht in letzter Konsequenz so weit, daß Konzerte, Feiern oder Mitgliederversammlungen niemals pünktlich beginnen und es fast zum guten Ton gehört, bei privaten Feiern und Einladungen mindestens eine Stunde zu spät oder – trotz fester Zusage – überhaupt nicht zu erscheinen.

Der Autor selbst erlebte vor Jahren eine Geschichte, die diese paraguayische Lebensart am besten verdeutlicht: Eine Autowerkstatt hatte ihm am frühen Morgen zugesagt, er könne um 17 Uhr seinen Wagen mit der reparier-

Die Fassade muß stimmen ...
Wer etwas in seinem Leben erreicht hat, der zeigt es nur allzugern in Paraguay

ten Klimaanlage wieder abholen. Mit typisch deutscher Gründlichkeit rief er nachmittags dort an und sagte, er könne erst gegen 18 Uhr kommen, um sein Auto abzuholen. Die Leute werden sich noch heute, Jahre danach, über diesen seltsamen Anruf des Deutschen amüsieren, denn bis zu diesem Zeitpunkt hatten sie noch nicht einmal einen Blick auf seinen Wagen geworfen. Er stand auch um 18 Uhr noch unberührt da und am kommenden Abend ebenfalls. Nach vier Tagen konnte er das Fahrzeug dann endlich in Empfang nehmen. Die Klimaanlage funktionierte wieder, dafür habe man jedoch die Heizung abklemmen müssen, meinte der Mechaniker. Im Winter, wenn es kalt werde, solle er halt wiederkommen, dann würde man das wieder in Ordnung bringen.

Es zählt der Augenblick, das Jetzt, in Paraguay. Was morgen geschieht, ist eine andere Sache. Heute muß etwas in Gang gebracht werden, das Wetter stimmen, etwas zum Essen auf dem Tisch sein. Danach sieht man weiter.

Eine andere hervorstechende Lebensart ist die Geselligkeit der Menschen. Der Paraguayer liebt das Alleinsein nicht und umgibt sich stets mit einer Vielzahl an Freunden und Verwandten. Er feiert gern, hat immer Zeit für ein Schwätzchen oder eine Diskussion und neigt eher zu einer offenen, herzlichen Fröhlichkeit als zu irgendwelchen Tiefgründigkeiten. Besonders auf Familienfesten, wo oft tief in den Geldbeutel gegriffen wird oder für die Ausstattung einiger wichtiger Feiern (wie Hochzeiten oder der 15. Geburtstag der Töchter, S. 126) hohe Kredite aufgenommen werden, kann man diese heitere, so typisch südländische Ausgelassenheit beobachten.

Ab der gehobenen Mittelschicht aufwärts nehmen derartige Feste mehr einen professionellen Charakter an. Der teure Partyservice, umherhuschende Kellner, bekannte Musikgruppen, noble Speise- und Getränkekarten und eine Menge Gäste, die sich in ihrem vornehmen Auftreten gegenseitig im schick angelegten Garten zu überbieten versuchen, prägen oft diese Feiern. Hier trifft man sich, um unter sich zu sein oder von anderen gesehen zu werden. Die entsprechende Abendrobe und das teure Auto, mit dem man vorfährt, ersetzen hier die ausgelassene Stimmung ländlicher oder einfacher *fiestas.*

Das zeigt aber auch, daß Paraguayer, die es zu etwas gebracht haben, eine ausgeprägte Neigung besitzen, das auch öffentlich und wann immer es sich einrichten läßt zu demonstrieren. Statussymbole wie sündhaft teure Uhren, Nobelkarossen vor der Garage, Handy oder elektronische Pieper am Gürtel – dies alles gilt als Aushängeschild für die Erfolgreichen und wird nur allzu gerne und überdeutlich vorgezeigt. So muten denn auch viele Privathäuser neureicher Paraguayer wie die Kulissen aus einem Hollywood-Klassiker an. Sie besitzen zur Straße hin eine prächtige Fassade, zuweilen mit zwei Mercedes-Benz in der offenen Garage, doch hinter dieser beeindruckenden Vorderfront fällt dann alles sehr viel bescheidener aus.

Die paraguayische Lebensart braucht dieses bißchen Show. Sie gehört zum Leben wie die Neugier der meisten Einheimischen, ihre seltene Gabe, in jedem und allem auch etwas Positives zu sehen, und der sprichwörtliche Stolz, der diese Menschen prägt. Jeder in Paraguay ist auf seinem Gebiet der Beste. Und selbst der faulste Advokat wird in einer Sache niemals müde werden: zu beteuern, wie gut er ist, wie er sich für seinen Klienten abgestrampelt hat und mit welch ausgezeichneten Beziehungen er dieses oder jenes erreicht hat oder irgendwann einmal erreichen wird.

Das Phänomen wird noch deutlicher bei korrupten Beamten, Richtern, Polizisten oder Zöllnern, von denen sich kein einziger der unüberschaubar großen Korruptionsfamilie moralisch mit dem Makel der Bestechlichkeit befleckt sehen möchte. Man ist nicht käuflich, sondern ein netter Mensch, der einem diese oder jene Gefälligkeit (gegen Bezahlung versteht sich) erweist, um einem weiterzuhelfen. Das macht einen zum verschworenen Freund, und man sollte sich als Ausländer davor hüten, eine solche Angelegenheit als reinen Transfer – Geld für Leistung und weiter nichts – darzustellen. Der, den man bestochen hat, lebt fortan in dem Bewußtsein weiter, einem aus der Patsche geholfen zu haben. Man hat ihm also den gebührenden Respekt dafür zu zollen und eine gewisse Dankbarkeit an den Tag zu legen.

Wer immer es ermöglichen kann, sucht sich in der Mittagshitze ein kühles Plätzchen zur »siesta«

Der Arbeitsalltag wird in Paraguay zum Großteil durch die klimatischen Bedingungen gestaltet. Landarbeiter nehmen schon um fünf Uhr morgens, spätestens um sechs ihre Tätigkeit auf. Geschäfte und Behörden öffnen morgens um 7 Uhr. Die Temperaturen sind dann noch erträglich, und es wird bis zur *siesta* (von mittags 12 bis 15 oder 15.30 Uhr) – unterbrochen von ein oder zwei *Tereré*-Pausen – durchgearbeitet. Die mittägliche *siesta* in der heißesten Tageszeit gilt als eine Art unantastbare Einrichtung in Paraguay, wo in den meisten Privathäusern dann auch sakrale Stille herrscht. Man sollte in dieser Zeit weder die Einheimischen anrufen noch sie besuchen oder in irgendeiner anderen Form deren Mittagsschläfchen stören.

Die meisten Geschäfte, Büros und Supermärkte öffnen ihre Türen erst wieder gegen halb vier am Nachmittag. Asunción bildet da keine Ausnahme. Danach wird bis 19 Uhr gearbeitet.

Die dreistündige Mittagspause, die *siesta,* hat zur Folge, daß die Lebensgeister vieler Paraguayer auch oder besonders am Abend wieder neu erwachen. Die ersten (temperatur-milden) Abendstunden werden daheim genossen und sind meist der Familie gewidmet. Restaurantbesuche finden recht spät, etwa ab 22 Uhr statt, auch wenn Kleinkinder und Säuglinge daran teilhaben. Zwar haben die meisten Restaurants bereits ab 19 Uhr geöffnet, das hat sich aber eigentlich nur wegen der vielen in Paraguay lebenden Ausländer eingebürgert, die ihre heimischen Gewohnheiten nicht aufgeben können und früher essen gehen. Die unterschiedlichen Eßgepflogenheiten von Paraguayern und Ausländern sind in den Städten inzwischen zu einer von Gastronomen liebgewonnenen und praktischen Dauereinrichtung geworden: Erst, wenn die Gäste aus Europa, Asien oder den Vereinigten Staaten gegen 22 Uhr sich zufrieden nach Hause begeben, rollt die zweite Welle der Gäste an – die Paraguayer. Das vermeidet den sonst üblichen Streß von Stoßzeiten für die Küche, und man kommt mit der Hälfte an Geschirr, Personal und Tischen aus.

Bis vor wenigen Jahren waren werktags die Straßen Asuncións ab 22 Uhr wie ausgestorben. An den Wochenenden wirkte die Hauptstadt wie eine verlassene Geisterstadt. Das hat sich inzwischen grundlegend geändert, und zuweilen sind die Hauptstraßen noch bis zwei, drei Uhr morgens voller Autos. Die ehemalige Landflucht an den Wochenenden hat sich ebenfalls ins Gegenteil umgekehrt. Tausende von Wagen parken jetzt an den Freitag- und Samstagabenden vor den wie Pilze aus dem Boden schießenden Restaurants der Landeshauptstadt. Die Stadt ist wieder »in«, und der Trend scheint weiter anzuhalten. Die Geselligkeit liebenden Paraguayer haben Asunción wiederentdeckt, und entsprechend überfüllt sind nun die Restaurants, Pubs und Diskotheken, von denen viele bis in die frühen Morgenstunden geöffnet haben.

Findet irgendwo, auf dem Land oder in der Stadt, eine *fiesta* statt, dann wird dort laut und begeistert gefeiert, musiziert und getanzt, bis der Morgen graut. Solche Gelegenheiten, Feste zu feiern, bieten sich häufig in Paraguay, und sie werden immer wieder gerne wahrgenommen.

Familienleben

Die Paraguayer kennzeichnet ein ausgeprägter Familiensinn, und oft wohnen gleich mehrere Generationen an Verwandten oder angeheirateten Verwandten unter einem Dach. Da die meisten Einheimischen in meist recht bescheidenen, aber eigenen Häusern wohnen, entscheidet also nicht ir-

Katze zwischen Körben – ein idyllisches Plätzchen zum Ausruhen

Eine Frau aus Ytu Guazu trägt ihre schlafende Tochter

gendein Vermieter, wen die Enge eines solchen Häuschens noch verkraften kann, sondern ausschließlich die Familie selbst. Großeltern, Tanten, der Cousin des Gatten, der Onkel der Hausfrau – alles lebt einträchtig unter einem Dach zusammen, wobei die Kinder die Hauptakteure sind und – sein dürfen!

Paraguayer lieben ihre Kinder abgöttisch. Die kleinen Paraguayer genießen viele Privilegien, und dies gilt grundsätzlich für alle Kinder, also nicht nur für die eigenen. Irgendeine Sekretärin oder einen Ober wird man immer sehen, der sich liebevoll mit dem Kind beschäftigt, während die Mutter einkauft, die Speisekarte studiert oder auf der Behörde irgendwelche Anträge ausfüllt.

Kindergeburtstage werden selbst für die Kleinsten äußerst liebevoll arrangiert. Geschenke, die die anderen Kinder mitbringen, werden nach dem Anschneiden des meist riesigen und bunten Geburtstagskuchens schließlich von allen Kindern gemeinsam aus dem Papier gewickelt und bestaunt. Den Höhepunkt derartiger Kindergeburtstage bildet die *Quince-años*-Feier, der 15. Geburtstag der Mädchen. Zu diesem ganz besonderen Ereignis werden alle Mitschüler, Freunde und Freundinnen der Mädchen und die gesamte Familie eingeladen. Der 15. Geburtstag eines Mädchens, wenn es vom Kind zum Fräulein, zur jungen Frau wird, ist sicherlich – neben der Hochzeit – der wichtigste und gefeiertste Tag im Leben der Mädchen. Oft werden sie in einem spitzenbesetzten Fast-Brautkleid an diesem großen Tag ihrem ebenfalls anwesenden *novio,* dem künftigen Verlobten und Gatten, vorgestellt, so daß dieser Tag bereits die Vorstufe zur späteren Hochzeit darstellt.

Bei der Trauung wird stets der Vater die Braut in die Kirche führen, wo der Bräutigam den Hochzeitszug bereits am Fuß des Altars erwartet. Sein zu-

künftiger Schwiegervater schreitet mit ernstem Blick auf ihn zu und übergibt ihm seine Tochter. Diese höchst feierliche Übernahme der Verantwortung für die Braut besiegelt der Bräutigam, indem er seiner zukünftigen Frau nun einen Brillantring über den Finger streift – den goldenen Ring trägt die Auserwählte bereits seit der Verlobung –, und die Trauung wird nun durch den Geistlichen vollzogen. Auf dem Land findet eine Prozession zur Kirche statt, an der sich alle geladenen Gäste beteiligen. Die Mitgift des Brautvaters und die herausragenden Geschenke einiger Verwandten werden oft in diesen Menschentrauben mit herumgetragen, damit jeder im Dorf sehen kann, welch gute Partie der frischgebackene Ehemann gemacht hat.

Früher war es, ähnlich wie im alten Europa und wohl von den Spaniern eingeführt, äußerst schicklich, daß vor der Hochzeit das junge Liebespaar immer nur in Begleitung eines älteren Familienangehörigen zusammentraf. Dieses Brauchtum wird heute generell nur noch von den wohlhabenden und prominenten Familien gepflegt. Allgemein hat sich die Jugend, ebenso wie in der westlichen Welt, inzwischen weitgehend eine moralische Freiheit erkämpft. Auf dem Land heiraten heute viele Mädchen, deren sichtbare Beweise ihres Vorlebens, herausgeputzt mit Kleidchen oder Anzug, ihren Brautschleier tragen dürfen. Achtzehnjährige unverheiratete Mädchen mit ein, zwei oder drei Kindern sind auf dem Land keine Seltenheit mehr.

Farbenspiele in Piribebuy

Mehr als in jedem anderen Land Lateinamerikas wird die verheiratete Frau als herrschender, matriarchalischer Grundpfeiler der Familie angesehen. Mit zunehmendem Alter festigt sich dieser Rang in allen Belangen der Erziehung und allgemeinen Haushaltsführung. Und da auch in Paraguay immer mehr Frauen einen Beruf ausüben und mit ihrem Einkommen die Familie ernähren müssen, hat sich das in früheren Zeiten kaum fortzudenkende, typisch südländische Macho-Gehabe der paraguayischen Männer in den familiären Gemeinschaften überwiegend aufgelöst.

Was sich die Männer erhalten konnten, ist – besonders unter jenen, die es sich finanziell leisten können – der ausgeprägte Hang, sich durch eifriges Fremdgehen oder eine zusätzliche *novia* (feste Freundin) als potentes Mitglied der männlichen Gesellschaft auszuzeichnen. Eine solche Beziehung dient in der Regel aber nur dem Ausgleich der Hormone. Für den paraguayischen Mann wird – trotz seiner auch noch so atemberaubend attraktiven Freundin – die Familie mit Frau und Kindern, Onkeln und Tanten immer an erster Stelle stehen, was ihre Ehefrauen genau wissen und die meisten *novias* ohne Murren hinnehmen.

Feste und Bräuche

Für die Landbevölkerung stellen die zahlreichen Prozessionen und *fiestas,* die man aus religiösem Anlaß feiert, oft die einzige Unterbrechung ihres recht arbeitsreichen Lebens dar. Es ist daher immer ein herausragendes Ereignis, wenn die aus Holz geschnitzte Muttergottes oder das gemalte Bildnis eines Schutzheiligen feierlich durch die Straßen getragen wird.

Derartige Prozessionen werden zuweilen von einer Blaskapelle begleitet oder von einer mit Blumen geschmückten, zweirädrigen *carreta,* einem Holzkarren, der von ein oder zwei Ochsen gezogen wird.

Zwei der herausragenden Feste in Paraguay sind der 8. Dezember (Mariä Empfängnis) und die Johannisnacht, die vom 23. auf den 24. Juni in Stadt und Land gefeiert wird. Um Mitternacht, wenn das Johannisfeuer niedergebrannt ist, laufen viele Frauen und Männer, oft unter dem begleitenden Hämmern einiger Trommeln in einer Art Trance, barfuß über die noch glühende Asche, ohne sich dabei im geringsten zu verbrennen oder zu verletzen.

Am 8. Dezember jeden Jahres treffen sich Hunderttausende von einheimischen Pilgern aus allen Landesteilen im Wallfahrtsort Caacupé, um der wundertätigen Mutter Maria in einer nicht enden wollenden Lichterprozession zu huldigen. Schon Tage vor dem 8. Dezember sind die Landstraßen, die nach Caacupé führen (55 km östl. von Asunción, S. 200) voller Pilger. Ab dem frühen Morgen des 7. Dezember bewegen sich dann riesige Menschentrauben von Asunción auf den Wallfahrtsort zu. 1995 wurden mehr als 700 000 Pilger gezählt.

Der Legende zufolge wurde hier im Jahre 1603 ein christlich getaufter indianischer Holzfäller namens José von einem wilden Indianerstamm überfallen. Um sich vor der blutrünstigen Horde in Sicherheit zu bringen, kletterte José auf einen *Lapacho*-Baum, wo er die Jungfrau Maria um Hilfe anflehte und daraufhin unsichtbar wurde. Die Indianer zogen schließlich wieder ab, ohne seiner habhaft zu werden, und aus Dankbarkeit für seine wundersame Errettung schnitzte José aus dem Holz des *Lapacho*-Baumes das Bildnis der Muttergottes. Einige Monate später trat nach anhaltenden Regenfällen der Tapaicuá-See über seine Ufer und überflutete weite Landstriche. In ihrer Not wandten sich die hier lebenden Menschen an einen Missionar, der das Wasser segnete und die Heilige Maria bat, das Wasser zurückgehen zu lassen. Daraufhin glätteten sich die Wogen, der Regen hörte auf, und das Hochwasser ging wieder zurück. Auf dem See wurde nun ein kleiner Holzkasten sichtbar, der immer näher zum Ufer trieb. Der Missionar öffnete schließlich das Kästchen. Man fand darin jene aus Holz geschnitzte Marienfigur des Indianers José, und die Menge sank auf die Knie und wußte, daß hier erneut ein Wunder geschehen war. Seit diesem Tag wird die »Wundertätige Jungfrau« vom Volk verehrt, und den See nannte man fortan »Ypacaraí« (gesegnetes Wasser).

Neben diesen beiden Feiertagen werden auch die bekannten katholischen Kirchenfeste gefeiert, wobei Weihnachten und Ostern in der Form, wie man diese Tage verbringt, von jener, die man aus Europa kennt, etwas abweicht. So wird in Paraguay der Donnerstag vor Ostern (Gründonnerstag) weitaus höher eingestuft als der Ostersonntag selbst. Auch Heiligabend, im verschneiten Deutschland eher ein besinnliches Weihnachtsfest, wird hier als Tag der Geburt Jesu-Christi mit entsprechender Ausgelassenheit und Freude gefeiert. Raketen und Böller knallen den ganzen Abend in den Himmel, und besonders in den Städten ist dieses Feuerwerk am ersten Weihnachtsabend weitaus intensiver als beispielsweise in der Silvesternacht.

Während des Heiligabends besuchen und bescheren die Menschen ihre Familien, oder man trifft sich spät, etwa gegen Mitternacht, in einem Restaurant oder einer Diskothek, um den Tag – ebenso fröhlich, wie er begann – wieder ausklingen zu lassen.

Vor allem in Asunción wird mit viel Glanz und hübschen Mädchen auch das Frühlingsfest *(Bailes de Primavera)* als großes gesellschaftliches Ereignis begrüßt. Darüber hinaus feiern die Paraguayer die *fiestas* wie sie fallen. Geburtstage, Jubiläen, Taufen, Hochzeiten, der Tag der Freundschaft, der Tag der Arbeit – es gibt immer einen Grund, ein *asado* (Grillfest) zu veranstalten, wo auf dem Land ein Rind über einem mächtigen Spieß von den Gauchos, die in Paraguay *vaqueros* genannt werden, am Feuer gebraten wird und Freunde zusammentreffen.

Den Rahmen dieser kleinen und großen Feste bilden mit Blumen geschmückte Tische, aufgehängte Lampions in den Bäumen oder in den Boden gesteckte brennende Fackeln. Nicht zu vergessen: die mitreißenden Tänze und Gesänge und die beeindruckende Natur – eine atemberaubend schöne Kulisse mit dem klaren, ungewohnt nah wirkenden Sternenhimmel der Südhalbkugel, dem Duft von exotischen Blumen und Blüten und dem Kreischen von Papageien und anderen Vögeln in der Dämmerung. Dies alles paßt zur Mentalität jener Menschen, für die jeder Tag ein Geschenk Gottes ist und die daher, wann immer es ihnen möglich ist, zusammenkommen, um gemeinsam irgendein Ereignis zu feiern.

Umgang mit Paraguayern

Die Menschen in diesem Land sind höflich und zuvorkommend. Man wird nur in Ausnahmefällen auf einen unfreundlichen Verkäufer, Kellner oder auf eine mürrische Sekretärin treffen. Und sollte das doch einmal der Fall sein, darf man damit rechnen, daß einen schon beim nächsten Besuch des Hauses jemand anderes bedient. Bei Staatsangestellten stellt sich das etwas anders dar. Sie müssen nicht besonders liebenswert sein, weil man, wenn man etwas Amtliches benötigt, ohnehin wiederkommen muß. Die meisten wissen das und zeigen es auch deutlich.

Der Ypacaraí-See verdankt seinen Namen einer uralten Legende

Hauptsächlich hat man jedoch mit Menschen zu tun, die in Banken, Geschäften, Hotels, Restaurants und anderen Betrieben arbeiten, und hier wird man ausnahmslos sehr zuvorkommend bedient. Etwas Geduld müssen Europäer aber oft auch diesen so ausgesprochen netten Menschen entgegenbringen. Fachlicher Inkompetenz, Unflexibilität und einer bewundernswerten Gelassenheit wird man immer wieder begegnen. Die Frage, warum dieses oder jenes so ist, obwohl es dafür keinerlei ersichtlichen Grund gibt, darf man sich getrost ersparen. Es ist so, weil es so ist. Alles andere würde den Rahmen des Gewohnten sprengen, und hier sind die meisten dann überfordert.

Tranquilo und *mañana* sind die Zauberworte, die man immer wieder hört. Nichts ist eilig, und das meiste wird sich schon irgendwie regeln. Am besten, man eignet sich selbst zumindest ein bißchen dieser *mañana*-Mentalität an. Paraguayer sind ferner ausgespro-

Was immer sie auch tun – Paraguayer nehmen sich für alles viel Zeit. Streß im Alltag kennen die wenigsten

chen höfliche Menschen, die immer die Form wahren, was sie natürlich auch von jedem erwarten, der mit einem Wunsch an sie herantritt.

Die seltene Ehre, aus einem angebotenen Becher mit Saugröhrchen *(bombilla)* gemeinsam mit einem Paraguayer Mate-Tee trinken zu dürfen, unterliegt ebenfalls einigen Regeln, die ausländische Besucher beherzigen sollten. Das Gefäß aus Kuhhorn oder Holz ist randvoll mit dem blaßgrünen zerriebenen Blatt- und Astwerk des Ilex-Baums gefüllt. Im Sommer wird dieser sehr herbe Tee mit Eiswasser (zuweilen mit Wurzeln oder Kräutern angereichert), im Winter mit heißem Wasser aufgefüllt. Das eiskalte Mate-Getränk ist der *Tereré,* das heiße der *Mate.*

Dieses Teetrinken ist ein Ritual, bei dem man meist die Gesellschaft anderer sucht. Einer in der Runde übernimmt das ständige Nachschütten des Wassers und reicht dann den Becher weiter. Wer sich an diesem Trinkzeremoniell beteiligt, sollte nicht nebenher eine Zigarette rauchen. Vor allem muß der Becher leergesaugt werden. Ein laut vernehmbares kurzes Schlürfen der mit einem Sieb bestückten *bombilla* zeigt an, daß man den Becher so, wie es das Ritual erfordert, leergetrunken hat. Die Spitze des Röhrchens mit dem Finger abzuwischen, ist ein Verstoß gegen den alten Brauch. Diejenigen, die ein Metallröhrchen nicht in den Mund nehmen möchten, an dem zuvor schon drei, vier andere getrunken haben, sollten also dankend ablehnen und so tun, als hätten sie absolut keinen Durst.

Im Zentrum von Asunción werden besonders die Touristen immer wieder von Straßenhändlern (Geldwechslern, Bauchladenverkäufern, Maká-Indios, Schuhputzer-Jungen usw.) angesprochen. Diese Leute sind nicht besonders aufdringlich und werden lediglich fragen, ob Sie etwas von ihnen kaufen wollen. Das kann zwar nach der sieb-

Das Tereré-Trinken des bekannten Mate-Tees gehört zu den nicht mehr fortzudenkenden Lebensgewohnheiten der Paraguayer

ten oder achten Tagesbegegnung etwas nerven, dennoch sollte man nicht aus der Haut fahren, sondern einfach nur freundlich lächelnd den Kopf schütteln, abwinken oder mit einem höflichen *»no gracias«* bekunden, daß man nichts kaufen möchte. Die Verkäufer gehen dann ihrer Wege und halten nach neuen Touristen Ausschau. Bei einem Bummel durch den Mercado cuatro, der riesigen Anlage des Pettirossi-Marktes, wo man ständig von den vor den Geschäften und Ständen stehenden Mädchen gefragt wird, ob man preiswerte Hemden, Schuhe oder Lederwaren kaufen wolle, kann man sich jedes Kopfschütteln sparen. Die Mädchen leiern den Spruch in Sekundenintervallen heraus und erwarten schon gar keine Antwort mehr.

Beim Besuch einer Behörde sollten Ausländer auf halbwegs adrette Kleidung achten, wobei Männer am besten völlig auf Shorts verzichten. Die Form des Auftretens, Höflichkeit und Freundlichkeit sind entscheidende Merkmale, die in Paraguay Türen öffnen oder schließen können.

Paraguays Beziehungen zu den deutschsprachigen Ländern

Deutsche Einwanderung von 1537 bis heute

Als erster deutschsprachiger »Einwanderer« kann wohl der aus Straubing stammende Ulrich Schmidl (S. 40/41) angesehen werden. Der aus Bayern stammende Söldner traf mit einem der ersten spanischen Schiffe im Jahr 1537 in Paraguay ein und war auch bei der Gründung der heutigen Landeshauptstadt Asunción zugegen. 1619 folgte der erste deutsche Jesuit, Andreas Feldmann aus Engen im badischen Hegau. Bis zur Vertreibung der Jesuiten im Jahr 1768 verrichteten hier 120 deutschsprachige Padres ihre nicht immer ungefährliche Missionstätigkeit. Ab dem Jahr 1819 taucht erneut ein deutscher Name in den Chroniken auf: der deutsch-schweizerische Arzt und Naturforscher Dr. Rengger, der für längere Zeit in Paraguay wirkte. Beginnend ab den 80er Jahren des vorigen Jahrhunderts, folgten dann kleinere Auswanderungswellen, meist einzelne Familien oder kleine Gruppen. Insgesamt waren es ca. 1 500 Deutsche, die in diesen zwanzig Jahren bis zur Jahrhundertwende in Paraguay eine neue Heimat suchten. Kriege und Wirtschaftskrisen in Europa sowie die glorifizierende Propaganda einiger Landanbieter-Gesellschaften in den USA und in Europa waren es, die dem krisengebeutelten Land gegen Ende des 19. Jahrhunderts einen Zustrom von Siedlern und Kolonisten verschafften.

Der erste Versuch, eine von Deutschen gegründete Kolonie aufzubauen, begann im Jahr 1871 an der Straße

Eine typische Ranch aus der Zeit um 1880

zwischen Paraguarí und Yaguarón (etwas südlich von Asunción). Der österreichische Oberst Franz Wisner von Morgenstern, der an der Seite von Francisco Solano López im Triple-Allianz-Krieg gekämpft hatte, war Initiator dieses Versuchs, der jedoch scheiterte. Die Siedlergruppe – Deutsche, die über Argentinien, Brasilien und Uruguay ins Land gekommen waren – löste sich nach wenigen Jahren wieder auf.

Drei Jahre später taten sich etwa 800 Menschen zusammen, überwiegend Engländer, darunter aber auch 200 Deutsche, um in der Gegend des heutigen Itá (ca. 30 km südl. von Asunción) eine Kolonie zu gründen. Auch dieses Vorhaben scheiterte bereits im ersten Jahr an der Unwirtlichkeit des Geländes und den allzu bescheidenen Mitteln zur Urbarmachung. 162 Menschen starben in den ersten sechs Monaten, der Rest zog es vor, nach Buenos Aires zurückzureisen.

Schließlich war es eine im Jahr 1887 eingewanderte Gruppe von 40 bis 70 deutschen Familien, welche die Kolonie Nueva Germania im damals noch waldreichen Osten Paraguays gründete. Unter ihnen befand sich Elisabeth Förster, die Schwester Friedrich Nietzsches. Ihr Gatte, Bernhard Förster, war Mitbegründer des am Ufer des Ypacaraí-See liegenden Ort San Bernardino (1881). Er starb 1889, und seine Frau Elisabeth kehrte nach Deutschland zurück (S. 200).

1882 wurde nahe bei San Bernardino der Ort Altos wegen seiner besseren Bodenbeschaffenheit gegründet. Viele Kolonisten aus San Bernardino zogen um und siedelten sich dort an. Die Nachfahren dieser ersten Siedlerfamilien, Naumann, Petzold, Benz u.a., leben noch heute verstreut in dieser Region.

Ab 1900 wurden die deutschen Kolonien Hohenau, Obligado und Bella Vista im untersten Süden Paraguays, im Urwald, nahe des Rio Paraná, gegründet. Diese Kolonien entwickelten sich prächtig und haben den blühenden, wirtschaftlichen Aufschwung der ganzen Südregion Paraguays entscheidend beeinflußt (Kornkammer des Landes, Soja, Weizen, Viehmast). Auch

Schwäbische Bauern vor dem sonntäglichen Gottesdienst (Ende des 19. Jh.)

hier leben heute noch zahlreiche Nachfahren der ersten Siedler.

Nach dem Ersten Weltkrieg, etwa ab dem Jahr 1920, rollte die zweite Einwanderungswelle nach Paraguay, meist aus Menschen bestehend, die im Krieg alles verloren hatten oder die der Arbeitslosigkeit der Nachkriegszeit in Deutschland entfliehen wollten. Sie gründeten die Kolonie Independencia (S. 226), die 1924 durch den Zuzug weiterer Familien aus Württemberg und Baden verstärkt wurde.

Independencia steht heute als Markenzeichen für die einzige Weinanbau-Region in Paraguay. Mit viel Mühsal und Fleiß wurde auch hier eine heute blühende Kolonie geschaffen. In die

Der heutige Ferienort San Bernardino wurde 1881 von deutschen Siedlern gegründet

gleiche Zeit fallen die Gründungen der Kolonien Carlos Pfannl und Sudetia (Österreich).

Später trafen einige, sich aus dem nationalsozialistischen Machtbereich rettende jüdische Emigranten in Paraguay ein, denn Paraguay war eines der wenigen Länder, das bis zum Ende des Zweiten Weltkrieges jüdischen Flüchtlingen die Einreise erlaubte. Mit Kriegsende begann dann die Einwanderung von Nationalsozialisten, die sich der in Europa drohenden Aburteilung für ihre Verbrechen zu entziehen suchten. Seit Mitte der siebziger Jahre tauchen nun in Paraguay anders motivierte deutsche Einwanderer auf, die sich aufgrund von mangelnden Perspektiven auf dem Arbeitsmarkt, Steuerfrust, Streßvermeidung, Werteverlust u.ä. eine neue Existenz aufbauen wollen.

Die Mennoniten in Paraguay

Im besonderen hervorzuheben sind die Leistungen der mennonitischen Siedler, die mit einem vorbildlichen Durchhaltevermögen und unter Verzicht jeglicher menschenwürdiger Ansprüche aus der berüchtigten »grünen Hölle« des Gran Chaco ein florierendes Wirtschaftsunternehmen entstehen ließen.

Die überwiegende Zahl mennonitischer Einwanderer kam aus Kanada und dem südlichen Rußland. Sie sind die Mitglieder einer streng protestantischen Religionsgemeinschaft, die durch die Lehren ihres Religionsgründers Menno Simon (1492–1559) geprägt ist (Waffenablehnung, Erwachsenentaufe, ethisches Christentum ohne Lehrzucht, Eidverweigerung). Weltweit gehören heute mehr als eine halbe Million Mitglieder der Gemeinschaft an.

Die aus dem Norden Deutschlands und Westpreußen stammenden Men-

Kriegs-Nummer.

VII. Jahrg. — Nr. 47. Preis 10 Pf.

Kolonie und Heimat

Unabhängige koloniale Wochenschrift

Organ des Frauenbundes der Deutschen Kolonialgesellschaft

Verkündung des Kriegszustandes in Berlin.

1914 wurde in Berlin der Krieg verkündet – die zweite Einwanderungswelle setzte damit in Paraguay ein

noniten siedelten sich seit 1789 in der Ukraine an. Katharina die Große hatte um deutsche Siedler geworben, um die fast leeren Steppen Rußlands zu bevölkern, und das Angebot Rußlands war recht verlockend: freies Ackerland, eigene Schulen und Verwaltung und – für die Mennoniten besonders wichtig – eine totale Befreiung vom Wehrdienst.

Binnen Kürze schafften sich die neuen Siedler ein kleines, eigenes Paradies an der Wolga und der Ukraine, aus dem etwa 40 Tochterkolonien hervorgingen. Das Schwarzmeergebiet wurde durch mennonitischen Fleiß rasch zur Kornkammer Rußlands. In den Kolonien entstanden – wie auch später im Chaco – Krankenhäuser, Gemeindeverwaltungen, hervorragende Schulen, Erholungsheime und Häuser für Bedürftige und Behinderte. Die Familien waren wohlhabend, und ihnen mangelte es an nichts.

Wohl ahnend, daß die Privilegien der Regierung irgendwann einmal ein Ende haben könnten, führten sie den Wehrersatzdienst unter ihren Söhnen ein. So konnten sie stets darauf verweisen, daß sie zwar die Waffe verweigerten, ihre Kinder dafür aber in den russischen Wäldern einen freiwilligen »Forsteidienst« absolvierten.

Die Wende kam dennoch. Mit dem Ersten Weltkrieg, der kommunistischen Revolution, dem Bürgerkrieg und dem Unwesen, das umherziehende Banden trieben, kamen nicht nur Angst und Hunger, sondern auch die Verbannung nach Sibirien.

Tausende ließen alles im Stich und flohen nach Kanada. Dann stoppte Kanada jedoch die Einwanderungen. Was blieb, das waren verlockende Angebote von Billigland im Herzen Südamerikas. Die letzte Habe wurde versilbert, um die Reise in dieses Land zu finanzieren, von denen viele nicht einmal wußten, wie »*Paraguay*« geschrieben wurde, als sie zusammengepfercht auf den zuwei-

Die dritte mennonitische Auswanderergruppe auf dem Ozeandampfer nach Südamerika

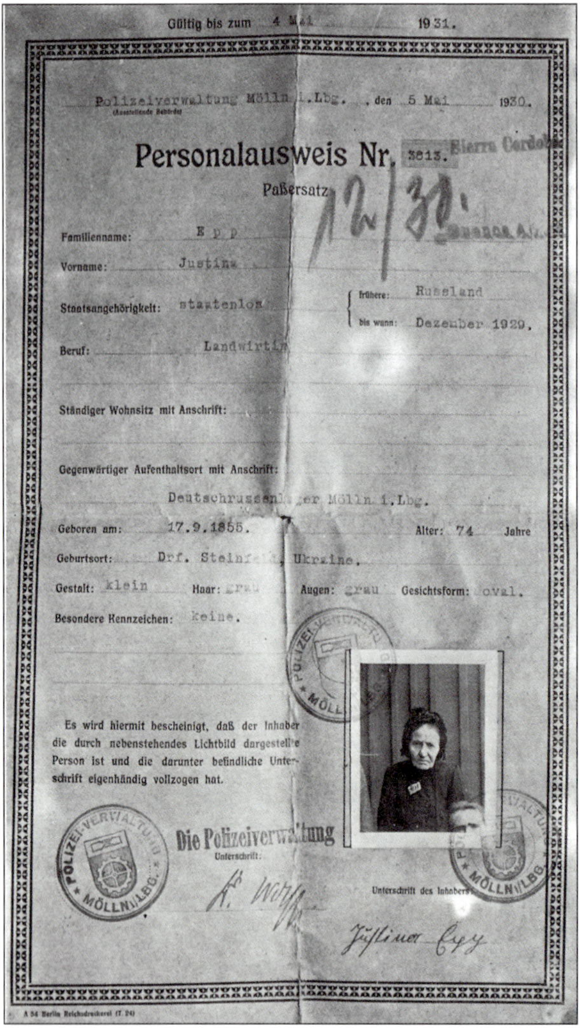
Gültig bis zum 4 Mai 1931.

Polizeiverwaltung Mölln i. Lbg., den 5 Mai 1930.

(Ausstellende Behörde)

Personalausweis Nr. 3813.

Paßersatz

Familienname: Epp

Vorname: Justina

Staatsangehörigkeit: staatenlos — frühere: Russland — bis wann: Dezember 1929.

Beruf: Landwirtin

Ständiger Wohnsitz mit Anschrift:

Gegenwärtiger Aufenthaltsort mit Anschrift:

Deutschrussenlager Mölln i. Lbg.

Geboren am: 17.9.1855. Alter: 74 Jahre

Geburtsort: Drf. Steinf[illegible], Ukraine.

Gestalt: klein Haar: grau Augen: grau Gesichtsform: oval.

Besondere Kennzeichen: keine.

Es wird hiermit bescheinigt, daß der Inhaber die durch nebenstehendes Lichtbild dargestellte Person ist und die darunter befindliche Unterschrift eigenhändig vollzogen hat.

Die Polizeiverwaltung

Unterschrift:

Unterschrift des Inhabers

Die von Rußland kommenden Mennoniten galten in Deutschland als »Staatenlose« und erhielten nur provisorische, befristete Ausweispapiere

len schrottreifen Flußdampfern den Rio Paraná hinauffuhren.

Doch statt der versprochenen goldenen Früchte, die man nur von den Bäumen zu pflücken brauchte, erwarteten die Familien Hunger, Elend und Entbehrungen. Ganze Familien starben innerhalb kürzester Zeit an Typhus, Malaria, Schlangenbissen. Unzählige packten nach Monaten oder Jahren wieder ihre Habseligkeiten zusammen und flohen aus der grünen Hölle.

Etwa 14 000 Mennoniten beugten sich nicht dem Schicksal, kratzten nachts, wenn die erbarmungslose Sonne ihnen eine kurze Pause gönnte, Brunnen in den Sand, rodeten, bauten

Die Mennoniten-Familie Giesbrecht. Der Vater (3.v. rechts) kam während des Chaco-Krieges im Februar 1934 auf tragische Weise ums Leben

Die Zeugnisse mennonitischen Schaffens können Besucher Filadelfias im Jakob-Unger-Museum betrachten

Straßenschild in Filadelfia, Kolonie Fernheim

primitive Hütten, legten Friedhöfe an, rodeten wieder, schufen behelfsmäßige Schneisen und Wege und versuchten dem Boden ihre ersten dürftigen Ernten abzuringen.

1927 entstand so die erste Kolonie Menno. Die zweite wurde – in sehnsuchtsvoller Erinnerung an das einst russische Paradies – Fernheim (S. 240) genannt. Später folgten Friesland, Neuland, Sommerfeld, Bergtal, Reinfeld, um nur einige zu nennen. Inzwischen existieren in Paraguay rund 60 Immigrantensiedlungen, die meisten von ihnen wurden von Deutschen oder Deutschstämmigen gegründet.

Auch in Paraguay, wo man den Mennoniten die Selbstverwaltung und

Deutsche Kolonien in Paraguay

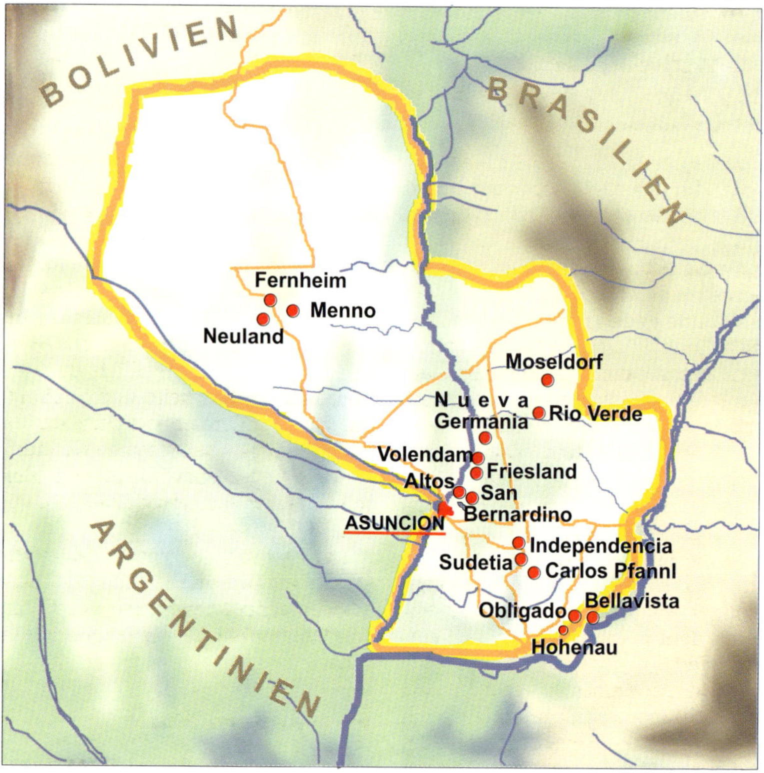

den Ausschluß vom Wehrdienst zusicherte, schafften die Mitglieder der Chaco-Gemeinden schon nach kurzer Zeit das beinahe Unmögliche: In rund vierzig Jahren schufen sie sich aus dem Nichts eine Heimat, die von weiten, ertragreichen Feldern umgeben ist.

Längst haben hochmoderne Landmaschinen die früheren Ochsengespanne oder das Pferd ersetzt. Supermärkte, Hotels, Restaurants, eigene Stromversorgung und Radiosender, moderne Schulen, deutsche Straßennamen, Krankenhäuser und Altenheime prägen heute das Bild der Kolonie Fernheim mit dem Stadtzentrum Filadelfia. Nichts erinnert mehr an die entbehrungsreiche Zeit der ersten Pioniertage. Nur wenn man hier und da die Alten bei ihren plattdeutsch gesprochenen Schwätzchen belauscht – wenn von den alten Zeiten geredet wird, als Indianer die Siedler mit Beilen, Speeren und Pfeilen überfielen; als eines Tages bolivianische Soldaten im Chaco-Krieg gegen ihre Türen hämmerten und als drei Indios vom alten Vater Sawatzky nur das Ohr erwischten, als sie ihm den Kopf abschlagen wollten –, nur, wenn man diese Geschichten hört, weiß man, was dieses Häuflein frommer Menschen in der Wildnis wirklich zustandegebracht hat.

Das Wirken deutschstämmiger Paraguayer in der Öffentlichkeit

Unzählige deutschsprachige Einwanderer oder deren Nachkommen haben sich in der Geschichte Paraguays einen Namen gemacht. Auch heute noch sind viele deutsche Namen in der Politik vertreten, wie beispielsweise der 1996 amtierende Vizepräsident Seifart, der 1995 amtierende Außenminister Boettner oder die Abgeordneten Wagner, Becker und Pfannl, um nur einige zu nennen. Viele eingewanderte Deutsche, Schweizer und Österreicher kämpften im unseligen Chaco-Krieg an der Seite von Paraguayern, unter ihnen auch Alfredo Stroessner, der ab 1954 die Führung des Landes für 35 Jahre innehatte. Sein Vater, Hugo Strößner, war um die Jahrhundertwende aus dem nordbayerischen Hof eingewandert.

Schon ein halbes Jahrhundert vor dem Amtsantritt Stroessners hatte ein anderer Deutschsprachiger das Amt des Regierungschefs übernommen: Der aus der Schweiz stammende Staatspräsident Schärer (1912–16). Andere Männer nahmen in Paraguay hohe politische Posten ein, wie der frühere Staatssekretär Dr. Gross-Brown, der Unterrichtsminister und spätere erste Botschafter der Bundesrepublik Deutschland, Dr. Victor Boettner, oder der aus der Schweiz stammende Prof. Dr. Quell, der zwischen 1945 und 1956 als Außenminister fungierte. Schweizer Vorfahren hatten auch der viele Jahre amtierende Landwirtschaftsminister Bertoni sowie der frühere Staatssekretär im Außenministerium, Schupp.

Andere Namen wurden bekannt, als viele neue Siedler florierende Gewerbebetriebe in Paraguay aufbauten, deren Produkte auch über die Landesgrenzen hinweg sehr geschätzt wurden. So gründete die Familie Imsen eine Baumwollmanufaktur in Areguá, und die eingewanderten Wageners versorgten aus ihrer Zigarettenfabrik die Paraguayer mit Tabakwaren, während die von Schmelings, Kieses und Opitz' damit begannen, die große Nachfrage nach Dachziegeln und Töpferwaren zu befriedigen. Im Süden entstanden die blühenden Kolonien Hohenau und Obligado, im mittleren Osten die erste Weinanbauregion Independencia durch badensische Siedler und im Chaco schließlich die Kolonien Menno, Fernheim und Neuland, die sich – außerhalb jeglichen staatlichen Zugriffs – selbst verwalten durften und die Stadtbevölkerung mit Fleischwaren, Molkereiprodukten, Gemüse und Obst versorgten.

Das großartige Wirken deutschstämmiger Paraguayer, auch im Schul- und Unterrichtswesen, hat überall im Land unauslöschlich seine Spuren hinterlassen.

Einwandern heute

Jahr für Jahr kehren rund 70 000 Deutsche, Schweizer und Österreicher ihrer Heimat den Rücken, um in ein anderes Land auszuwandern. 1996 lebten in Paraguay 8 000 behördlich registrierte Paß-Deutsche sowie ca. 200 000 Deutschstämmige. Ausschlaggebend für die Entscheidung der Auswanderer, wo sie sich am Ende ansiedeln, sind die klimatische Beschaffenheit der neuen Heimat, die Arbeitsbedingungen und Ausbildungsmöglichkeiten für ihre Kinder, die Anzahl der bereits vor ihnen eingewanderten Landsleute und schließlich die Einwanderungsbedingungen.

Weil aus dieser Liste an Überlegungen eine Menge für Paraguay spricht, gehört das Land neben Kanada, Australien, Argentinien und Brasilien zu den fünf beliebtesten Einwanderungsländern in Übersee. Deutschsprachige Einwanderer müssen in Paraguay prinzipiell auf nichts verzichten, was sie von der früheren Heimat her kennen und gewöhnt sind. Dennoch bleibt das Auswandern immer eine sehr persönliche Entscheidung, die reiflich überlegt sein will. Da, wo Sonne ist, gibt es auch Schatten, und Paraguay stellt da sicherlich keine Ausnahme dar.

Die so häufig von Landanbietern gepriesene und in drei kurzen Urlaubswochen demonstrierte Marlboro-Romantik wird ganz sicherlich einmal zum Alltag werden und durch Umstände abgelöst, die vielleicht ganz anders sind, als man es je zuvor erwartet hat. Kurz: Auch in Paraguay gibt es Behörden und Ämter, mit denen man sich geduldig herumschlagen muß. Die Krankenversorgung auf dem Land, soziale Absicherung, andere Boden- und Klimaverhältnisse, eine recht merkwürdige obskure Rechtspraktik und der oft beklagte Mangel an guten gleichsprachigen Freunden oder Nachbarn können zu einem doch sehr geschmacksverändernden Wermutstrop-

Die Kinder von Einwanderern wachsen in Paraguay zwei- oder dreisprachig in einem beeindruckenden landschaftlichen Umfeld auf

Kleiner Gemischtwarenladen auf dem Land

fen im sich so köstlich präsentierenden Paraguay-Cocktail werden.

Andererseits können die Natur, die freundlichen Einheimischen, nahezu uneingeschränkte Freiheiten und nicht zuletzt die Möglichkeit, sich nicht nur von Reis, Weißbrot, Ananassaft oder Porridge ernähren zu müssen, sondern essen und trinken zu können, was man von zu Hause gewöhnt ist, durchaus reizen. Hinzu kommt, daß paraguayische Einwanderer es ungleich leichter haben, sich in Paraguay selbständig zu machen, als es bei Ausländern der Fall ist, die beispielsweise in Deutschland leben.

Das Geld liegt aber (oder gerade) auch in Paraguay nicht auf der Straße, und es kann zuweilen mühsam sein, sich hier durchschlagen zu müssen. Sich also vernünftig auf diesen großen Schritt des Lebenswechsels vorzubereiten, ist allemal besser, als sich von jemandem beschwatzen zu lassen, der einem Land, eine Immobilie, Rinderherden oder ein Geschäft verkaufen möchte und schon aus reinem Eigennutz Paraguay in den schönsten Farben schildern wird. Botschaften und Handelskammern können ein trauriges Lied von Einwanderern singen, deren Hoffnungen bitter enttäuscht wurden. Um es noch klarer zu sagen: Wer bereits in der alten Heimat Probleme hatte, sich erfolgreich im Beruf zu betätigen, der sollte in Paraguay keine Wunder erwarten. Fachliche Qualifikation, wirtschaftliche Umsicht, Flexibilität und ein Startkapital, das Rücklagen von mindestens 50 % der Anfangsinvestition für einen längeren Zeitraum bereitstellt, bilden sicherlich auch in Paraguay das bessere Fundament für einen möglichen Erfolg als die bloße Hoffnung, daß in diesem neuen schönen Sonnenland alles besser und leichter von der Hand gehen wird.

Denjenigen, die den Traum einer Großfarm träumen möchten, obwohl sie sich zuvor nie landwirtschaftlich betätigt haben, ist von diesem Spiel mit dem Feuer abzuraten. Die einheimische Landbevölkerung, die meist völlig anspruchslos mit der gesamten Familiensippe zusammenlebt und die Felder bestellt, hat insbesondere bei landwirtschaftlichen Klein- und

In Paraguay ticken die Uhren anders: Eine Werkstatt bei Luque verweist darauf, daß hier täglich 25 Stunden gearbeitet wird...

Sonntagsstimmung auf dem Land

Selbstversorgungsbetrieben absoluten Heimvorteil. Diese Menschen verzichten auf die eisgekühlte Cola oder das Bier, haben selten Fleisch auf dem Teller, müssen keine Löhne zahlen, besitzen kein Auto und sind nicht krankenversichert. Ihnen genügt ein einfaches Dach über dem Kopf.

Auch oder besonders in landwirtschaftlichen Betrieben zahlt sich daher Fachkenntnis, Professionalität, entsprechendes Start- und Zuflußkapital und eine messerscharfe, nicht beschönigende Kalkulation immer aus. Dort, wo man bereits die Bezeichnung »Landwirtschaftsunternehmen« anwenden kann, werden in Paraguay ausnahmslos hervorragende Gewinne erwirtschaftet. Dies gilt ebenso für fachlich und professionell geführte Hand-

werksbetriebe, wobei hier auch Maschinen zum Einsatz kommen können, die in der alten Heimat längst nicht mehr gefragt sind.

Als paradiesisch zeigt sich Paraguay für den typischen Aussteiger, für Rentner und Pensionäre, die neben einer höheren Kaufkraft der monatlichen Bezüge auch die Sonne oder das warme Klima genießen oder absolut nichts anderes mehr tun möchten als zu schwimmen, zu reiten, in den Tag hineinzuleben oder ihrem Hobby im Land der Sonne nachkommen wollen. Ein idealeres Land werden diese Menschen kaum finden (Einwanderungsbedingungen s. S. 245/246).

Anreise und Verkehr

Reisen nach Paraguay

Flugverbindungen

Asuncións internationaler Flughafen Silvio Pettirossi wird von mehreren ausländischen Fluggesellschaften angeflogen. Die einst staatliche paraguayische Gesellschaft Lineas Aéreas Paraguayas (LAP) mußte 1994 ihre Geschäftstätigkeit einstellen, wurde privatisiert und ging schließlich in der TAM (Transporte Aéro Mercosur) auf. Für 1997 sind wieder transatlantische Flüge mit der neuen TAM geplant.

Die Flüge von Deutschland oder der Schweiz nach Paraguay sind relativ preisgünstig (zwischen 1 400 und 2 000 DM), wobei die im deutschen Hochspeyer ansässige »Südamerika Line« (S. 253) besonders preiswerte Tickets und für Reisen in der Nebensaison zuweilen echte Minipreis-Schnäppchen anbietet. Die reine Flugzeit von Frankfurt nach Asunción beträgt ca. 13 Stunden, allerdings muß mindestens ein Zwischenstopp mit einem Aufenthalt ab einer Stunde – je nach gebuchter Linie – in Brasilien, Argentinien oder Spanien hinzugerechnet werden.

Dreimal wöchentlich (Do, Fr, So) fliegt die mit der spanischen Iberia liierte Aerolineas Argentinas Asunción an. Teilweise lange Aufenthalte in Madrid und Buenos Aires können die Reisedauer hier bis zu dreißig Stunden ausdehnen.

Täglich ab Frankfurt bieten die brasilianische VARIG und die deutsche Lufthansa komfortable und preisgünstige Flüge nach Paraguay an (mindestens ein kurzer Aufenthalt in Rio de Janeiro oder São Paulo bis zum Anschlußflug nach Asunción). Beide Gesellschaften genießen einen ausgezeichneten Ruf und bieten auf den Transatlantikflügen einen hervorragenden Service. Die VARIG fliegt dreimal wöchentlich (Mo, Fr, Sa) auch ab Zürich über Brasilien nach Asunción.

Von Paraguay aus können täglich alle wichtigen südamerikanischen Flughäfen und dreimal wöchentlich Miami angeflogen werden. Die oben erwähnte »Südamerika Line« bietet für Südamerika-Jetter sehr günstige Kombi-Tickets für alle Länder innerhalb Lateinamerikas (z. B. 4 Länder ab 225 US-Dollar) sowie attraktive Paraguay-Rundreiseprogramme, City-Touren und interessante Luftmeilen-Tickets an.

In Paraguay entstand 1996 ein neuer internationaler Flughafen im Osten (Ciudad del Este), und an einem weiteren im Süden des Landes (Encarnación) wird z. Zt. noch gebaut.

Schiffsverbindungen

Wer über genügend Zeit verfügt, kann die Reise von Europa ab Hamburg, Bremen oder Antwerpen über Buenos Aires oder Montevideo nach Paraguay auf dem Wasserweg zurücklegen. Die Reise dauert etwa vier bis sechs Wochen, wobei gegen Ende der Reise der Wasserstand des Rio Paraguay über die Ankunftszeit in Asunción entscheidet. Da der Rio bei Niedrigwasser manchmal wochenlang nicht befahrbar ist, dürfte für Reisende mit Terminplan eine Schiffspassage von Europa zu einer südamerikanischen Hafenstadt – und von dort ein Anschlußflug nach Asunción – sicherlich empfehlenswerter sein.

Auf den gehobenen Komfort von Passagierschiffen muß bei solchen Fahrten freilich verzichtet werden. Man reist mit Fracht- und Container-schiffen, die fast alle über einige gut ausgestattete Kabinen verfügen. Aber statt 17-Uhr-Tee im erlauchten Kreis oder dem Small talk in der Piano-Bar vertreibt man sich bei diesen Überfahrten durch Skatspielen mit der Crew und ähnlichem die Zeit. Viele Individualreisende schwören auf diese Art der Beförderung und würden »ihren Frachter« niemals gegen die drei Wochen auf einem Luxusliner tauschen.

Die Frachtschiffe der unter paraguayischer Flagge fahrenden Compañia Marítima Paraguaya nehmen nur gelegentlich Passagiere mit – auch von Europa nach New York. Die Flota Mercante del Estado und die Polish Ocean Lines haben hingegen fast immer Passagiere an Bord. Auskünfte hierüber erteilen das Paraguayische Generalkonsulat in Hamburg bzw. die Gesellschaften selbst (Anschriften im Adressenteil).

Paraguay-Reisende oder Auswanderer, die ihr Kfz aus Europa mitbringen, können via Frachtschiff dann von Buenos Aires aus Asunción bequem auf dem Landweg erreichen (Triptik oder Carnet de Passage sind für die Grenzübertritte notwendig).

In der Nebensaison, wenn keine Kreuzfahrten stattfinden, bietet die italienische Reederei Linea C einen leider nur sporadisch eingesetzten Liniendienst mit transatlantischen Passagierschiffen an, wo man dann auf keinen Komfort verzichten muß. Die Linea-C-Schiffe starten in Genua und legen in den Häfen von Barcelona, Lissabon, Rio de Janeiro, Santos, Montevideo und Buenos Aires an.

Ab einem der südamerikanischen Häfen kann man dann per Flugzeug, Eisenbahn, Bus oder komfortablem Schlafbus nach Paraguay weiterreisen.

Reisen in Paraguay

Flugverbindungen

Den Luftverkehr im Landesinneren besorgen die paraguayischen Gesellschaften TAM, LAN und APRA, deren einfache Flugzeuge der Personen- und Frachtbeförderung dienen. Von Asunción aus werden hier hauptsächlich die Städte Concepción, Pedro Juan Caballero, Bella Vista und Capitán Bado sowie einige größere Ortschaften im Gran Chaco angeflogen.

Da sich diese sehr preiswerten Flüge nach dem Passagieraufkommen richten, existiert leider kein kontinuierlich eingehaltener Flugplan. Es kann also vorkommen, daß man einige Tage am

Das Reisen mit kleinen Charterflugzeugen ist in Paraguay sehr preiswert

Oberlauf des Rio Paraguay festsitzt und auf eine Maschine warten muß, die einen wieder zurück nach Asunción bringt, was (z.B. bei fest gebuchten Rückflügen nach Europa) recht unerfreulich sein kann. Im Inland setzen sich daher mehr und mehr Charterflüge durch, die zwar etwas teurer als die Linienflüge, aber gemessen an europäischen Charterdiensten ausgesprochen preiswert sind.

Diese Flüge werden mit ein- oder zweimotorigen Cessnas oder ähnlichen Kleinflugzeugen von Aéreo Sur, Taxi Aéreo Guaraní und Taxi Aéreo Paraguayo durchgeführt.

Schiffsverbindungen

Die Flußschiffahrt auf dem Rio Paraguay und dem Paraná-Fluß spielte im Verkehrswesen des Landes bis vor wenigen Jahren eine wichtige Rolle. Durch den Ausbau von Asphaltstraßen kann man heute jedoch viele Ortschaften per Auto, Bus oder Lastwagen erreichen, was die früher überlebenswichtige Rolle der Flußschiffahrt im Leben der Bewohner dieser Regionen nun von Jahr zu Jahr schmälert.

Der Hafen von Asunción kann selbst bei günstigem Wasserstand nur von Schiffen mit einem Tiefgang von maximal 4 m angelaufen werden. Südlich der Hauptstadt verkehren überwiegend Fracht- und Containerschiffe, welche über die Flüsse Rio Paraguay und Rio Paraná zu den paraguayischen Freihäfen an die Ostküste des Kontinents fahren oder von dort kommen.

Eisenbahnverbindungen

Eisenbahn-Nostalgiker werden in Paraguay ganz gewiß auf ihre Kosten kommen. Die nationale Zentralbahn Ferrocarril Presidente Carlos Antonio López ist nicht nur die älteste Eisenbahnlinie Südamerikas, auch der Hauptbahnhof in Asunción, am Plaza Uruguaya, wurde als erster Bahnhof des Kontinents gebaut (1861) und seitdem nie verändert.

Die uralten, holzgefeuerten Dampfloks rattern auch heute noch funkensprühend und mit mächtigen Kuhschiebern ausgestattet im Tempo ihrer Entstehungszeit (25 bis 30 Stundenkilometer) über die dünnen, hoppeligen Gleise. Die Bahn hat Normalspur, und für die 370 km lange Strecke von Asunción nach Encarnación (Abfahrten unregelmäßig Freitag, 18.00 Uhr, Fahrpreis etwa 5 DM) benötigt sie – wenn alles gutgeht – etwa 16 Stunden.

Ganz Hartgesottene können weiter bis nach Buenos Aires fahren. Diese oft mehr als 60 Stunden andauernde Reise ist freilich nur komfortverachtenden und erlebnishungrigen Touristen zu empfehlen. Die museumsreifen Lokomotiven pflegen häufig zu streiken, und man wird trotz der sehr langsamen Fahrt infolge der mangelhaft gewarteten Gleise durchgeschüttelt wie bei kaum einer anderen Eisenbahnfahrt in der Welt.

Um die Bahnlinie einmal kennenzulernen, empfiehlt sich eine etwa zweistündige Fahrt von Asunción nach Areguá (35 km) oder Ypacaraí (47 km). Der Fahrpreis liegt umgerechnet bei etwa 60 Pfennigen. Die Rückfahrt kann per Bus (0,80 DM) oder Taxi (Preis vorher aushandeln – maximal etwa 35 DM!) erfolgen. Unzählige Fotomotive im Stadtbereich (linke Wagenseite in Fahrtrichtung wählen!) und später auf dem Land und den Bahnhöfen belohnen den wagemutigen Entschluß, dieses Transportmittel benutzt zu haben.

Mit Freundlichkeit und einem kleinen Trinkgeld (angemessen wären etwa 5 000 Gs.) lassen die Lokführer manchmal auch Passagiere auf der Lokomotive mitfahren.

Hoch im Norden Paraguays existieren noch einige Schmalspurstrecken, die vom Oberlauf des Rio Paraguay in

Der Traum eines jeden Eisenbahn-Nostalgikers: Eine Fahrt mit der holzgefeuerten Dampflok im paraguayischen Osten

den Chaco führen. Bis vor etwa 30 Jahren waren sie die einzig mögliche Verbindung von den Mennonitenkolonien zum Fluß und von dort aus per Schiff nach Asunción. Inzwischen werden sie hauptsächlich zum Abtransport des Quebracho-Holzes benutzt, aus dem der Gerbstoff Tannin gewonnen wird, oder sie wurden ganz stillgelegt.

Straßenbeschaffenheit

Paraguay verfügt über ein Straßen- und Wegenetz von insgesamt 29 688 km. Nur 2 673 km davon sind asphaltiert oder gepflastert. Der größte Teil der Teerstraßen entfällt auf fünf Hauptstrecken: die in den Norden führende Trans-Chaco-Route (530 km); die Ruta 1 von Asunción ins südliche Encarnación (366 km) sowie die vom Süden nach Osten führende Ruta 6 Encarnación–Ciudad del Este (280 km), die Ruta 2 von Asunción nach Oviedo und von dort als Ruta 7 nach Ciudad del Este (327 km) und schließlich die inzwischen fertiggestellte Verbindung von Coronel Oviedo nach Pedro Juan

Caballero, die von der Landesmitte nach Norden und Osten verläuft (399 km). Diese Hauptverkehrsstraßen sind allesamt hervorragend ausgebaut und im Umkreis der Landeshauptstadt gut beleuchtet und teilweise vierspurig angelegt.

27 015 km des paraguayischen Straßennetzes sind Erd- und Schotterwege, die bei Trockenheit sehr staubig und bei Regen schwer oder manchmal gar nicht befahrbar sind. Abenteuerlich bis gefährlich sind viele kleine Brücken im Osten Paraguays. Zuweilen bestehen sie aus zwei, drei dicken Baumstämmen oder Holzbohlen, über die man Zentimeter für Zentimeter mit schweißnassen Händen und unter den Schwüren erblassender Beifahrer, man würde so etwas nie wieder mitmachen, Bäche und kleine Flüßchen überqueren muß.

Bus

Die Busse *(micros* oder *colectivos)* sind heute das am häufigsten benutzte Personenbeförderungsmittel in Paraguay. Da weder ein TÜV noch irgendwelche

Um beim Überqueren nicht zwischen den Balken steckenzubleiben, erfordern die unzähligen rutschigen Behelfsbrücken im paraguayischen Osten höchste Konzentration

Bei Regen werden die meisten Landstraßen zu schmierigen und rutschigen Lehmwegen oder völlig unpassierbar

anderen Institutionen existieren, um private und öffentliche Transportmittel zuzulassen, sie auf ihre Sicherheit hin zu überprüfen oder sie aus dem Verkehr zu ziehen, gilt für den Einsatz dieser oft abenteuerlichen Gefährte nur eine Regel: Was noch irgendwie fährt und Geld bringt, muß auch rollen.

Eine Ausnahme bilden die gut ausgestatteten Überlandbusse, die vom Bus-Terminal Asuncións aus in alle größeren Städte Paraguays fahren. Diese Busse fahren direkt den Zielort an und nehmen unterwegs nur Reisende auf, die zuvor in einer Ticket-Verkaufsstelle ihrer Gesellschaft eine Fahrkarte erworben haben. Diese Reisebusse verfügen alle über Air-Condition, Toiletten und bequeme verstellbare Sitze. Nachts werden auf längeren Strecken auch Schlafbusse mit weniger Sitzreihen eingesetzt, wo sich die Sessel bei Bedarf als Liegesitze ausstrecken lassen. Das Ticket für die knapp fünfstündige Fahrt von Asunción nach Ciudad del Este (230 km) kostet etwa 20 DM; in Schlafbussen etwas mehr. Unter-

Ein »colectivo« in Concepción. Die linke Windschutzscheibe besteht aus einem Eisengitter und einer aufgeklebten dünnen Plastikfolie

wegs wird einmal, etwa auf halber Strecke, eine viertelstündige Rast eingelegt, oder es steigen Verkäufer zu, welche die Reisenden mit Chipas, Sandwichs, Empanadas, Kaffee und eisgekühlten Getränken versorgen. Je nach Zielort fahren die Busse stündlich oder mehrmals pro Tag am Bus-Terminal von Asunción ab. Die Tickets sollte man am besten mindestens einen Tag vor der Abreise buchen. Verkaufsstellen dafür existieren am Bus-Terminal und überall in der Stadt oder auf dem Land. In guten Hotels besorgen – in der Regel ohne Aufpreis – Hotelangestellte die Busreisetickets für die Gäste (fragen Sie an der Rezeption).

Mehrmals pro Woche bestehen Fernverbindungen verschiedener Gesellschaften von Asunción nach São Paulo, Rio de Janeiro, Santa Catarina in Brasilien (ca. 1 400 km), Buenos Aires in Argentinien (1 250 km) und Montevideo in Uruguay (1 000 km). Die Busse sind sehr komfortabel (darunter auch »Super-Pullman-Busse« mit Bordbar, Stewardess, Schlafsesseln u. a.), aber die Reise kann, trotz aller Bequemlichkeiten und niedrigem Reisepreis, durch die lange Fahrzeit von bis zu zwei Tagen dennoch recht zermürbend sein.

Innerhalb der Städte und Ortschaften sind es die anfangs schon erwähnten *micros* (kleine Busse) und *colectivos* (Omnibusse), in welchen man für Pfennigbeträge mitfahren kann. Geregelte Abfahrtszeiten oder Haltestellen gibt es nicht. Zum Ein- oder Aussteigen muß man sich beim Fahrer bemerkbar machen. Die Tickets werden in der Regel während der Fahrt vom Busfahrer, der gleichzeitig auch Fahrkartenverkäufer ist, ausgestellt, wobei es angebracht ist, das Fahrgeld abgezählt bereitzuhalten. Nicht selten passiert es, daß für Touristen, die mit einer Zehntausend-Guaraní-Note bezahlen möchten, bereits nach zehn oder zwanzig Metern die Busfahrt wieder ein jähes Ende hat.

Alle Busunternehmen – auch in den Großstädten – sind Privatgesellschaften. Städtische Busse, wie man es von Europa her kennt, gibt es nicht. Im Zentrum Asuncións, wo die Busfahrer neben ihrem schmalbrüstigen Festgehalt noch eine »Rundenprämie« für die geleistete Menge ihrer Touren und eine »Kopfprämie« für jedes verkaufte Ticket erhalten, ist beim Aus- und Einsteigen ein fliegender Wechsel angesagt. Alles geht rasant und zügig voran, und sensible Ausländer, die dieser rigorosen Tempo- und Kundenjagd psychisch nicht gewachsen sind, sollten besonders in den Stoßzeiten auf derartige Bus-Exkursionen verzichten.

Andererseits bringen einen diese abenteuerlichen Gefährte auch in Stadtregionen und durch ein Gewirr von nicht asphaltierten Nebenstraßen, aus denen Autofahrer ohne genaue Ortskenntnisse kaum mehr herausfinden. Auch bei den Fahrten über die Dörfer biegen die Busse immer wieder von der Hauptstraße ab und arbeiten sich ächzend und halsbrecherisch durch Sand- und Lehmwege hindurch, um dann irgendwo wieder die Hauptstraße zu erreichen.

Die Busse sind oft überfüllt, und ganze Trauben von Menschen hängen manchmal außen am Trittbrett. Die Sitze sind verschlissen, Haltestangen gibt es kaum, und man klammert sich irgendwie dort fest, wo man gerade steht oder sitzt. Der Fahrer selbst thront hinter dem Steuer oft auf einem Gartenstuhl, der entweder irgendwo mit Draht festgebunden oder am Boden angeschweißt wurde.

Bei Busfahrten ins Landesinnere sollte man mit ungeplanten Aufenthalten rechnen. Geplatzte Reifen, Pannen, Unfälle oder Motorschäden fordern den Mitreisenden zuweilen viel Geduld ab. Viele Orte und Farmen in Paraguay sind nur über Wege zu erreichen, die bei Regen nicht mehr befahrbar sind und dann polizeilich gesperrt werden. Das kann zur Folge haben, daß Omnibusse und deren Passagiere in völlig unbewohnten Gegenden oft tagelang festgehalten werden. Zeit, Geduld und eine Menge Abenteuergeist gehören bei derartigen Landtouren also neben etwas Reiseproviant ebenfalls ins Gepäck.

Auto

Das Reiseziel sollte in Paraguay die Art des Autos bestimmen. Wer sich ausschließlich auf den gut ausgebauten Teerstraßen bewegen wird, dem bieten zahlreiche nationale und international bekannte Autovermietungen Fahrzeuge in allen Preisklassen an. Wie in Europa gibt es Sondertarife für Langzeitmieter, Wochenendtarife und ähnliches. Allgemein sind pro Tag 100 gefahrene Kilometer im Tagesmietpreis inbegriffen. Jeder weitere Kilometer kann arg die Reisekasse belasten. Es ist also ratsam, sich vor der Fahrt genau die Kosten für die geplante Strecke auszurechnen.

Dies gilt auch für Geländefahrzeuge oder allradangetriebene Autos, die für Fahrten abseits der Teerstraßen unerläßlich sind. Wer etwas mehr Zeit mitbringt oder sich gar in Paraguay niederlassen möchte, kann bei einem der vielen Autohändler in Asunción einen billigen Gebrauchtwagen erwerben.

Autokäufer sollten darauf achten, kein Mau- (gestohlen und nationalisiert) oder Mau-Mau-Auto (gestohlen und illegal eingeführt) zu kaufen, wenn sie damit weite Fahrten unternehmen möchten. Die Grenze sollte man weder mit einem Mau- noch mit einem Mau-Mau-Auto überqueren, da der Wagen dort, wo er einst als gestohlen gemeldet wurde, sofort beschlagnahmt werden würde, was natürlich auch Ärger mit den Zoll- und Polizeibehörden des Ursprungslandes nach sich zieht. Beim Kauf billiger Fahrzeuge ist also stets nach dem notariellen Titel zu fragen *(escritura),* der bei ordnungsgemäßem

Kauf eines legal in Paraguay eingeführten Wagens auch von einem Notar auf den Käufer überschrieben werden muß.

Zum Fahren eines Fahrzeugs berechtigt ein internationaler Führerschein, der in der Heimat ausgestellt wurde. Gegen eine Gebühr von ca. 30 DM kann man sich in ländlichen Gemeindehäusern *(Municipalidad)* einen auf ein Jahr befristeten paraguayischen Führerschein *(categoria particular)* ausstellen lassen. Erforderlich hierfür sind der gültige Reisepaß, zwei kleine Paßfotos (Paraguay-Mini-Format), das Wissen um die eigene Blutgruppe, welche im Führerschein eingetragen wird, und das Mindestalter von 18 Jahren. Ein Papier, das irgendeine Befähigung zum Fahren eines Autos dokumentiert, wird nicht verlangt. LKW-Führerscheine *(profesional)* erwirbt man zu den gleichen Bedingungen. Sie sind aber 20 DM teurer.

Taxi

Normale Taxen sind in Paraguay auffällige gelbe Gefährte mit ebenso vielen Beulen, wie sie bereits Jahre hinter sich haben. Sie zeichnen sich oftmals durch Verkehrsuntüchtigkeit, schlechte Reifen, zerschlissene Sitze und Türen aus, die man nur von innen mit

Die Straße Encarnación – Ciudad del Este

Ein Fahrzeug, das selten steckenbleibt: Ochsenkarren im Gran Chaco

Gewalt aufstoßen oder von außen mit erheblichem Muskelaufwand aufreißen kann.

In Asunción sind sie allgegenwärtig, und man signalisiert durch Winken seine Mitfahrbereitschaft. Darüber hinaus findet man nahezu an jeder verkehrsreichen Kreuzung (inzwischen auch in fast allen Ortschaften) einen Taxistand, wo man einsteigen und über die Preise verhandeln kann. Innerhalb der Städte wird ein Taxameter eingesetzt. Wer jedoch bestimmte Ziele, längere Fahrten (z.B. ein Taxi für den Vormittag) oder Fahrten in die nahe Umgebung ins Auge faßt, sollte grundsätzlich vor der Abfahrt einen Festpreis aushandeln. Letzteres ist wörtlich gemeint, da die Preisangebote insbesondere bei Fahrten, die aus der Stadt herausführen, gewaltig differieren können, weil die oft ortsunkundigen Fahrer die Tour einfach überschätzen.

Da der Reise- und Sitzkomfort der meisten Taxen kaum besser ist als der von Linienbussen, könnten die Fahrpreise (S. 250) bei der Planung eines längeren Ausfluges als Entscheidungshilfe dienen. Innerhalb der Städte sind die schrottreifen gelben Gefährte aber sehr nützliche und vor allem unvergeßliche Helfer.

Die Hauptstadt Asunción

Lage und Geschichte

Asunción liegt 72 m ü. d. M. auf hügeligem Land, das am Ostufer des Rio Paraguay in eine weite Flußschleife eingebettet ist. Mit einer Ausdehnung von 117 km² ist Asunción die größte Stadt in Paraguay. Etwa 23% der Gesamtbevölkerung leben hier.

Asunción wurde am 15. August 1537, dem Fest Maria Himmelfahrt, von dem Spanier Juan de Salazar y Espinosa gegründet und verdankt diesem kirchlichen Feiertag auch seinen ursprünglichen Namen »Casa Fuerte de Nuestra Señora de Santa Maria de la Asunción« (Festung unserer Lieben Frau, der Heiligen Maria von der Himmelfahrt).

Anfang des 19. Jh. wurde die Stadt von Diktator Francia, der hinter jedem Haus und in jedem Garten eine Verschwörung vermutete, völlig umgestaltet und mit einem überschaubaren, schachbrettartigen Straßennetz versehen. Daher hat Asunción heute kaum noch Gebäude aus der Kolonialzeit aufzuweisen, kann jedoch für sich in Anspruch nehmen, zu den Städten mit einem modern angelegten, rechtwinkligen Straßennetz zu gehören.

Die gesamte Stadt setzt sich seit der Regierungszeit Francias aus etwa gleich großen, quadratischen Blocks, sogenannten *cuadras,* zusammen, in welchen heute Hochhäuser und kleine, im Kolonialstil erbaute Häuser, ohne Rücksicht auf die natürlichen Geländeverhältnisse zu nehmen, einträchtig nebeneinander stehen. Sie steigen sanfte Hügel empor, führen in ein Straßental hinunter, um sich dann wieder erneut an einen anderen Hügel zu schmiegen. Innerhalb dieser *cuadras* gibt es unzählige kleine Vorgärten, schattenspendende Bäume und großzügig angelegte Gärten oder Parks, die der Stadt – z. B. von seiner höchsten Erhebung aus betrachtet, dem südlich gelegenen Cerro Lambaré – den Eindruck einer einzigartigen immergrünen Parklandschaft verleihen.

Marktfrauen in Asunción gegen Ende des letzten Jahrhunderts

Stadtteil mit der »Iglesia Encarnación« um die Jahrhundertwende. Der Diktator Francia ließ die Stadt niederreißen und in quadratischen Blocks neu aufbauen

Der Rio Paraguay umschließt Asunción in einer weiten Schleife

Die Landeshauptstadt am Ufer des Rio Paraguay ist eine moderne Großstadt mit Wolkenkratzern und Straßenschluchten

Drei Stadtrundgänge

Allgemeines

Asunción bietet eine Fülle abwechslungsreicher Besichtigungsprogramme, die man in drei Spaziergänge unterteilen könnte: einmal ein Stadtrundgang mit dem Besuch kultureller und geschichtlicher Sehenswürdigkeiten im Zentrum der Stadt; zum anderen die Besichtigung von Orten und Plätzen, welche die typisch südamerikanische Kultur und Lebensweise der Einheimischen widerspiegeln und wunderschöne Motive für einen Foto- oder Video-Stadtrundgang liefern. Das dritte Programm gehört ebenfalls in die Reiseplanung einer touristischen Hauptstadtbesichtigung: die Shopping-Tour im »Duty-free-Shop Asunción« mit seinen un-

zähligen Einkaufsmöglichkeiten, Galerien, Straßencafés und Restaurants.

Bis auf etwa zwei Dutzend Hochhäuser und die durchschnittlich drei bis fünf Stockwerke hohen Geschäfts- und Bürohäuser im Zentrum der Hauptstadt prägen ein- und zweistöckige Wohnhäuser das Bild Asuncións. Die Stadt wurde also nicht in die Höhe, sondern in die Breite gebaut, was zur Folge hat, daß Sehenswürdigkeiten außerhalb des inneren Zentrums zuweilen weit verstreut liegen und einige Fahrten per Stadtbus, Straßenbahn oder Taxi unumgänglich werden.

Die Straßen sind sehr übersichtlich und schachbrettartig aufgeteilt, so daß man sich schnell im Zentrum oder auf Stadtplänen zurechtfindet. Der Großteil der asphaltierten Hauptstraßen sind Einbahnstraßen, deren jeweilige Verkehrsrichtung durch einen Pfeil auf den Straßenschildern angezeigt wird. Für Autofahrer ist das sehr hilfreich, da hierdurch der sonst übliche Schilderwald an Verkehrskreuzungen auf ein Minimum reduziert wird.

Überwiegend verweisen die Straßennamen auf Daten, Ereignisse oder Persönlichkeiten der paraguayischen Geschichte. Und da sie sich in allen Städten und Dörfern wiederholen, prägen sie sich relativ leicht ein und dokumentieren zudem die Stationen des paraguayischen Wirkens seit der Entdeckung des Landes durch die Spanier.

Rundgang durch das Zentrum Asuncións (Karte S. 164/165)

Ausgangspunkt für unseren Rundgang ist das Herz des inneren Zentrums, der Heldenplatz **Plaza de los Héroes** mit dem **Panteón Nacional de los Héroes** (Heldengedenkstätte), für des-

Ein Fortbewegungsmittel für die Pflastermüden...

sen Architektur in stark verkleinertem Maßstab der Invalidendom von Paris Pate stand.

Hier rbefinden sich, stets bewacht von Gardesoldaten in den malerischen Uniformen aller Waffengattungen, die sterblichen Überreste der Präsidenten Carlos Antonio López und Francisco Solano López, des Chaco-Kriegshelden José Felix Estigarribia sowie eine Gedenkstätte des Unbekannten Soldaten.

Das Panteón verlassend, liegt rechts und durch eine Straße geteilt die Grünanlage des Platzes, wo am Ende etwa hundert kleine Verkaufsstände mit kunstgewerblichen Artikeln, Ledertaschen und recht hübschen anderen Arbeiten unter schattenspendenden Zeltdächern zu finden sind. Ein Bummel durch die strahlenförmig angelegten Händlergäßchen ist sicherlich lohnenswert, da hier auch Waren aus anderen südamerikanischen Ländern angeboten werden (Bolivien, Peru, Uruguay) und man dort bei schönem Wetter auch einigen

Die Straßennamen sind in fast allen paraguayischen Städten und Dörfern identisch

Bahía de Asunción
Puerto
Aduana
La Chacarita
siehe Innenstadtvergrößerung
La Chacarita
Ricardo
Avenida Republica
Puerto
Cervecería Paraguaya
Don Bosco
Hernandarias
Garibaldi
Avenida Colon
B. Constant
Montevideo
Palacio de Gobierno
Rio Blanco
Paraguayo Independiente
Rio Aquidaban
Manzana de la Rivera
Presidente Franco
O'Leary
15 de Agosto
Ayolas
Palma
Estrella
Edificio Esmeralda
Asunción Palace Hotel
Olivia
Supermercado
General Díaz
Victor Haedo
Hotel Intercontinental
Casa de la Cultura
Avda. Republica
Palacio Legislativo
Restaurant Zodiac
Plaza Juan
Correo Central
de Salazar
Casa de la Independencia
Biblioteca Municipal
Teatro Municipal
Panteón Nacional de los Héroes
Museo Arzobispal Monseñor Juan S. Bogarin
Catedral
Rio Jejui
Chile
Alberdi
Rio Verde
Lindo
Rio Monte
Coronel
Bogado
Eligio
Ayala
Rio Pilcomayo
Rio Acaray
14 de Mayo
Cambio
Amerinda
Plaza de los Héroes
Mcal. Estigarribia
25 de Mayo
Museo Nacional de Bellas Artes
Humaita
Pirebebuy
Tacumbu
Cine Premier
Montevideo
Manduvira
Ayolas
O'Leary
15 de Agosto
Iglesia de la Encarnación
Iglesia Perpetuo Socorro
Edificio Humaita
Cerro Corá
Hotel Guarani
Hotel Presidente
Azara
Herrera
Nuestra Señora de Asunción
Yegros
Iturbe
Caballero
Guanes
Chaco Hotel
Estación del Ferrocarril
Plaza Uruguaya
Iglesia San Roque
Mexico
Encarnación
Alberdi
Chile
Independencia Nacional
Manuel Dominguez
Iglesia San Francisco
Paraguari
Antequera
Diario Patria
Departamento de Identificaciones
F. R. Moreno
Colegio María Auxiliadora
Asociación Cristiana de Jovenes
Catedral
Tacuary
Parapiti
Barrio Obrero
Avenida Estados Unidos
Palacio de Gobierno
Rio Blanco
Paraguayo Independiente
B. Constant
Manzana de la Rivera
Presidente Franco
Rio Aquidaban
O'Leary
15 de Agosto
Rio Jejui
Casa de la Cultura
Avenida Republica
Palacio Legislativo
Ayolas
Palma
Restaurant Zodiac
Plaza Juan
Edificio 14 de Mayo
B. Constant
14 de Mayo
Casa de la Independencia
Correo Central
de Salazar
Museo Arzobispal Monseñor Juan S. Bogarin
Estrella
Biblioteca Municipal
Dirección General de Turismo
Alberdi
Chile
Teatro Municipal
Rio Verde
Lindo
O'Leary
Olivia
Cambio
Panteón nacional de los Héroes
Palmatur
Coronel
Catedral
0
100
200 m
15 de Agosto
General Díaz
Plaza de los Héroes
Collegio Nacional de Niñas
Rio Monte
Eligio Ayala
Rio Pilcomayo
Guanes
Bogado
Rio Acaray
Rio Monday
Amerinda
Cine Victoria
Chile
Museo Nacional de Bellas Artes
Estación del Ferrocarril
Victor Haedo
14 de Mayo
Hotel Guarani
Nuestra Señora de Asunción
Independencia Nacional
Mcal. Estigarribia
Alberdi
Finamerica
25 de Mayo
Cerro Corá
F. R. Moreno
Iglesia de la Encarnación
Chile
Hotel Presidente
Azara
Yegros
Iturbe
Caballero
Chaco Hotel
Plaza Uruguaya

Das Zentrum von Asuncíon

Ende des letzten Jahrhunderts baute der Italiener Ravizza das Panteón Nacional de los Héroes, das in seiner Bauweise stark an den Invalidendom zu Paris erinnert

Wachsoldat am Panteón

Frauen der Maká-Indios beim Weben zusehen kann.

Aus dem Panteón kommend, überquert man nach links gehend die Avda. Chile bis zur 14 de Mayo, wo sich innerhalb der Mauern eines gut erhaltenen sehr typischen Kolonialhauses, der **Casa de la Independencia,** im Jahr 1811 die Verschwörer gegen die spanische Krone trafen, um die jahrhundertealte Vorherrschaft der Kolonialherren zu beenden. Das Haus wurde 1772 von den Gebrüdern Martínez Saenz errichtet und erhielt 1811 den heutigen Namen »Haus der Unabhängigkeit«. Am 14. Mai 1965 wurde es als Museum eingeweiht und ist täglich (auch sonntags) an den Vor- und Nachmittagen zu besichtigen. Im Inneren befinden sich fünf Räume – Schreibsalon, Eßzimmer, Wohnzimmer, Schlaf- und Betraum –, die alle noch mit den Originalmöbeln des ursprünglichen Hauses eingerichtet sind und einen tiefen Eindruck vom Leben in dieser Zeit wiedergeben. Andere historisch interessante Gegenstände, Möbel und Dokumente, die Wagenreste einer Karawane der Madame Lynch (S. 55) oder der Nachbau des Kapitelsaales des ersten Rathauses (1541) von Asunción, runden den interessanten Besuch dieses historischen Hauses ab.

Die **Iglesia de la Encarnación,** eine recht schmucklos wirkende Kirche, deren Kuppel über lange Zeit hinweg als Wahrzeichen der Stadt angesehen wurde, erreicht man nach drei Straßenblocks in südlicher Richtung. Dem Erbauer dieses braunen Ziegelbaus, dem italienischen Architekten Colombo, diente eine Mailänder Kirche romanischen Stils als Vorbild.

Zurück über die Avda. Alberdi erreicht man schließlich am Ende der Straße auf der linken Seite die **Correo Central** (Hauptpost) – das einstige Wohnhaus des begüterten Kaufmanns Juan Patri und seiner im Mai 1911 geehelichten und von Pablo Picasso auf

Ein Hauch kolonialer Zeit: Der Eingang zur heutigen Hauptpost in Asunción – einst das Wohnhaus der durch den Maler Pablo Picasso weltberühmt gewordenen Deidamin Heyn

Die Kathedrale von Asunción

Leinwand verewigten wunderschönen Gattin Deidamin Heyn.

Man betritt die Post durch ein offenes Portal und erreicht so den schönen Innengarten der im Kolonialstil gebauten Villa. Von hier aus führen arkadenartige Gänge zu den verschiedenen Poststellen (Briefmarkenverkauf, Postfächer, Einschreiben, Päckchen, Paketannahme usw.). Im Hauptpostamt befindet sich auch eine kleine, im Jahre 1929 gegründete Sammlung philatelistischer Kostbarkeiten, die man werktags von 8–12 Uhr besichtigen kann.

Wenn man die Post schließlich wieder verläßt, steht man nach ein paar Schritten vor der früheren Plaza de la Constitución, jetzt: **Plaza Juan de Salazar,** auf deren rechter Seite sich die am 27. Oktober 1845 fertiggestellte **Catedral,** die Kathedrale von Asunción, mit ihrem holzgeschnitzten Altar (Arbeiten der Franziskaner-Mönche) und schönen silbernen Kandelabern älterer Herkunft gegen den Himmel erhebt. Das Gotteshaus wurde wie eine klassische Basilika gebaut, mit einem Hauptschiff und zwei Seitenschiffen (eines davon wurde erst im Jahr 1860 fertiggestellt).

Direkt vor der Kathedrale befindet sich das Denkmal des ersten Gouverneurs von Paraguay, Domingo Martínez de Irala. Links neben dem Gotteshaus wurde das **Museo Arzobispal Monseñor Juan S. Bogarín** (Erzbischöfliches Museum) neu eingerichtet, das nach dem ersten Erzbischof und Gründer des Museums, Monseñor Juan S. Bogarín (1863–1949), benannt wurde. Er sammelte über 50 Jahre lang Reliquien, Gemälde und historisch wertvolle Gegenstände kirchlicher Kunst. Die schöne und wertvolle Sammlung wurde inzwischen beträchtlich ausgebaut.

Etwa in der Mitte zwischen Hauptpost und Kathedrale befindet sich am Ende der Plaza Juan de Salazar hinter der Avda. Republica und beinahe etwas versteckt gelegen der **Palacio Legislativo** (Kongreßpalast), der 1847–57 Carlos Antonio López als Regierungssitz diente und in dem heute der paraguayische Senat tagt. Das Gebäude kann vormittags zwischen 8 und 11 Uhr besichtigt werden.

Wendet man sich am Ende der Alberdi, Ecke Hauptpost, nun nach links, erreicht man einen Straßenblock weiter ein Eckhochhaus, in dessen 13. Etage sich das Restaurant **Zodiac** befindet. Von dessen rundumlaufender Terrasse hat man einen herrlichen Ausblick über die Stadt und die Bucht von Asunción, die der Rio Paraguay hier bildet. Direkt unter dem Betrachter erstreckt sich die Plaza mit Kathedrale und Kongreßpalast, und man blickt von oben in eine alte Kaserne mit Unterkünften und den Stallungen der ehemaligen Kadettenanstalt, in welcher heute die paraguayische Abgeordnetenkammer untergebracht ist. Etwas weiter links bildet der Palacio de Gobierno (Regierungspalast) einen weithin sichtbaren und architektonisch markanten Punkt am Ufer des Rio Paraguay, wo sich auch die Baracken von **La Chacarita** bis hin zum Kongreßpalast erstrecken.

Zwei Straßenblocks weiter erreicht man schließlich den 1854 von den Architekten Ravizza und Alonso Taylor

erbauten **Palacio de Gobierno** (Regierungspalast), der eine verkleinerte Nachbildung des Pariser Louvre darstellt. Er beherbergt die Amtsräume des Präsidenten und die des Außenministeriums und wurde mit prachtvollen Empfangssälen ausgestattet, welche werktags zwischen 8 und 11 Uhr der Öffentlichkeit zugänglich sind.

Dieses wohl schönste öffentliche Gebäude der Stadt Asunción ließ einst Carlos Antonio López (1880) als Wohnsitz für seinen Sohn Francisco Solano bauen. Das etwa zwei Hektar große Gelände für den Prachtbau war ein Geschenk des Taufpaten von Francisco Solano López, Don Lázaro Rojas. Die ersten Baupläne erstellte der ungarisch-österreichische Architekt Franz Wisner de Morgenstern, der rund 20 Jahre später an der Seite López' im Triple-Allianz-Krieg kämpfte und schließlich (erfolglos) die erste deutsche Kolonie bei Paraguarí gründete.

Ankunft in Asunción

...Und nun, sobald der Dampfer um den letzten Vorsprung kommt, liegt nach sechstägiger Fahrt stromauf die Hauptstadt Paraguays, Asunción, vor uns.

Auf hohen Barrancas dicht am Fluß liegend, bietet Asunción einen überraschenden schönen Anblick. Einzelne große monumentale Bauwerke und Kirchen heben sich bedeutsam aus den niedrigen, meistens nur aus dem Erdgeschoß bestehenden Häusern hervor. Unter den großen Bauwerken ist besonders das Regierungsgebäude zu nennen, ein prächtiger, palastartiger Sandsteinbau von gewaltigen Dimensionen, welcher schon unter dem Präsidenten Lopez errichtet wurde, aber infolge des Krieges 1865 bis 1870 nicht vollendet und erst in den letzten Jahren ausgebaut wurde...

Aus *»Über Land und Meer«* (1909).
Karl Oenike »Skizzen aus Paraguay«

Blick von der Zodiac-Terrasse zum Regierungspalast

Der Regierungspalast von Asunción stellt eine verkleinerte Nachbildung des Pariser Louvre dar

Die erste Lokomotive (1861) in Paraguay

Verläßt man den Regierungspalast und wendet sich weiter nach rechts, erreicht man zwei Straßen weiter, etwa ab Höhe der Avda. Montevideo, den **Puerto** (Hafen) der Hauptstadt. Hier liegen stets einige Flußschiffe vor Anker, und im Westteil der Anlage (Zollbereich) herrscht reges Leben beim Ent- und Beladen von Container-Schiffen und Frachtern. Gegenüber des Eingangsportals beginnt die Avda. Colon, wo man diesen kleinen Stadtbummel, der bequem zu Fuß zu bewältigen ist, mit einem Einkauf von Kunstgewerbeartikeln, Lederwaren und anderen Utensilien in den Läden unter den Arkaden des ersten Eckgebäudes beenden kann.

Warten auf die Eisenbahn – im ältesten Bahnhof Südamerikas …

Hier findet man auch leicht ein Taxi mit Ziel Plaza Uruguaya, an deren Nordseite der älteste Bahnhof von Südamerika liegt, die **Estación del Ferrocarril.** Der Zugverkehr findet nur noch unregelmäßig statt (Abfahrt zu einer zweistündigen Fahrt nach Ypacaraí sonntags, 9 Uhr). Ganz links in der Abfahrthalle findet man die erste Eisenbahn Paraguays, die im Jahr 1861 aus Buenos Aires eintraf, und mit etwas Glück kann man noch eine der holzgefeuerten Lokomotiven, welche vorn mit Kuhschiebern ausgestattet sind, unter Dampf sehen und fotografieren.

Die **Plaza Uruguaya** ist eine Grünanlage, ein Stadtplatz mit uralten Bäumen und Ruhebänken, in dessen Mitte die hellblau bepinselten oder mit Cola-Werbung versehenen Standplätze von Schuhputzern zu finden sind. Es lohnt sich, dem geschäftigen Treiben

Auf der Plaza Uruguaya warten im Schatten alter Bäume die Schuhputzer auf Kundschaft

der Schuhputzer und ihren meist Zeitung lesenden Kunden eine Weile zuzusehen.

Drei Häuserblocks von der Plaza entfernt, lädt das **Museo Nacional de Bellas Artes** (Museum der Schönen Künste) zu einer Besichtigung des historischen Kolonialarchivs und der Gemälde paraguayischer und europäischer Künstler ein. Bis 1969 war der Schriftsteller und spätere Konsul und Außenminister Juan O'Leary, dem auch eine Straße gewidmet wurde, Direktor dieses Museums.

Mit einer Fahrt zur Kirche **Santisima Trinidad** (Richtung Botanischer Garten), einem prunkvollen Bau aus dem Jahr 1856, lassen wir diesen Stadtrundgang ausklingen. Das eigenwillige Bauwerk entstand während der Regierungszeit des Präsidenten Carlos Antonio López und sollte ihm, der jegliche Bestattungen in Kirchen verboten hatte, als privates Gotteshaus und nach seinem Tod als Panteón und Grabstätte dienen. So wurde denn an Prunk und Ausstattung in der von Ravizza im modernen Barockstil erbauten Kirche

auch nicht gespart. López ließ sogar aus der Franziskanerkirche von Yaguarón die prächtigen Seitenaltargemälde des Portugiesen Cavadas herbeischaffen, die nach seinen Worten »dort völlig überflüssig seien«. 16 vollgeladene Ochsenkarren waren notwendig, um die demontierten wertvollen Gemälde heranzuschaffen. Aus anderen Orten wurden weitere Bilder für diese neue Kirche »entliehen«, und selbst die mächtige, 1764 gegossene Glocke aus dem weit entfernten Yutí wurde herangeholt, um die neue Kirche Santisima Trinidad zu schmücken.

Leider hielt in den vergangenen zehn Jahren die Technik auch in dieser Kirche Einzug. Lampen, Kabel und Ventilatoren wurden recht rücksichtslos installiert und dabei Mauern, Säulen und unzählige der vergoldeten Verzierungen beschädigt oder einfach entfernt.

Weitere Sehenswürdigkeiten in Asunción

Einen kompletten Vormittag sollte man für den Stadtrundgang des südlichen Asunción einplanen. Ausgangspunkt ist der riesige **Pettirossi Markt**, auch: **Mercado cuatro**, der

Ein Besuch des riesigen Pettirossi-Marktes mit Tausenden von Händlern, Ständen, Hallen und Geschäften ist für alle Gäste ein unvergeßliches Erlebnis

in seinen Ausmaßen und seiner Vielfalt an Waren und angebotenen Produkten in nichts den großen asiatischen Märkten nachsteht. In den relativ heißen Sommermonaten zeigt sich das Marktleben am quirligsten in den noch temperaturmilden frühen Morgenstunden bis spätestens um 10 Uhr. Der Markt ist aber zu jeder Jahreszeit von frühmorgens bis 18 Uhr geöffnet, und ein Besuch gehört sicherlich zu den beeindruckendsten Erlebnissen eines Paraguay-Aufenthaltes.

Starten sollte man den Rundgang in der gleichnamigen Straße, Avenida

Pettirossi, wo man unter den schattenspendenden Vordächern unzähliger Geschäfte sehr preisgünstig einkaufen kann, insbesondere handgearbeitete Reisetaschen, Koffer und andere Dinge aus festem Rindsleder. Hat man die mehrstöckige Backstein-Halle erreicht, in welcher der Ex-Diktator Alfredo Stroessner vor etwa 15 Jahren den Tausenden von Straßenhändlern einen festen Standplatz zuweisen wollte, den diese jedoch ablehnten (nur die unterste Etage wird von etwa hundert Metzgern und Fleischhändlern genutzt), empfiehlt sich ein Bummel durch die etwa einen halben Kilometer langen Schuh- und Textilgassen am Fuß des häßlichen Gebäudekastens. Hier kann man auch Flickschustern, Zigarrendrehern oder Korbmachern bei der Arbeit zusehen.

Über eine breite, große Treppe erreicht man schließlich das Innere des Backsteinbaus, wo dem Besucher von links die eigenwilligen Gerüche aus einer Mixtur von Kuhmägen, Därmen und anderen Innereien entgegenschlagen, welche von den hier ansässigen Schlachtern angeboten werden. Besonders im Sommer kann einem der Gestank zwar den Magen umdrehen, aber man sollte diesen unvergeßlichen Vorstoß in die Welt der einheimischen Metzger trotzdem wagen.

Auf der gegenüberliegenden Seite des Gebäudes empfangen einen dann wieder die Sonne und Tausende von Gemüse- und Obsthändlern in einem Gewühl von Marktständen, schreienden Getränkeverkäufern, Marktfrauen und Männern, die vollgepackte Karren vor sich herschieben. Wo immer man hier die Kamera hinhält, entsteht ein malerisches, lebendiges Foto.

Wendet man sich inmitten dieses Gewühls nach links, dann erreicht man nach etwa 50 Metern den versteckt liegenden Eingang (rechte Seite, inmitten der Stände) zu einer weiteren gigantischen Halle, deren Besuch sich lohnt. Mehrere lange Ausgangskorridore führen schließlich aus dieser Halle heraus in andere Marktabschnitte des Mercado cuatro. Interessant ist auch ein Besuch der Halle »Bonanza«, wo die überwiegend koreanischen Händler hauptsächlich Textilien anbieten (preiswerte Jeans als Nobelmarken-Imitate, Hemden, Bettwäsche, Kleider, Badesachen, Schuhe u.v.m.). Am Ende der Halle erwartet einen dann wieder ein völlig anderer Teil des Marktes.

Ruhepausen kann man an jeder Ecke einlegen. Überall gibt es kleine Stände mit eiskalten Getränken, wobei man den bekannten Marken den Vorzug geben und auf Eiswürfel im Becher

Auf dem Cerro Lambaré im südlichen Asunción

verzichten sollte. Die überall gegenwärtigen Imbißbuden verkaufen Bratwürstchen, mit Fleisch gefüllte Teigtaschen *(empanadas)*, Brathühnchen und panierte Rinderschnitzel *(milanesa)*. Das Verspeisen dieser recht wohlriechenden, meist pikant gewürzten Snacks sollten in diesem Marktviertel aber nur unerschrockene Besucher mit unverwüstlichem Magen wagen.

Nach dem Rundgang durch den Pettirossi-Markt fahren wir nun (am besten mit einem Taxi) zum südlich gelegenen Stadtteil Lambaré mit Zielpunkt **Cerro Lambaré,** dem hoch auf einem Hügel gelegenen und über Serpentinen zu erreichenden bedeutenden Landesdenkmal. Von hier aus genießt man einen herrlichen Rundblick über die grüne Hauptstadt Paraguays und den Rio Paraguay bis nach Argentinien und die Ausläufer des Gran Chaco.

Das mächtige Denkmal besteht aus fünf weit ausladenden Betonpfeilern, die eine 35 m hohe Säule stützen, an deren Spitze eine paraguayische Frau die Fesseln der Sklaverei zerreißt und hoch über die gesamte Stadt hinausragt. Das Fundament des Denkmals bildet eine erhaben dargestellte bronzene Statue eines missionierten Indios, der stolz über die gesamte Stadt blickt. Zwischen den Pfeilern stehen die überlebensgroßen Bronzefiguren der bedeutendsten paraguayischen Führerpersönlichkeiten: Dr. Francia, Carlos Antonio López, dessen Sohn Francisco

Solano López, Bernadino Caballero und – ein leerer Platz, den bis 1989 die Statue des Ex-Diktators Alfredo Stroessner, mit der ausgerollten Verfassung in der Hand, einnahm.

Von jedem der Männer wurde jeweils ein markanter Ausspruch in Stein gemeißelt. Dr. Francia: »Die Freiheit kann ohne Ordnung, ohne Gesetz, ohne Einheit nicht erhalten werden.« Carlos Antonio López: »Schulen sind die wirklichen Denkmäler, die wir für die Freiheit errichten können.« Francisco Solano López: »Ich sterbe mit meinem Vaterland!« Bernardino Caballero: »Die Zukunft gehört jenen, die ihrem Vaterland treu ergeben sind und für seinen Ruhm und seine Ehre kämpfen.« Alfredo Stroessner (ausgelöscht): »Der Frieden ist meine Arbeit, und mit meiner Arbeit will ich mein Volk ehren.«

Im Stadtteil Lambaré kann man nun die Rundfahrt mit einem Besuch des Hotels Casino Itá Enramada oder des Yacht y Golf Club Paraguayo beenden. Oder man kehrt zum Mittagessen im deutsch geführten und empfehlenswerten Restaurant »Stengers« in Lambaré ein, an welchem man auf dem Rückweg in die Stadt vorbeikommt (Avda. Juan Perón kurz vor der Kreuzung Felix Bogado, rechte Straßenseite).

Besonders an den Sommerwochenenden lohnt sich eine kurze Fahrt zum **Jardín Botánico** (Botanischer Garten, Avda. Trinidad/Artigas), die man auch mit der Besichtigung der Kirche Santisima Trinidad verbinden kann (s.

Häuser in Asunción mit typischer Farbgebung

S. 173). Hier findet man fast den gesamten Artenreichtum paraguayischer Pflanzen und Tiere (der Zoo liegt innerhalb des Parks) in einer weiten und sehr schönen Parkanlage vor und kann dabei das kuriose **Museo de Historia Natural** (Naturkunde-Museum) besichtigen.

Der Eintritt ist frei, man bezahlt nur, wenn man im Botanischen Garten ein Auto benutzt. In den Sommermonaten trifft sich hier die Asuncióner Stadtbevölkerung, die auf den Wiesen unter schattigen Bäumen oder in den kleinen Restaurants und Imbißbuden den musizierenden Folkloregruppen lauscht, dem Treiben fliegender Händler, Zocker und Losverkäufer zusieht oder einfach nur die prächtige Natur der weitgestreckten Anlage genießt.

Der Zoo, **Jardín Zoológico,** dessen Eintritt ebenfalls frei ist, zeigt zwar eine stattliche Anzahl heimischer Säugetiere und Vogelarten, doch spätestens an den Raubtierkäfigen, bei den Affengehegen oder dem vereinsamten Elefanten kommt Mitgefühl für die gefangenen und sicherlich nicht artgerecht eingepferchten Tiere auf. Man muß der Stadtverwaltung aber zugute halten, daß die einst sehr bejammernswerten Zustände der Tiere im Zoo Jahr für Jahr verbessert wurden und weiterhin verbessert werden. Eine Tierhaltung, wie man sie aus den Zoologischen Gärten Europas kennt, wird man wahrscheinlich aber nie erreichen, da das Verhältnis des Menschen zum Tier hier weniger ausgeprägt ist als beispielsweise in Deutschland, wo die meisten Tiergehege besser ausgestattet sind als so manche menschliche Unterkunft in Paraguay.

Vom Botanischen Garten aus erreicht man in Richtung Trans-Chaco-Brücke nach einer etwa fünfzehnmimütigen Fahrt das (leider schlecht ausgeschilderte) **Reservat der Maká-Indios.** Um das kleine, ärmliche Dorf dieses einst stolzen Stammes zu finden, biegt man zur Trans-Chaco-Brücke ein, um weit vor der Brücke nach etwa einem Kilometer inmitten einer sanften Steigung rechts auf einen holprigen, teilweise gepflasterten Weg abzubiegen. Nun fährt man immer geradeaus, bis nach einem weiteren Kilometer das erste Hinweisschild auf einen Sandweg verweist, der rechts abgeht. Von hier aus hat man nach etwa 300 m das Reservat (links an der Straße) erreicht.

Direkt hinter der Einfahrt erwartet den Besucher einer der langmähnigen Maká-Männer, der einem einen Parkplatz zuweist. Man trägt sich (mit Angabe der Nationalität und der Personenzahl) in ein Besucherbuch ein und kann nun mittels eines Führers das Dorf begehen (etwa 3000–5000 Gs. Trinkgeld werden dafür erwartet).

Die Maká, die ihre eigene Sprache sprechen, lebten ursprünglich tief im Inneren des Chaco, an den Ufern des

Verlorene Kultur: Vom einst so stolzen und kriegerischen Volk der Maká-Indios sind nur noch einige wenige Familien geblieben, die heute in einem Reservat nahe der Hauptstadt leben

Ein Maká-Krieger hat den Obulus für das geschossene Foto in seine beiden Ohrlöcher gesteckt

Pilcomayo. Während des Chaco-Krieges (1932–35) wurden sie von dem aus Rußland stammenden paraguayischen General Bellaieff aus der Kampfzone evakuiert und auf eine Insel im Rio Paraguay gebracht. Eine Weile lebten sie dort von der Jagd und dem Fischfang, aber immer mehr ihrer Familien siedelten sich nahe der Hauptstadt an. 1995 räumten die letzten die Insel, und nun leben alle rund 120 Familien unter der Führung eines Dorfältesten im Reservat.

Haupteinnahmequelle ist der Tourismus, und es ist daher nicht verwunderlich, daß man im Maká-Dorf für jedes Foto, jede Tanzvorführung bezahlen muß, wobei ein fotografierter Mann doppelt soviel kostet wie eine abgelichtete Indio-Frau. Da unter diesen Umständen ein Gruppenfoto womöglich arg die Reisekasse strapazieren kann, empfiehlt es sich, freundlich diese und jene Person mit Handzeichen zu bitten, sich für ein Foto zusammenzustellen. Heimliche, aus der Hüfte geschossene Fotos erscheinen nur preiswert, bis man das Auto wieder besteigt. In der Regel haben die Indio-Begleiter ein hervorragendes Ohr für das leise »Klick« der Kameras entwickelt, oder sie achten darauf, wann ein rotes Lichtchen glüht, was am Ende des Rundgangs präzise aufgerechnet wird. Außerdem können die hier ärmlich hausenden Familien wirklich jeden Guaraní gebrauchen und freuen sich über jedes Trinkgeld und jede auch noch so geringe Einnahme.

Shopping in Asunción

(Karte S. 186/187)

Da der Handel in Paraguay in der Regel an Zoll und Fiskus vorbeiläuft, kann man nicht nur Zigaretten und Alkoholika äußerst billig einkaufen, sondern auch Gold- und Silberschmuck, Nobel-Parfums, Computer bzw. Computerzubehör und natürlich exquisite Markenartikel jeder Schattierung.

Im inneren Zentrum findet man in den Straßen Palma, Estrella und Oliva unzählige Boutiquen und Vertretungen (Nike, Diesel, Cartier, Dior, Yves St. Laurain, Benetton usw.) neben vielen Kauf- und Warenhäusern, die ebenfalls echte Markenartikel von weltbekannten Firmen zu günstigen Preisen anbieten. Man zahlt in der Landeswährung, mit Dollars oder per Kreditkarte.

Ein Bummel durch die Kaufhäuser Martell, Vendome und Unicentro (Palma) oder durch das Centro Asunción (Oliva) sollte die Shopping-Tour einleiten. Schöne maßgeschneiderte Lederbekleidung (beliebiges Stoffmuster eines Kleides oder einer Hose mitbringen, Wartezeit etwa zwei bis drei Tage) kann man sich in einer der Leder-Boutiquen in der Galerie Palma (schräg gegenüber vom Kaufhaus Martell) fertigen lassen.

Schöne kunstgewerbliche Artikel findet man bei Arte Artesana Victoria, Iturbe/Ayala (Keramik und Holzschnitzereien) und bei Artes de Madera in der Ayolas 222.

Nach einer Verschnaufpause in der Eisdiele 4-D (Palma), wo man ohne Folgeschäden aus einer gewaltigen Auswahl an Eissorten einen Riesenbecher verschlingen kann, sollte man per Taxi eine schöne Fahrt durch die Prachtstraße **Avenida Mariscal López** unternehmen. Vorbei an der US-Botschaft, dem Polizeihospital und der ehemaligen Privatresidenz des Ex-Präsidenten Alfredo Stroessner, erreicht man kurz vor der großen Kreuzung Mcal. López/Argentina das Einkaufszentrum **Villa Mora** (Boutiquen, Kunstgalerie u.a.) mit einem ebenso schönen wie großen, 1996 fertiggestellten Shopping-Center an der Rückseite.

Lohnenswert ist der Besuch des neuen Shopping-Center **del Sol** an der Ausfahrtstraße zum Flughafen (Aviadores del Chaco), ein an europäischen Standards zu messendes Einkaufszentrum, in welchem auf zwei Etagen unzählige Boutiquen, Geschäfte, Restaurants, US-Fastfood-Restaurants, Supermarkt und ein Spielparadies für Kinder zu finden sind. Direkt neben dem Shopping-Center öffnete im November 1996 auch das erste von sechs McDonald's-Restaurants in Paraguay seine Pforten.

Preisgünstige Spirituosen und Zigaretten kauft man im Hafen-Viertel (zwischen Avda. Colon und Hernandarias) und hinter der Kreuzung Peru/Pettirossi in einigen Läden. Daneben bieten etwa zwei Dutzend hervorragend sortierte, recht große Supermärkte (Gran Union, Casa Rica, Real, Mundimark, um nur einige zu nennen) Lebensmittel, Spirituosen, Parfums, Schreibwaren u.a. an. Warenengpässe gibt es in Paraguay seit rund zehn Jahren nicht mehr.

Asunción von A bis Z

Ambulanzen

(siehe Erste Hilfe)

Apotheken

Sie heißen hier *farmácia*, wobei die Betonung auf dem mittleren »a« liegt. Man findet sie fast an jeder Straßenecke im gesamten Stadtgebiet. Die meisten *farmácias* sind auf Grund des vielseitigen Angebots an Parfümerie- und Hygieneartikeln eher mit deutschen Drogerien vergleichbar. Medikamente sind in Paraguay relativ preiswert

Ärzte (deutschsprachige; Auswahl)

Augenarzt

Dr. Carlos J. Timcke, Paí Pérez 478, Tel. 24 089, 25 749

Gynäkologe

Dr. Andrés Ginés, Eligio Ayala 1263 (Ärztehaus), Tel. 21 00 64

Kinderarzt

Dr. R. Alberto Olmedo, Mayor Bullo 264, Tel. 20 82 75

(im gleichen Haus ein Kinderzahnarzt; nicht deutschsprachig)

Zahnärzte

Dr. Karl E. Kiep, Eligio Ayala 1026, Tel. 21 42 84 , 23 800

Dr. Miriam de Soley, Sacramento 925, nahe Walt Disney, Tel. 66 22 64

Praktische Ärzte

Dr. Gloria de Brehm, Hospital Privado Frances, Brasilia, Tel. 29 52 50

Dr. Johannes Murmylo (Hausbesuche), Tel. 58 44 83

Dr. Enno Winkler, Policlinica de Amistad, Gral. Santos/11 de Diciembre, Tel. 23 445, priv. 66 32 53 (auch *Nuklearmedizin, Radiologie*)

Auskunft
(Touristische Informationen)

Dirección General de Turismo (Fremdenverkehrsamt), Palma 468, Tel. 49 12 30

Touring y Automóvil Club Paraguayao, 25 de Mayo/Brasil, Tel. 21 05 50

Autovermietung

Hertz am Flughafen, Tel. 60 57 08, Avda. Eusebio Ayala, km 4,5, Tel. 60 57 08

National Rent-a-car (Chefin spricht Deutsch), Yegros 501/Cerro Corá (nahe Hotel Guaraní), Tel. 49 13 79

Touring Cars, Iturbe 682/Luis A. Herrera, Tel. 44 79 45

Inter Locadora, San Martin/Mcal. López, Tel. 66 02 17

Banken und Wechselstuben

Beim Geldwechsel überall *maximo* (Maximum für den besten Kurs!) verlangen. Ohne Bankkonto in Paraguay wechselt man oft günstiger in den Wechselstuben. Den Umtausch bei Straßenhändlern *(cambistas)* sollte man möglichst vermeiden, da hier zuweilen mit präparierten Taschenrechnern gearbeitet wird!

Banken (teilweise nur vormittags von 8.45 - 12.15 Uhr geöffnet!):

Banco Alemán-Paraguayo- (Deutsch), Estrella/14 de Mayo, Tel. 49 01 66

Banco ABN-Amro (Frau Schick spricht Deutsch), Independencia Nacional/ Victor Haedo

Banco Continental, Estrella 621, Tel. 44 20 02, 44 69 15/8

Banco de Asunción, Palma/14 de Mayo, Tel. 49 31 91/9

Banco Sudameris (Herr Holst spricht Deutsch), Independencia Nacional/ Cerro Corá, Tel. 44 41 72

Lloyd's Bank, Palma/Juan O'Leary, Tel. 49 10 91

Citybank, Chile/Estrella, Tel. 49 49 50

ING-Bank (deutschsprachige Mitarbeiter), España/San Rafael, Tel. 60 64 23/7

Wechselstuben (geöffnet 8.45 - 12.30 Uhr und 16 - 18 Uhr):

Cambio Guaraní (Deutsch sprechende Mitarbeiter), Palma 449

Cambio Ortumar (Deutsch), Azara 960/Estados Unidos, Tel. 49 83 24

Cambio Yguazú, Palma 547

Cambio La Moneda, 25 de Mayo 127,

Internacional Cambios, Palma 364

Tupi Cambios, 14 de Mayo 340

Buchhandlungen

Librería Alemana (deutsche Bücher), Luis A. de Herrera 292, Tel. 49 11 04

Librería Internacional (Kartenmaterial), Palma 595

Bus

Busgesellschaften (Überland-Busse)

Alle Busgesellschaften haben Buchungsstellen am Bus-Terminal, wo man Fahrscheine erwerben und Platzreservierungen vornehmen kann. Von hier aus starten und enden alle Busfahrten. Fast alle Hotels besorgen für ihre Gäste die entsprechenden Fahrscheine (fragen Sie an der Rezeption). Die Busse sind klimatisiert, und es herrscht Rauchverbot an Bord. Die nachfolgend aufgeführten Fahrpreise galten 1997 ab Asunción

Linien nach Osten: Ciud. d. Este (11 US-$), Brasilien (Foz 14, São Paulo 40 US-$):

RYSA, Eligio Ayala/Antequera, Tel. 44 42 44

Pluma, Antequera/Mscl. Estigarribia, Tel. 49 50 21

Ntra. Sra. de la Asunción: Estigarribia/ Antequera, Tel. 49 22 74

Linien in den Süden: Encarnación (12 US-$) und Argentinien:

RYSA, Eligio Ayala/Antequera, Tel. 44 42 44

La Encarnacena, Argentina 2400, nahe Incas, Tel. 55 32 93

Linien nach Argentinien (Buenos Aires, 18 Std., 36 US-$; Luxus-Schlafbus 72 US-$):

Brujula, Internacional und Godoy, alle: Presidente Franco 976, Tel. 44 17 20

Linien nach Chile und Uruguay (Montevideo, 20 Std., ca.57 US-$) :

Brujula, Presidente Franco 976, Tel. 44 17 20

COIT (nur Urguguay), Eligio Ayala/ Antequera, Tel. 49 61 97

Linien nach Filadelfia, Loma Plata (Chaco, 6 Std.,10 US-$):

Menno-Travel (Deutsch), República de Colombia 1042, Tel. 44 12 10

NASA (2x tägl.), Tte. Benitez 131, Tel. 551 731

Stadtbusse

Sehr preisgünstig (weniger als 1 DM innerhalb Ásuncións). In der Straße Oliva vor dem Supercentro Asunción halten fast alle wichtigen Linien. Zum Cerro Lambaré fährt die Linie 9; Botanischer Garten, Linien 24 oder 44B; Flughafen, Linie 30A; Bus-Terminal, Direkt-Linie 8 (10, 25 31, 38 und 80 ebenfalls, aber mit vielen Umwegen!)

Cafeterias

Im Zentrum findet man viele gemütliche Straßencafés am Rande der Hauptgeschäftsstraßen Palma und Estrella. Kaffee, Eis, Frühstück und Snacks kann man hier bedenkenlos zu sich nehmen.

San Marcos, Ecke Oliva/Alberdi (landestypisch außen und unten; im Hochparterre ein gepflegter klimatisierter Raum; empfehlenswert für den kleinen Hunger: Omelette mit Schinken und Käse, *Omelet con jamón y queso,* oder auf die Schnelle: Schinken-Käse-Toast, *mixto caliente)*

Eisdiele 4-D/Palma/Alberdi

Café de la Plaza, Plaza Uruguaya

Confiteria Cambá, 25 de Mayo/Peru

Le gran Café, Oliva 476 (landestypisch und ruhig, zuweilen Life-Musik)

Clubs

Aero Club del Paraguay, Flughafen, Tel. 28 00 96

Asociación Paraguaya de Caza y Pesca (Jagd- und Angelclub), Avda. Felix Bogado (Ita Enramada), Tel. 2 65 56

Asunción Golf Club, Botanischer Garten, Tel. 29 02 51

Asunción Tennis Club, España 1369, Tel. 20 05 85

Club Centenario (traditioneller Gesellschaftsclub der Oberschicht; Mitgliedschaft sehr teuer und nur durch Empfehlung möglich!), Mcal. López 2351, Tel. 60 29 15

Club Deportivo Aleman (Deutscher Sportclub mit großem Areal. Tennis, Schwimmen, jährl. Oktoberfeste u.a. Aktivitäten), Avda. Uruguay/Tte. Ruiz, Tel. 200 200

Club Internacional de Tennis (Tennis-As Victor Pecci!), Mcal. López/Mdm. Lynch, Tel. 66 22 12

Club Hipico (Reitclub), Jardín Botánico, Tel. 29 09 21

Jockey Club, Avda. Eusebio Ayala Km 4,5, Tel. 55 33 76

Club Nacional de Regatas El Mbigua (Rudern, Segeln, Schwimmen), Banco San Miguel, Tel. 49 17 47 (29 00 22)

Rotary Club de Asunción, 25 de Mayo, nahe Mexico, Tel. 49 50 94

Yacht y Golf Club Lambaré (exclusiver u. modernster Club in Paraguay), Tel. 20 72 16

Eisenbahn

Ferrocarril Presidente Carlos Antonio López, Plaza Uruguaya, Tel. 44 17 03

Erste Hilfe/Notrufe

Erste Hilfe:	Tel. 20 30 94
Ambulanz:	Tel. 20 48 00, 20 48 80, 20 48 87
Rotes Kreuz:	Tel. 20 49 00
Polizei:	Tel. 44 31 59
Feuerwehr:	Tel. 49 87 77

Fluggesellschaften (Auswahl, international und Inlandflüge*)

Aérolineas Argentinas, Independencia Nacional 365, Tel. 49 10 11

Air France, Gral. Diaz 335, Tel. 49 18 53

American Airlines, Independencia Nacional 557, Tel. 44 33 31

Arpa Paraguayas, 15 de Agosto 520, Tel. 44 40 64

British Airways, Azara 188/92, Tel. 49 00 20

KLM, Chile 668, Tel. 49 21 37

Iberia, 25 de Mayo 161, Tel. 49 33 51

TAM, Perú 456, Tel. 49 10 39

*Ladesa (3x tägl. nach Ciudad del Este), Flughafen Asunción, Tel. 220 12 (Ap. 148)

Lloyd Aéro Boliviano, 14 de Mayo 563, Tel. 44 15 86

*Loewen-Cessna (3 x pro Woche nach Volendam), Azara 655, Tel. 44 97 55

Lufthansa, Edificio Citibank, Estrella 345, Tel. 44 79 62

Swissair, Gral. Bernadino Caballero 640, Tel. 21 11 22

VARIG, Gral. Diaz/14 de Mayo 581, Tel. 44 87 77

Flughafen

Aeropuerto Silvio Pettirossi, ca. 17 km von Zentrum entfernt. Taxipreise (vorher aushandeln!) ca. 15 – 20 US-$. Beim Abflug wird eine Flughafengebühr in Höhe von 18 US-$ erhoben (auch in der Landeswährung bezahlbar); Gepäckträger bei An- und Abflug, Trinkgeld bei Normalgepäck ca. 3 000 Gs. oder 2 US-$

Foto-Reparatur-Service (deutsch)

Ernesto Tischler, Oliva, Supercentro-Asunción, Lokal 223, 1. Etage, Tel. 44 38 47

Friedhöfe (sehenswerte)

Die letzten Ruhestätten ähneln in Paraguay oft kleinen Häusern oder prunkvollen, verkleinerten Tempelnachbauten, in welchen die teilweise offenen Särge aufgebahrt sind. Eindrucksvolle Grabmale und kunstvolle Arbeiten machen einen Besuch lohnenswert.

Cementerio Internacional, Mcal. López/Choferes del Chaco (Stadtmitte)

Cementerio del Sur, Yegros/José Falcon (Südfriedhof)

Cementerio del Este, Madame Lynch/Eusebio Lillo (Calle ultima, Ostfriedhof)

Friseur (deutsch)

Salon Tita Dellsperger, Damen u. Herren, Haute Coiffure, Austria 1707/Viena (gegenüber Restaurant Austria), Tel. 60 64 39

Hotels und Pensionen (Auswahl)

Deutschsprachige oder deutsch geführte

Hotel Westfalenhaus * * * *, 1. Benitez/Trinidad, Tel. 29 23 74, Fax 29 12 41; E-Mail: Westfalenhaus@pla.net.py. (empfehlenswert u. komfortabel; ruhige, zentrale Lage im Osten Asuncións für Familien und Geschäftsreisende; 30 gemütliche Zimmer und Appartements mit Bad,

Stadtplan von Asunción (Ost)

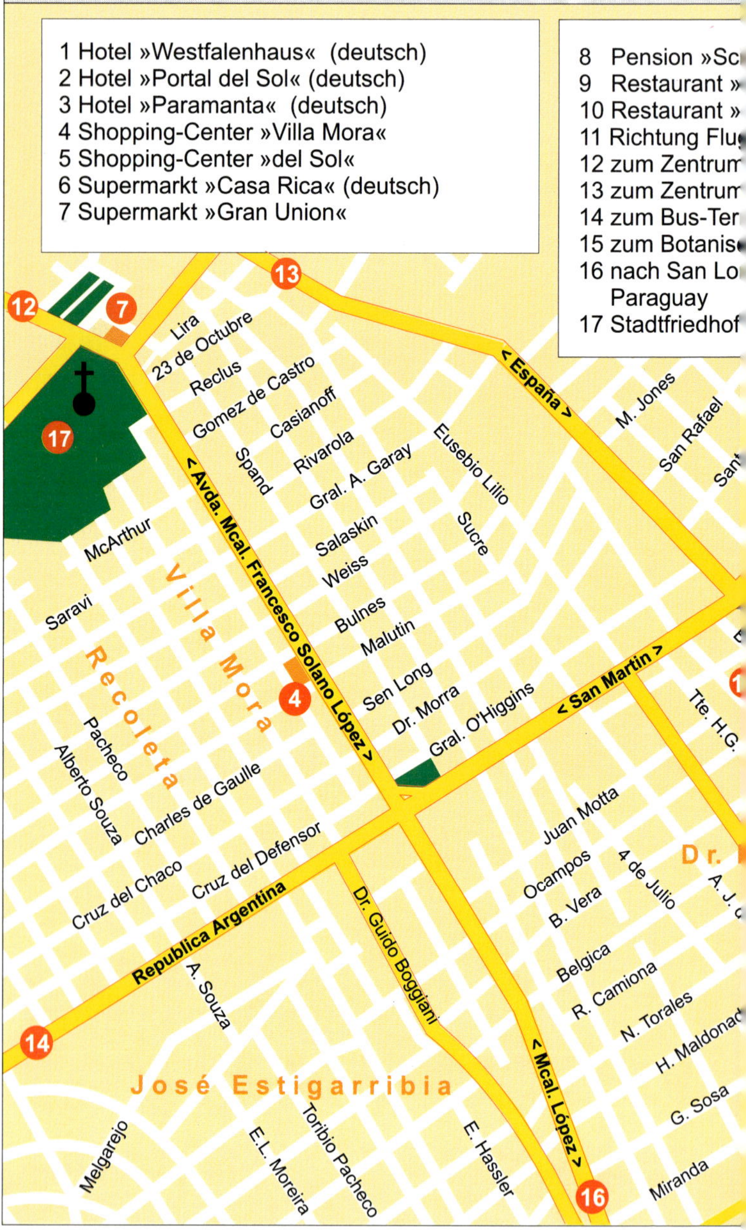

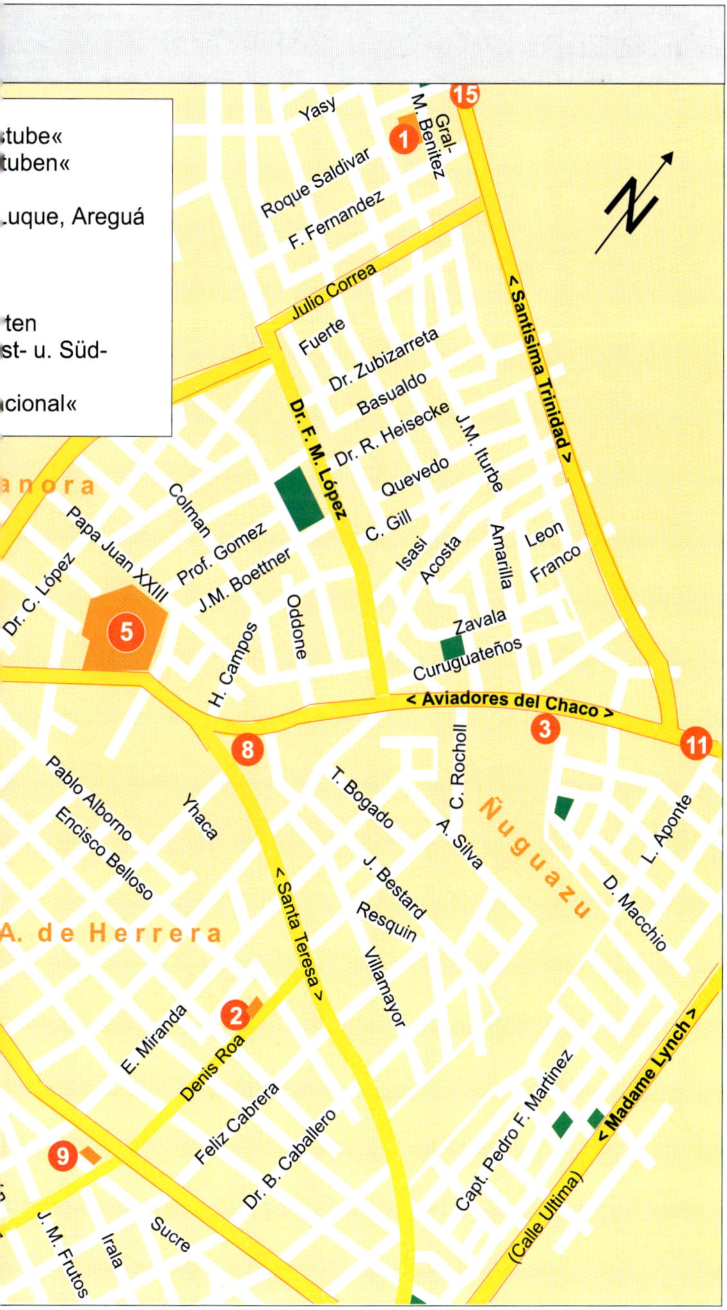

:tube«
:tuben«
.uque, Areguá
ten
st- u. Süd-
cional«
Yasy
Gral- M. Benitez
15
1
Roque Saldivar
F. Fernandez
Julio Correa
Fuerte
Dr. Zubizarreta
Basualdo
Dr. R. Heisecke
< Santisima Trinidad >
J.M. Iturbe
Dr. F. M. López
Quevedo
C. Gill
Isasi
Acosta
Amarilla
Leon
Franco
anora
Colman
Papa Juan XXIII
Prof. Gomez
J.M. Boettner
Dr. C. López
5
H. Campos
Oddone
Zavala
Curuguateños
< Aviadores del Chaco >
3
11
8
C. Rocholl
Pablo Alborno
Encisco Belloso
Yhaca
T. Bogado
A. Silva
Ñuguazu
L. Aponte
J. Bestard
Resquin
D. Macchio
< Santa Teresa >
A. de Herrera
Villamayor
2
E. Miranda
Denis Roa
< Madame Lynch >
Capt. Pedro F. Martinez
Feliz Cabrera
Dr. B. Caballero
9
(Calle Ultima)
J. M. Frutos
Irala
Sucre

Kabel-TV, Telefon-Direktwahl, Klimaanlage, Minibar gratis; Garten, Pool, Konferenzräume, Flughafentransfer, Kurzreisen u.v.a.) s. Karte ①

Portal del Sol * * * *, Denis Roa 1455, nahe Sta. Teresa, Tel. 60 78 80, Fax 66 29 10 (empfehlenswert; 1997 fertiggestellt, ruhige zentrale Lage im Osten, nahe Shopping del Sol, 20 klimatisierte Zimmer mit Bad, TV, Telefon, großer Garten mit 2 Pools, 7 Garagen, Restaurant u.a. ②

Paramanta Hotel * * * *, Aviadores del Chaco 3198, Tel. 60 70 53 (empfehlenswert; verkehrsgünstig im Osten, an der Straße Flughafen-Zentrum, schöne klimatisierte Zimmer mit Bad, Telefon, TV, sehr schöner Garten mit Pool, Frühstücks-Terrasse ③

Chaco-Hotel * * * * , Caballero 285 (nahe Plaza Uruguay), Tel. 49 20 66 (empfehlenswert; zentrale Stadtlage mit 70 gemütlichen Zimmern oder Suiten mit Bad, Minibar, Klimaanlage, Musik, Tel., Kabel-TV. Gesellschafts- u. Konferenzräume, hervorragendes Restaurant, gemütl. Bar, Büro-Service; Pool auf der Dachterrasse)

Gran Hotel del Paraguay, De la Residenta 152, Tel. 20 00 51 (gute Lage und wunderschöner Park, Kolonialstil, ehemalige López-Residenz; 70 Zimmer mit Bad, Telefon und Klimaanlage; leider viele *cucarachas,* Kakerlaken, in dem ehrwürdigen Gemäuer und etwas teuer; Restaurant, Bar, Pool)

Hotel Cecilia, Estados Unidos 341, Tel. 21 00 33 (zentrale Stadtlage mit 50 luxuriös ausgestatteten Zimmern und Suiten mit Bad, Klimaanlage, Kabel-TV, Minibar; Pool auf der Dachterrasse, Aufenthaltsräume, Fitness-Raum, Restaurant)

Garni-Hotel Badenia, Fernando de la Mora, Mcal. Estigarribia, Km 8,5, Tel. 50 50 18 (etwas abgelegen mit angrenzendem Restaurant und etwas schmucklosem Aufenthaltsraum; alle Zimmer mit schönem Bad, Klimaanlage, Minibar und Telefon)

Pension Schwabenstube, Aviadores del Chaco 2408, Tel./Fax 60 40 36 (empfehlenswert als preiswerte Unterkunft; nahe des Shopping-Center del Sol, kleine, aber saubere Pension mit schönem Aufenthaltsraum, Bar, Garten und Pool; 4 einfache Doppelzimmer mit Bad und Klimaanlage ⑧

Pension Leitner, Calle Nazareth 888, Tel./Fax 55 25 10 (gemütliche, sehr saubere und preiswerte Pension mit Garten, Pool und individ. Wunschfrühstück; alle 4 Zimmer mit großem modernen Bad und Klimaanlage; etwas abseits, nahe Bus-Terminal u. Ayala)

Hotel Bavaria, Choferes del Chaco 1040, Tel. 60 09 66 (zentrale, aber ruhige Lage mit großem Garten und Pool, 25 gut ausgestattete Zimmer mit Bad und Klimaanlage, Mängel: kein guter Service, oft unbesetztes Telefon und leere Rezeption)

Hotel Schweizer Hof, Escobar 3308/F. Martinéz, Tel. 66 33 06 (etwas außerhalb gelegen, 5 Zimmer mit Bad und Klimaanlage, Pensions-Charakter mit Garten und kleinem Pool)

Hotel Amalfi, Caballero 877, Tel. 44 11 62 (für den gebotenen Komfort zu teuer)

Hotel Berlin, Cerro Corá, c/E.E.U.U. (Estados Unidos) Tel. 44 87 31

Hotel Boggiani, Argentina/Boggiani, Tel. 60 79 14 (neu, an turbulenter Straßenecke)

Pension Palmenland, Ana Diaz 1414/Paí Pérez, Tel. 20 19 76

Nicht deutschsprachige, gehobene Preisklasse

Hotel Yacht y Golf Club * * * * *, Lambaré, Tel. 361 17 – 35 (Top-Hotel in exklusiver Clubanlage, 122 Zimmer und 14 Suiten mit Bad, Klimaanlage, Minibar, Kabel-TV; mehrere Restaurants und Bars, Friseur, Nightclub, Golf, Tennis, Reiten, Fitness-Center, Motorboote, Wasserski)

Hotel Guaraní * * * * *, Plaza de los Héroes, Tel. 49 11 31 (Spitzenlage direkt im Herzen des Zentrums, 171 Doppel- und Einzelzimmer und 27 Appartements mit Bad, Klimaanlage, Telefon und Kabel-TV; Restaurant, Snackbar, Night-club, Sauna, Pool, Konferenz- und Gesellschaftsräume. Zimmer leider nicht immer sehr sauber!)

Hotel Excelsior * * * * *, Chile 980, Tel. 49 56 32 (gute Zentrumslage, bestes Stadthotel mit 4 Restaurants, eigenem Shopping-Center, Pool, Friseur, Sauna;

alle 175 Zimmer und Suiten mit Bad, Klimaanlage, Kabel-TV und Minibar)

Hotel Casino Itá Enramada * * * * *, Lambaré, Tel. 33 041 (am Rio Paraguay gelegen, 8 km vom Zentrum entfernt; herrliche Aussicht, Top-Restaurant, Spielkasino, Pools, Bar, Tennis, 148 schöne Zimmer und Suiten mit Bad, Klimaanlage, TV, Telefon, halbherzig geführt)

Hotel Internacional * * * *, Ayolas 520, Tel. 96 587 (zentrale Lage, Restaurant, Bar, Pool, 80 Zimmer und Suiten mit Bad, Klimaanlage, Kabel-TV, Telefon u. Minibar)

Hotel Continental * * * *, 15 de Agosto/Estrella, Tel. 49 37 60 (mitten im Zentrum gelegen mit Pool, exzellentem Restaurant, Bars und Cafeteria; alle schön eingerichteten Zimmer mit Bad, Klimaanlage, TV und Telefon)

Untere Preisklasse (ab 10 US-$)

Ambassador, Montevideo 111, Tel. 44 59 01

Stella de Italia, Cerro Corá 933, Tel. 44 87 31

Kosmetik und Massage (deutsch)

COSMEA-Ganzheitskosmetik, H. Scheidt; San Blás 72, Tel. 51 16 52 (San Lorenzo)

Josefina de Sosa (Reflextherapie, Massage), Tel. 21 11 19

Museen und Bibliotheken

Museo Etnográfico Dr. Andres Barbero

Avda. España 395/Avda. Mompox: die umfangreichste Sammlung Südamerikas an Guaraní-indianischen Gegenständen (Waffen, Musikinstrumente, Tonarbeiten, Schnitzereien usw.) sowie eine ausgezeichnete Bibliothek. Öffnungszeiten werktags von 8 – 11 Uhr

Museo de Historia Natural (Naturkunde-Museum)

Im Botanischen Garten, Artigas: sehenswert schon auf Grund seiner kuriosen Ausstellungsart (z.B. auf dem Tisch festgeklebte Einmachgläser mit mißgestalteten Tierfötussen, doppelköpfigen Embryos u.ä.); ausgestopfte und einbalsamierte Tiere, Mumien, alle paraguayischen Holzarten, Heilkräuter und Medizinalpflanzen. Öffnungszeiten werktags 7.30 – 11.30 Uhr und 13.45 – 17.45 Uhr; samstags und sonntags 7 – 11 Uhr

Biblioteca Nacional (Nationalbibliothek)

Avda. de la Residencia /Padre Pucheu: umfangreiche Sammlung antiquarischer Raritäten – Bücher, Zeitungen und Zeitschriften ab der Kolonialzeit. Öffnungszeiten 7.30 – 11 Uhr und 15 – 18 Uhr

Nachtclubs/Bars

Chaco Pub, Argentina 1035 (Tanz; teuer!)

Musak, Bertoni/José Ocampos

Caracol Club, Gral. Santos/Porvenir (Disko auf 2 Ebenen)

Cafecitos, Colón 320 (Livemusik u. Tanz, junges Publikum)

Playboys, 14 de Mayo/Oliva

Carusel, Independencia Nacional/Victor Haedo

La Salsa, Latino-Musik-Disco, Papa Juan XXIII/Oddone

Gute Diskotheken im Yacht y Golf Club, Hotel Itá Enramada, Hotel Excelsior und Hotel Guaraní

Typisch britische Pub-Atmosphäre bietet Pub Britania, Cerro Corá/Tacuary

Notare (deutschsprachige, korrekt und empfehlenswert)

Notare u. Rechtsanwälte Rafael u. Luis Casabianca, Bernardo Caballero 171, Tel. 20 25 04, 21 43 66

Notariat Lorenzo Livieres, Eligio Ayala 129, Tel. 44 12 67

Postamt (Hauptpost)

Correo Central, Alberdi/Benjamin Constant, geöffnet werktags 7.30 – 18.30 Uhr

Privatunterricht (Spanisch–Deutsch)

Reinhard E. Kiep (Unterricht f. Kinder u. Erwachsene), Avda. Boggiani 6747, Tel./Fax 50 48 05

Reisebüros (deutschsprachige)

Abflüge ab Paraguay, Exkursionen, Stadtbesichtigungen, Hotelbuchungen, Busreisen, Erlebnisreisen, Kurztrips u.a. bieten an: Interconti S.R.L., Gral. Diaz 521 (1. Etage), Tel. 44 72 52, Fax: 44 61 46

AMI-Turismo, Gral. Diaz 525-529 (gegenüber Centro Asunción), Tel. 44 24 55

Menno-Travel (Mennoniten-Reisebüro), Tel. 49 35 04

American Tours, Alberdi/Oliva, Tel. 49 06 72

Paula Tours, Cerro Corá 795/Tacuari, Tel. 44 60 21, 44 86 00

Restaurants

Deutsch

Austria (gute Hausbrauerei, Essen mittelprächtig, Ambiente sehr gut), Av. Austria 1783, Tel. 60 46 62, s. Karte ⑩

Bayernstuben (sehr gut, riesige Portionen), Sucre 2689/Denis Roa, Tel. 60 42 02 ⑨

Hesseneck (intern. u. Hausmacher-Küche in exotischem Garten), Diaz de Leon 2793, Tel. 60 71 98

La Preferida (Hauch der 50er Jahre, gut), 25 de Mayo/Estados Unidos, Tel. 21 06 41

Munich (preiswerte deutsche Küche), Eligio Ayala 163, Tel. 44 76 04

Stadtteil Lambaré

Stenger's Restaurant (Büfett u. internationale Top-Küche, urgemütliches Ambiente), Avda. Perón/Felix Bogado, Tel. 33 47 71

El Tomate (1995/96 lieblos bis sehr bescheiden), gegenüber Stenger's Restaurant

Westfalia (je nach Pächter u. Koch Höhen u. Tiefen), gegenüber Stenger's Restaurant

Bierpalast (gehört zum Westfalia – Küche und Ambiente nicht zu empfehlen)

International

Talleyrand I (gute französische Küche), Mcal. Estigarribia 932, Tel. 44 11 63

Talleyrand II, Shopping del Sol (1. Etage), Aviadores del Chaco

La Pergola (internationale Küche), Perú (zwischen Mcal. López und España), Tel. 21 02 19

Bistro (gute internationale Spezialitäten, deutsche Leitung), Zentrum, 15 de Agosto/Estrella

Buon Apetito (italienische Küche), 25 de Mayo/Constitución, Tel. 20 53 35

Churrasqueria La Paraguayita (brasilianisches Büfett), Brasilia/Republica de Siria

Churrasqueria El Cencerro (empfehlenswertes brasilianisches Büfett), Avda. Kubitschek

Taberna El Antojo (spanische Spezialitäten, originelles Ambiente, teuer), Ayolas 631

Darüber hinaus findet man überall die US-Giganten Pizza Hut, Mister Pizza, McDonald's, Burger King usw.

Show-Restaurants (Folklore-Programme etwa ab 22 Uhr)

El Jardin de la Cerveza, Argentina/Castillo, Tel. 607 52

Yguazú, Choferes del Chaco 1334, Tel. 60 10 08

La Curva, Próceres de Mayo 212 (Pettirossi-Viertel, ursprünglich und gut; dienstags besonders zu empfehlen)

Übersetzer/Dolmetscher

Reinhard H. Kiep, Avda. Boggiani 6747, Tel./Fax 50 48 05

Frank Samson, Ayolas 451/Estrella, 9. Etage Nr. 95, Tel./Fax 44 95 89

Olaf v. Brandenstein, Mexico 430/25 de Mayo, Tel./Fax 44 50 77

Alfred Clebsch, S. Bolivar 980, Tel. 44 43 28 (sehr preiswert!)

Videoclub/Computer

Videoclub Aleman, Ruta General Aquino (alte Straße nach Luque (deutsche Filme, leider fast nur ältere Raubkopien)

Computer-Doktor Joe, Tel. 67 04 86, 09 81/46 44 48

Ausflüge in die nähere Umgebung Asuncións

Die Landeshauptstadt liegt im Westen Ost-Paraguays eingebettet in einer immergrünen und abwechslungsreichen Landschaft, die von weiten Palmenhainen, sanften Hügeln, Tälern und Tafelbergen geprägt wird. Nur einen Katzensprung von Asunción entfernt, liegt, von Bergen umgeben, der 46 km^2 große Ypacaraí-See. Und nahe der Stadt findet man auch malerische Kolonialorte, eine atemberaubend schöne Landschaft, historisch bedeutsame Bauwerke und eine rege künstlerische und kunsthandwerkliche Betätigung unter der Bevölkerung.

Ausflüge in die Umgebung der Hauptstadt sind daher für Wissenshungrige ebenso interessant wie für Kunstliebhaber und diejenigen, die einfach nur die unzähligen schönen Eindrücke der immergrünen und intakten Landesnatur genießen möchten.

Rundfahrt Circuito central oder »Goldenes Dreieck« (Karte S. 193)

In stark verkürzter Form kann man diesen Ausflug auch bei den meisten Asuncióner Reiseveranstaltern als Halbtagesfahrt buchen. Empfehlenswert und wesentlich streßärmer ist eine Fahrt mit dem Mietwagen oder mit einem Taxi (Dauer: von morgens bis zum späten Nachmittag; Fahrstrecke: ca. 250 km; Preis vorher aushandeln!). Hier kann man die Aufenthalte und Pausen je nach Bedarf ausdehnen oder kürzen und sich auf jene Punkte konzentrieren, die einem selbst als sehenswert erscheinen.

Wir starten in Asunción und verlassen die Stadt in Richtung Flughafen-Autobahn, um ca. 4 km vor dem Aeropuerto Pettirossi rechts nach **Luque** (gegründet 1636) abzubiegen. Es ist die einzige rechte Abfahrt kurz hinter dem mehrstöckigen neuen Verwaltungsgebäude des Südamerikanischen Fußballverbandes, CSF.

Nach der Abfahrt überquert man nach ca. 1 km die Bahngleise und hält sich an der ersten großen Ampelkreuzung links bis nach Luque hinein. Etwa einen Kilometer hinter der nächsten Ampel befindet man sich bereits mitten in Luque, das durch seine per Handarbeit gefertigten Harfen, Gitarren und seinen recht preisgünstigen Silber- und Goldschmuck bekannt wurde (Goldpreise und Arbeitslöhne entschieden niedriger als in Europa!). Hier findet man auf der linken Straßenseite einige winzige Läden: *Oro y Plata* (Gold und Silber) oder *Joyerias* (Juweliere), in welchen die Goldschmiede ihren selbstkreierten Schmuck anbieten.

Die breite Einbahnstraße stößt schließlich auf eine große Kreuzung, wo wir nach rechts abbiegen und nach einer Fahrt unter den Kronen junger Flammenbäume erneut eine Ampelkreuzung erreichen, an der wir nach links in Richtung Areguá–Ypacaraí abbiegen. (Fährt man vor dieser Kreuzung nach rechts, erreicht man nach kurzer Fahrt das Marktviertel von Luque – eine Miniaturausgabe des Pet-

Felsen in der Nähe von Asunción

Ausflüge in die Umgebung von Asunción

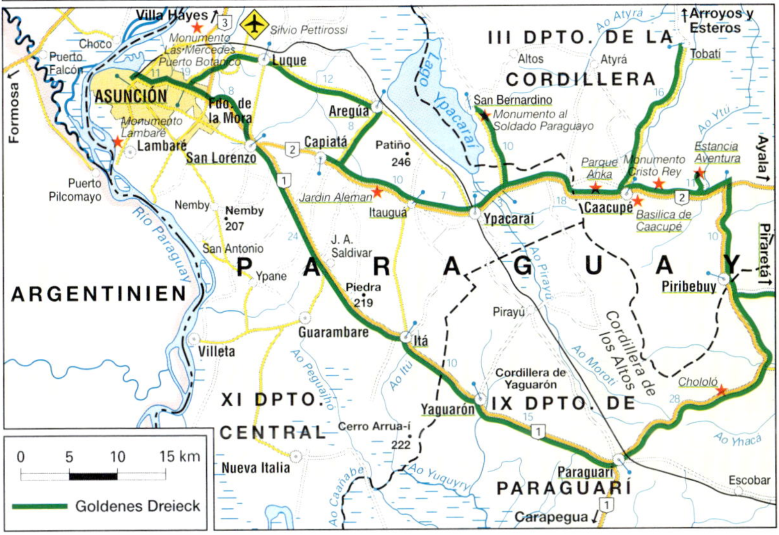

tirossi-Marktes in Asunción, nur etwas ländlicher. Ein Abstecher ist durchaus lohnenswert!)

Auch zwei Museen bietet Luque: Im **Museo General Elizardo Aquino** sind Trophäen des Triple-Allianz-Krieges, Fotos, Karten und andere historische Objekte zu besichtigen, im **Museo Monseñor Palacio** (in der Gemeindepfarrei) eine große Sammlung historischer Objekte. Sehenswert sind die beiden Zimmer aus der Epoche des Dr. Francia, wo später, während des Triple-Allianz-Krieges, als Luque vorübergehend Hauptstadt der Republik wurde (1868), die einzige Regierungsdruckerei arbeitete und die Soldatenzeitung »Cacique Lambaré« druckte.

Hinter Luque passiert man (zur Rechten) die weißgetünchte Anlage einer Militärkaserne, dann folgt eine schöne, abwechslungsreiche Landschaft mit Palmenhainen, kleinen Gärten, Einzelhäusern und Siedlungen bis zum am Ypacaraí-See gelegenen Töpfer- und Künstlerörtchen **Areguá**. Dort schockieren den Besucher zunächst die grellbemalten Kitschfiguren, scheußlichen Schwäne und babygroße, mit Autolack bepinselte Tonfußballspieler, welche vor den Läden am Straßenrand stehen und sich bei brasilianischen und argentinischen Reisenden größter Beliebtheit erfreuen.

Doch nach zwei fast rechtwinkligen Kurven am Dorfeingang empfiehlt sich nach etwa 200 m eine Pause vor der Töpferei »von Schmeling« (rechte Straßenseite), wo man die hübschesten Tonarbeiten in den Ausstellungsräumen findet, die hinter dem ersten Verkaufsraum liegen (einfach hinter der Theke durch den offenen Durchgang gehen!).

Schräg gegenüber in drei farbig angepinselten aneinanderhängenden Häusern findet man neben schönen Töpferarbeiten auch Holzschnitzereien und andere sehr preiswerte und dekorative Mitbringsel, wobei der große Laden ganz rechts (»Liliana Boccia«) auch eine immense Auswahl an kunstgewerblichen Arbeiten aus allen Landesregionen (Maká-Arbeiten, Schnitzereien der Lenguá- und Chulupí-Indios u.v.m.) sowie Gemälde einheimischer Künstler anbietet. Auftragsarbeiten in Ton und Keramik führt nach Vorlagen die sehr nette, deutschsprechende Ungarin Greta Stampf aus. Im linken der drei erwähnten Läden zeigt man Ihnen gerne, wie und wo man Greta findet.

Areguá, vor einigen hundert Jahren das Jagdrevier der Carapeguá- und Ariguá-Indios, erlebte in den 60er Jahren des vergangenen Jahrhunderts seine Blütezeit, als unter der Regierung von Carlos Antonio López das erste Teilstück der neuen Eisenbahnlinie hier am Ufer des Ypacaraí-Sees endete.

Die reiche Oberschicht aus der Hauptstadt baute sich damals in Seenähe große »Quintas« (Sommerresidenzen), von denen auch heute noch

In Areguá stößt der Besucher auch heute noch auf Schritt und Tritt auf die Zeugen der kolonialen Blütezeit

viele erhalten sind und die den Mittelpunkt der einst prachtvollen Gärten bildeten. Die berühmte englische Geliebte des Präsidenten Francisco Solano, Madame Elisa Lynch (S. 55), feierte hier rauschende Feste und Bälle.

Jahrzehnte später – etwa ab 1880 – folgte die Ära der ersten deutschen Siedler, die neben den Kolonien Altos und San Bernardino das durch seine Eisenbahn günstig gelegene Areguá zu ihrer neuen Heimat erkoren. Die Familien Ulrich, Behr, Rappold, Imsen, Wagner, Mahlwitz, von Schmeling, Kiese, Müller und Opitz siedelten sich hier an. Sie begannen, hervorragende Dachpfannen und Ziegel zu produzieren, und trieben regen Handel mit Töpfereiprodukten, Tabak- und Fleischwaren. Areguá machte wieder von sich reden und durchlebte seine zweite Blütezeit.

Auch heute begegnen einem die Namen der deutschen Siedler auf Schritt und Tritt in dem kleinen Ort. Die meisten Deutschstämmigen gehören inzwischen zur dritten, vierten oder gar fünften Generation, und nur noch die Alten unter ihnen sprechen oder verstehen Deutsch.

Areguá, wo die neue Gemeindeverwaltung bemüht ist, mittels eines 1998 verabschiedeten Gesetzes, das den Ort zum National-Denkmal erklärt, den kolonialen Stil zu bewahren, ist inzwischen auch zur Heimat vieler nationaler und ausländischer Künstler geworden. So enstehen heute hinter den Fassaden von grellbunten Töpferarbeiten und Kitsch auch exzellente Kunstwerke von Malern, Bildhauern und Lyrikern, die weit über die Landesgrenzen Paraguays bekannt geworden sind.

Besonders an den Wochenenden und an lauen Sommerabenden erwacht diese kleine Provinz-Hauptstadt (Areguá ist Gouverneurssitz) aus seinem Dornröschenschlaf, wenn die Künstler und Dorfbewohner den Tag auf den kopfsteingepflasterten Straßen, vor der malerisch auf einem Hügel mit traumhaftem Seeblick gelegenen Kirche oder am öffentlichen Strand mit Parkanlage (am nördlichen Ende der Allee) den Tag ausklingen lassen.

Von Areguá aus kann man einen Abstecher am See entlang in das 6 km entfernte **Patiño** (Polo-, Yacht- und Golf-Club) und in die weitere 2 km dahinter liegende deutsche Urbanisation **Pueblo del Sol**, mit gemütlichem Restaurant, unternehmen.

Wir setzten die Fahrt durch das »Goldene Dreieck« über die gepflasterte, durch eine Baumreihe geteilte, ansteigende Straße in Richtung Capiatá fort, wobei wir zur Rechten die Kirche von Areguá passieren und dann nach einer kleinen Rechtskurve die asphaltierte Verbindungsstraße erreichen, die nach etwa 8 km auf die Autobahn Asunción–Ciudad del Este stößt. Nach dem Überqueren der ersten Spur biegt man – wenn man an einer Besichtigung der Kirche Virgen de la Candelaria (Maria Lichtmeß) in Capiatá nicht interessiert ist – nach links ab und fährt in Richtung Itauguá über die Autobahn weiter.

Sonst lohnt sich ein Abstecher nach rechts zum etwa 3 km entfernten **Capiatá** (gegründet 1640), dem einstigen Zentrum der Franziskaner-Mönche, nach deren Plänen gegen Ende des 17. Jahrhunderts die von außen recht schmucklos wirkende Kirche entstand. Hier kann man auch das höchst originelle Museum **Ramon Elias** besuchen, in dem eine Vielzahl an merkwürdigen Figuren, Waffen, Schnitzereien und Kultgegenständen aus der Guaraní-Mythologie ausgestellt sind.

Die Franziskanerkirche **Virgen de la Candelaria** findet man etwa in der Dorfmitte an einer rechten Parallelstraße zur Autobahn. Sehenswert sind die antiken Glocken im Glockenturm und im Inneren der Kirche die kunst-

Seltsame Steinformationen im Cerro Chororí bei Areguá

Fassade einer Kapelle in Capiatá

Barocke Kunst in der franziskanischen Kirche von Capiatá

voll geschnitzten Altäre und die Kanzel. Das prächtige Sanktuarium und der Hauptaltaraufsatz spiegeln die Einmaligkeit und meisterliche Schnitzkunst der alten paraguayischen Künstler wider.

Nach diesem Abstecher geht es zurück auf die Autobahn, und man fährt in die Richtung, aus der man zuvor kam, um dort, wo man zuvor nach Capiatá abbog, weiter geradeaus in Richtung Itauguá, Ypacaraí und San Bernardino zu fahren.

Von dieser Kreuzung aus erreicht man nach etwa 4 km inmitten einer langgedehnten Senke auf der linken Straßenseite den **Jardín Aleman** mit dem »Wirtshaus zum Spessart«, ein in Paraguay sehr beliebtes deutsches Ausflugsrestaurant mit einem kleinen, blitzsauberen (sehr preiswerten) Hotel. Besonders sonntags mittags (riesiges internationales Büfett) ist es hier brechend voll. Empfehlenswert: das Samstagabend-Büfett. Es ist ebenso üppig und gut, jedoch ist das Restaurant dann nicht so überlaufen wie an den Sonntagen.

Einige Kilometer hinter dem Restaurant erreicht man den Ort **Itau-**

guá (gegründet 1728), der für seine zeitaufwendigen Ñandutí-Stickereien und Hängematten bekannt geworden ist. Am besten legt man dort eine Einkaufspause ein, wo mehrere hintereinanderliegende Läden ihre Produkte zur Straße hin präsentieren. Die Preise und Angebote unterscheiden sich von Ladengruppe zu Ladengruppe kaum. Von allen angebotenen Waren zählen bei deutschen Kunden besonders die fein verarbeiteten Spitzentischdecken zu den absoluten Verkaufsschlagern.

Das Museum **San Rafael** ist im Hause des Gemeindepfarrers zu besichtigen. 1968 eröffnet, zeigt es erlesene Stücke religiöser Kunst.

Einige Kilometer nach Itauguá erreicht man **Ypacaraí,** wo am Ende des Ortes bei einer Mautstelle eine Autobahngebühr in Höhe von 2000 Gs. (Rückfahrt ist im Preis enthalten) bezahlt werden muß. Nach kurzer Fahrt biegt man links zum Ferienort San Bernardino ab. Vorsicht! Die Abfahrt führt nach einer Biegung über die Gegenspur der Autobahn!

Ferienstimmung am Ypacaraí-See

Der Ypacaraí-See in San Bernardino

San Bernardino wurde 1881 von deutschen Einwanderern – unter ihnen die Schwester Friedrich Nietzsches (S. 135) – gegründet und ist heute Paraguays meistbesuchte Sommerfrische. Der Ort wurde nach Präsident Bernardino Caballero, dem Helden des Triple-Allianz-Krieges und Gründer der noch heute regierenden Colorado-Partei, benannt.

Der recht trübe und warme See, an dessen Ufern viele wohlhabende Familien Wochenendhäuser besitzen, lädt zwar nicht unbedingt zum Schwimmen ein, aber Wasserski, Segeln, Rudern und Bootsfahrten können durchaus ein Vergnügen sein. Nahe des Ufers existiert eine kurze schattige Strandpromenade mit kleinen Verkaufs-, Imbiß- und Getränkebuden. Direkt am Wasser wurden zwei riedgedeckte Restaurants gebaut. Hier kann man auch Tretboote mieten oder mit einem Motorboot eine halb- oder ganzstündige Fahrt entlang des Ufers unternehmen.

Hotels

Hotel Acuario, im Country Club San Bernardino, Tel. 0512/2375 (direkt am Ufer des Sees gelegen mit Restaurant, Pool, eigenem Strand, Tennisplätzen, Wassersport; etwas einsam, aber guter Standard, alle Zimmer mit Bad und Klimaanlage)

Tagungs-Hotel Pueblo, ca. 2 km vor dem Dorfzentrum, 100 m rechts neben der Hauptstraße gelegen, Tel. 0512/2195 (1995 fertiggestellt, schöner Garten mit schattigen Parkplätzen, Tennis, gutes Restaurant, Konferenzräume, Pool und 15 hervorragend ausgestattete klimatisierte Zimmer)

Los Alpes, ca. 2 km vor dem Dorfzentrum, direkt rechts an der Straße gelegen (1992 fertiggestellt, Restaurant, 10 gemütliche Zimmer, deutschstämmige Besitzer)

Hotel del Lago, nahe der Uferpromenade, Tel. 0512/2201 (ältestes Hotel am Platze, 1994 renoviert, einfaches, aber freundliches Hotel im Kolonialstil, deutscher Besitzer)

Restaurant-Empfehlung

Selva Negra (Schwarzwald-Haus), am Ortseingang, Tel. 05 12/24 94

Wir fahren nun zurück zur Autobahn und von dort weiter in Richtung Osten zum Wallfahrtsort **Caacupé** (gegründet 1770), dem religiösen Zentrum der Paraguayer. Am Ortsbeginn erstreckt sich zur Linken der **Parque Anka,** eine sehr schöne und bestens gepflegte Freizeitanlage mit Tennisplätzen, Schwimmbädern, Restaurant und herrlichen Spazier- und Wanderwegen (deutsche Leitung, 1997/98 leider geschlossen).

Von hier aus ist der Weg zur im Zentrum liegenden **Basilika San Francisco** gut ausgeschildert. Alljährlich versammeln sich hier am 8. Dezember Hunderttausende von Christen, um in einer Lichterprozession der wundertätigen Jungfrau Maria zu huldigen (s. S. 129).

Die im Mai 1988 von Papst Johannes Paul II. geweihte Basilika, welche im neoromanischen Stil über dem Heiligtum errichtet wurde, ist das größte Gotteshaus Paraguays. In den Straßen um den Kirchenplatz haben sich einige Dutzend kleine Andenkenläden angesiedelt, welche in Massen verkitschte Madonnen, Rosenkränze und andere sehr farbenfrohe Souvenirs anbieten.

Als Restaurant ist das Italia (neu und sauber) zu empfehlen oder die kleinen einheimischen Lokale um den Kirchenplatz herum. Bescheidene Unterkünfte bieten in Caacupé die Hotels Bariloche, Gran Victoria und Uruguayo. Dem Hospedaje Uraguayo (8 Zimmer) ist ein sehr empfehlenswertes typisch paraguayisches Restaurant angeschlossen (ca. 200 m hinter der Basilika auf der linken Seite). Die sympathische Wirtin, Ana Maria Rivarola Matto, ist eine exzellente Kennerin der urtypischen Guaraní-Küche und deren Geschichte und machte sich als Autorin des unterhaltsamen Kochbuches »Tetãguá Rembi'u« in Paraguay einen Namen.

Fährt man, die Rückseite der Basilika zur Rechten, weiter durch Caacupé,

Die große Basilika von Caacupé

erreicht man nach etwa 100 Metern die Gegenspur der Autostraße, die man überquert, um nach etwa einem Kilometer (Straße leicht ansteigend) nach rechts in Richtung Tobatí abzubiegen (alles unbeschildert).

Zunächst führt die Straße durch eine schöne grüne Landschaft, dann erheben sich zur Linken wie aus dem Nichts plötzlich malerische rote Sandsteinberge. In der wild-romantischen Landschaft tauchen etwa ein Dutzend Ziegeleien mit alten gemauerten Brennöfen am Fuß der Berge auf, dann erreicht man – etwa 13 km hinter Caacupé – den Töpferort **Tobatí** mit seiner sehenswerten Franziskanerkirche aus dem 16. Jh.

Hier findet man in den kleinen Läden links und rechts an der Hauptstraße wunderschöne Töpfer- und Keramikarbeiten (dickbäuchige Tiere, klobig-schöne Indio-Skulpturen, Töpfe, Schachspiele, Heiligenfiguren

Vor dem Künstlerort Tobatí begrüßen den Reisenden drei in die Felsen eingearbeitete grimmig dreinblickende Indios

u.v.a.) sowie mythologische, holzgeschnitzte Masken (Geister- und Tanzmasken der einheimischen Künstler). Erlesene Stücke findet man insbesondere bei dem Bildhauer Zenon Paez, zu dem man sich am besten durchfragt. Diese sehr schönen und beeindruckenden Arbeiten aus Tobatí werden überall im Land angeboten, sind aber hier, an ihrem Ursprungsort, erheblich billiger als beispielsweise in den Kunstgewerbeläden von Asunción, so daß sich der kurze Abstecher schon mit Hinsicht auf die Reisekasse lohnt.

Schließlich fährt man auf der gleichen Straße zurück, wobei man Fotostopps am Ortseingang, beim Wahrzeichen des Ortes, Töpfereien mit drei Indioköpfen, und an einer kleinen Marienkapelle einlegen kann.

In Caacupé fährt man nun über die Autobahn weiter in Richtung Osten. Das Ortsende wird durch ein weithin sichtbares Kreuz markiert, und nach etwa 6 km kann man einen Abstecher zur **Estancia Aventura** machen, um in herrlicher Luft und Umgebung beim Tennis-As Kurt W. Erhardt einzukehren (25 Reitpferde, Tennisplatz, Schwimmen). Interessant ist die Estancia auch für Leute, die in Paraguay Reitunterricht oder bei einem Profi preisgünstig Nachhilfestunden im Tennis nehmen wollen. Die Estancia verfügt über schöne Gästezimmer, Restaurant und andere Ferieneinrichtungen. Auch Wochenend-Buchungen für Kurzzeit-Besucher sind möglich (Fax-Anmeldung über 0515/246 oder Deutschland: 08334/9178).

Tennis, Reiten, Schwimmen und Relaxen in reizvoller Natur kann man in den deutschsprachigen Hotels »Estancia Aventura« und »Refresco«

Anfahrt: 6 km hinter Caacupé links in einen Sandweg, Richtung Arroyo Itú, abbiegen. Nach 5 km erreicht man das kleine Schweizer Hotel Refresco (schöner Pool, freundliche Zimmer), 2 km danach endet der Sandweg nach einer kleinen Rechtskurve in schöner Höhenlage an der Estancia Aventura.

Auf der Hauptstraße von Caacupé fahren wir nun weiter zur gut beschilderten Abzweigung nach Piribebuy (ca. 8 km hinter Caacupé, rechts abfahren!). Es geht vorbei an weiten Zuckerrohrplantagen; in dieser Region mit vielen Alkoholfabriken und Zucker verarbeitenden Kleinbetrieben wird der *caña* gebrannt, der etwas nach Rum schmeckende paraguayische Zuckerrohrschnaps. In südlicher Richtung erreicht man schließlich ca. 11 km nach der Abfahrt das in einer hügeligen Landschaft eingebettete **Piribebuy.**

Am 11. August 1869 fand hier eine blutige Entscheidungsschlacht im Triple-Allianz-Krieg statt. Diesem Tag zu Ehren wurde das historische Museum **Pedro Pablo Caballero** gegründet, welches sieben Abteilungen umfaßt, in denen man Kriegstrophäen, Fotos und historische Objekte besichtigen kann. Sehenswert ist auch die schöne Franziskanerkirche aus dem Jahr 1737 mit einer prachtvollen Kanzel, holzgeschnitzten Altären und Beichtstühlen.

Fünf Kilometer hinter der kleinen Stadt kann man (Weg nur bei gutem Wetter befahrbar) einen Abstecher zu den kleinen Wasserfällen von **Pirareta** machen. Dazu muß man links in eine lange Allee von Eukalyptusbäumen abbiegen, bis man über einen abenteuerlichen Sandweg, durch Hinweisschilder geführt, schließlich nach einigen Kilometern an einem Restaurant inmitten einer urwaldähnlichen Natur ankommt. Der Autor fand das Restaurant erst nach einer ausgedehnten Kletterpartie durch die Felsen einer ehemaligen, heute trockenen wild-romantischen Flußlandschaft. Ob es inzwischen einen zugänglicheren Weg dorthin gibt, entzieht sich seiner Kenntnis. Mit etwas Glück – besonders in der Nebensaison – findet man dort sogar jemanden, der einem ein kaltes Bier oder eine Cola heranschafft. Die Landschaft an dem kleinen Wasserfall ist traumhaft schön, die An- und Rückfahrt erfordert allerdings gute Nerven und ein möglichst geländegängiges Auto.

Hat man die Straße von Piribebuy wieder erreicht, geht es in südlicher Richtung weiter. Ausgedehnte schöne Palmenwälder, Zuckerrohrplantagen, kleine Siedlungen und immer wieder schöne Gärten mit leuchtenden Zitrusfrüchten begleiten uns, bis wir nach 25 km in einer ausgedehnten Rechtskurve nach **Chololó** abbiegen.

Inzwischen muß man einen kleinen Obulus für das Betreten dieses Privatgeländes entrichten. Was einen dafür erwartet, ist aber um so beeindruckender: Inmitten von Hügeln präsentiert sich dem Besucher eine einmalig schöne Flußlandschaft mit kleinen Wasserfällen, Wanderwegen, Wiesen und zerklüfteten Uferböschungen.

Im Restaurant des schön gelegenen Bungalow-Hotels kann man seinen

Die Kirche von Piribebuy ist eine bekannte Wallfahrtskirche aus dem 18. Jh.

Hunger und Durst – leider nur in den paraguayischen Sommermonaten November bis März – stillen und die herrliche Aussicht genießen. Übernachtungen (klimatisierte Bungalows, Pool) sollte man rechtzeitig buchen, da nur wenige Bungalows zur Verfügung stehen (Tel. 05 31/2 42).

Nach einem erholsamen Aufenthalt in Chololó geht es weiter zum 14 km entfernten Paraguarí. Eine wunderschöne Berglandschaft läßt keine einzige langweilige Minute aufkommen. Vor allem bei der Fahrt ins Tal hat man von einigen Parkplätzen aus eine eindrucksvolle Panoramasicht über die gesamte immergrüne Region, in deren Ferne sich Tafelberge, grüne Hügel und Tallandschaften abwechseln.

Von **Paraguarí** aus (Kirche mit eigenartigem Glockenturm und in der Umgebung die Felsengrotte **Santo Tomás** sowie das **Museo de la Artilleria** mit einer Sammlung von Kanonen und anderen alten Waffen) erreicht man nach etwa 15 km die karge Ortschaft **Yaguarón,** die bereits im Jahr 1525 vom ersten Gouverneur Irala gegründet wurde und Geburtsort des einstigen Diktators und ersten Präsidenten von Paraguay, Dr. Francia, ist.

Hier findet man ein echtes Juwel barocker Kunst und Architektur: die in den Jahren 1670–1720 erbaute **Iglesia de Yaguarón,** sicherlich eine der schönsten Kirchen Paraguays. Was hier die Guaraní-Indianer einst unter der Anleitung von Franziskaner-Padres schufen, ist in seiner Einmaligkeit kaum zu übertreffen. Der überreich dekorierte Altar mit seinen prunkvollen goldglänzenden Säulen, die sich gegen die gewölbte, den Himmel symbolisierende Decke emporwinden, das kunstvoll geschnitzte Chorgestühl und die meisterhaften Originalfarben und Darstellungen der Skulpturen finden auf dem Kontinent sicherlich kein gleichwertiges Gegenstück.

Altarbereich der Kirche von Yaguarón – ein Meisterwerk der Guaraní-Indianer

Nach einer Besichtigung des säulengestützten Rundganges und des etwas abseits stehenden hölzernen Glockenturms kann man noch das ehemalige Sommerhaus des ersten Präsidenten Dr. Francia aufsuchen. Inzwischen in ein **Museum** umgewandelt, findet man das Haus nahe der Kirche. Die Öffnungszeiten sind an Sonn- und Feiertagen jeweils zwischen 9.30–11.30 Uhr sowie dienstags, donnerstags und samstags von 15–17 Uhr.

Von Yaguarón aus fahren wir nun über **Itá** und **San Lorenzo** wieder zum Ausgangspunkt der Rundreise, nach Asunción (ca. 48 km) zurück.

Nationalpark Vapor Cué am Rio Yhaguy

Auf der hervorragend ausgebauten und landschaftlich sehr reizvollen Ruta 2 fährt man über den Wallfahrtsort **Caacupé** bis zur Ortschaft **Eusebio Ayala** (72 km), wo ein Monument

Der Rio Tebicuary

an 4000 von den Brasilianern während des Triple-Allianz-Krieges hingeschlachtete Jugendliche erinnert. Im Dorf zweigt links eine Straße zum etwa 30 km entfernten **Rio Yhaguy-Nationalpark** ab, der auch unter dem Namen Vapor Cué bekannt ist.

Inmitten einer urwüchsigen Landschaft kann man hier die 1981 gehobenen Wracks der 1869 untergegangenen paraguayischen Kriegsschiffe »Amambay« und »Pirabebé« bewundern, die sich mit vier anderen Flußschiffen in den Rio Yhaguy geflüchtet

hatten und dort von der eigenen Mannschaft in Brand gesteckt worden waren, um sie nicht in die Hände der anrückenden brasilianischen Truppen fallenzulassen. Ein steinernes Denkmal, das sieben Soldaten zeigt, welche die paraguayische Fahne verteidigen, erinnert an die gefallenen Soldaten aus dieser Zeit.

In der nahe gelegenen Ortschaft **Caraguatay** sind im örtlichen Museum weitere Trophäen und Erinnerungsstücke aus dem Triple-Allianz-Krieg ausgestellt.

Drei Routen durch Paraguay

Route 1:
Die Süd-Ost-Rundreise
Asunción – Paraguarí – Carapeguá – Caapucú – Villa Florida – San Ignacio – Santa Rosa – Encarnación – Trinidad – Jesús – Hohenau – Ciudad del Este – Cataratas del Iguazú – Caaguazú – Coronel Oviedo – Caacupé – Asunción
(ca. 1 000 km, Karte S. 210/211)

In den Naturpark Ybycui und zum Anglerparadies Tebicuary

Die gut ausgebaute Ruta 1 führt von Asunción aus in den Süden des Landes. Über **Yaguarón** (S. 205) und **Paraguarí** erreicht man nach 85 km **Carapeguá,** von wo aus man einen Abstecher nach Tacuary (Geburtsort des Präsidenten Caballero und Ort blutiger Kämpfe in der Schlacht von Tacuary) und nach **La Rosada** unternehmen kann (64 km). Hier kann man die Ruinen der ersten Eisengießerei Südamerikas (unter Carlos Antonio López erbaut) besichtigen, die aus einem Hochofen, der *comandancia* sowie aus einem Staudamm mit Kanal und Wassermühle bestehen.

Die Gießerei liegt inmitten des Naturparks **Ybycuí** und nur 5 km vom kristallklaren Wasserfall Salto Cristal entfernt (geländegängiges Fahrzeug notwendig). Durch herrliche Laubwälder geht es auf der gleichen Straße wieder zurück zur Ruta 1.

Über **Caapucú** erreicht man schließlich **Villa Florida** und das Anglerparadies am **Rio Tebicuary** (160 km nach Asunción), wo der bis zu

Der Rio Piribebuy

20 Kilo schwere Kampffisch Dorado mit robustem Hochseeangelgerät gejagt wird. Hierzu notwendig sind stabile Ruten bis zu 2,70 m Länge, Wurfgewichte von 70–100 g, 50er Schnüre sowie 60er bis 80er Gleitbleie für die Grundfischerei. Geangelt wird aus dem Boot mit treibendem Köder.

Hotels

Bungalow-Hotel Las Mercedes, 5 km von der Hauptstraße entfernt, Tel. 083/220 (in idyllischer Lage mit schönem Flußstrand, Golfplatz, Reitpferden, Wasserski, Motorbooten, Restaurant)

Motel El Dorado, Centú-Cue, Tel. 083/219 (7 km von der Ruta entfernt; alle Zimmer mit Bad; Swimmingpool, Motor- und Ruderboote, Reitpferde)

Motel Parador de Turismo, direkt an der Ruta gelegen, Tel. 083/207

Kurz vor **San Ignacio** (Km 226, ehemalige Jesuiten-Ansiedlung, 1609 gegründet, kleines Museum) lohnt sich ein Abstecher zum 23 km entfernten Ort **Santa Maria** (Jesuiten-Reduktionen und kleines Museum). 22 km nach San Ignacio erreicht man **Santa Rosa** (1697 gegründet) mit den Überbleibseln einer Kirche, die einst als das prachtvollste jesuitische Gotteshaus in Paraguay galt. Sehenswert sind heute nur noch die Sakristei, der jahrhundertealte Glockenturm und eine kleine Sammlung sakraler jesuitischer Arbeiten. Hingegen lohnt sich ein Besuch der modernen Kirche von Santa Rosa. Man kann hier herrliche Fresken und Figuren der Heiligen Familie von Nazareth bewundern (den Priester bitten, aufzuschließen).

II Dpto.
de San Pedro
25 de diciembre
Estancia
Santa Aurelia
Estancia
Espinillo
Espinillo
Río Pilcomayo
Laguna
Blanca
Benjamín
Aceval
Villa Hayes
Juan de Mena
Arroyos y
Esteros
III Dpto.
de la
Cordillera
Emboscada
1° de Marzo
Limpio
Nueva
Colombia
Reserva de Recurso
Caraguatay
Clorinda
LUQUE
Altos
Tobatí
Mbocayaty
del Yhaguy
Areguá
Atyrá
ASUNCIÓN
SAN
LORENZO
Itauguá
CAACUPÉ
Eusebio Ayala
Hehe
Riacho Monte Lindo Chico
Ypacaraí
Santa Elena
Guarambaré
Piribebuy
Itacurubí
de la Cordillera
Villeta
Itá
Yaguarón
Cordillera de los Altos
San José
ARGENTINA
Nueva
Italia
Escobar
Valenzuela
PARAGUARÍ
Sapucai
Gral.
Caballero
IV Dp
103
XI Dpto.
Central
Carapeguá
Félix Pérez Cardozo
IX Dpto.
VILLARRICA
Roque Gozalez
de Santa Cruz
La Colmena
Itapé
Acahay
Laguna
Ypoa
Tebicuary-mí
Laguna Cabral
Quiindy
Ybycuí
San
Hilario
Villa Oliva
Parque Nacional
Lago Ypoa
Iturbe
Parque Nacional
la Rosada
de Paraguarí
Maciel
Formosa
Misión
San Francisco
Juan B. Alberdi
Laguna Vera
163
Caapucú
Mbuyapey
Quyquyhó
Villa Franca
Río Paraguay
Moisés
Bertoni
Villa Florida
Río Tebicuary
Herradura
San
Miguel
Arasapé
San Juan
B. de Neembucú
SAN JUAN
BAUTISTA
XII Dpto.
Santa María
Tacuara
VIII Dpto.
Guazú Cuá
Santa Rosa de las Misio
Isla
Umbú
PILAR
San Ignacio
San
Patricio
de Ñeembucú
de Misiones
Estancia
San Roque
Pto.
Palmas
Humaita
Mayor J. D.
Martínez
Santiago
de las Misiones
146
Villalbín
Desmochado
Paso
de Patria
Gral. José E. Díaz
Refugio de
Vida Silvestre
Yabebyry
Laureles
Itati
Cerrito
Juan de Ayolas
Yabebyry
Ramada Paso
Río Paraná
Riacho Cure Guazú
338
San Luis del Palmar
Ita Ybate
Ituzaingo
87
92
71
CAAZA

Die Süd-Ost-Rundreise

In **San Patricio** bietet sich ein interessanter Kurztrip (17 km) nach **Santiago** an (Museum, jesuitische Bauwerke), und auch in **San Rafael** (Km 306) lohnt sich ein Abstecher ins 28 km entfernte **San Cosme y Damián** (1632 von einem Jesuitenpadre gegründet), wo man ebenfalls auf die Zeugen eines beeindruckenden jesuitischen Wirkens stößt. Hier sind die Reduktionsbauwerke so gut erhalten, daß Kirche, Schule und eine alte Sonnenuhr noch heute genutzt werden.

Bei Km 330 überquert man den Rio Tacuarí und erreicht schließlich die Grenzstadt nach Argentinien, Encarnación (366 km ab Asunción).

Encarnación

Encarnación ist mit 60000 Einwohnern die sechstgrößte Stadt Paraguays. Die Stadt am Ufer des Rio Paraná wurde 1843 gegründet und hat touristisch – abgesehen von einem Bummel durch die Einkaufsstraßen der Altstadt (nahe

Encarnación, die südlichste Stadt Paraguays, ist ein idealer Ausgangspunkt zum Shopping in den Händlergassen der Altstadt

Brücke und Grenze nach Posadas/Argentinien) und einigen russisch-orthodoxen Siedlerkirchen – nicht viel zu bieten. Eine Rundfahrt mit einer Pferdekutsche, die *carumbé* (Schildkröte) genannt wird, vermittelt ein recht ausführliches Bild vom geschäftigen Treiben in Encarnación.

Reisende, die die Südtour hier beenden wollen, um nach ein oder zwei Tagen Aufenthalt wieder nach Asunción zurückzukehren, werden die Stadt als Ausgangspunkt für einige Kurztrips in die nahe Umgebung zu schätzen wissen (Jesuitenstadt Trinidad, Kolonie Hohenau und Bella Vista, Farmausflüge, Angeln, Relaxen).

Busfahrten
Vom Terminal nach Trinidad (30 Min.) ca. 1000 Gs., nach Ciudad del Este (4 Std.) ca. 13000 Gs.; nach Posadas (Argentinien, 30 Min.) 1500 Gs. (Reisepaß mitnehmen!)

Hotels
Komfort-Hotels
Novotel, Km 361, 8 km vor Encarnación, Tel. 071/4131, Fax 4221 (franz. Hotelkette, 106 Zimmer und Suiten mit Bad, Klimaanlage, TV, Minibar. Restaurant, große Poolanlage, Tennisplätze, Reitpferde)

Hotel Cristal, Mcal. Estigarribia, Cerro Corá, im Zentrum gelegen, Tel. 071/2371 (40 Zimmer mit Bad, Klimaanlage, Telefon, TV, Minibar. Restaurant, Pool, kleine Bar)

Kleinere Hotels
Viena, nahe Antelco, Tel. 3486 (deutschsprachig)

Central, Mcal. López/Posadas, Tel. 3454 (deutschsprachig)

Suizo, Mcal Estigarribia 562, Tel. 36 92, (deutschsprachig; etwas schmuddelig)

Hotel Repka, C. A. López 49, Tel. 35 46 (mit schönem Garten und guter Küche)

Hotel Liz, Mcal. Estigarribia 1701, Tel 26 09 (freundliche, saubere Zimmer und gutes Restaurant)

Hotels in der Umgebung von Encarnación
Hotel Tirol, ca. 4 km vor Trinidad, Tel. 075/555 (40 Zimmer und Chalets mit Bad, TV, Minibar, herrliche Lage in einer Urwaldschlucht, 4 Pools, Restaurant)

Hotel-Restaurant Papillon, Bella Vista, Km 45 an der Ruta 6, Tel. 0767/235, 280, Fax 0767/298 (28 saubere Zimmer mit Bad, Klimaanlage, Telefon, TV; schöner schattiger Garten, Pool, gemütliches Restaurant mit gut sortierter Bar, deutsche Eigentümer, die gern helfen, Flußfahrten, Angeltouren, Farmbesuche u.ä. zu buchen)

Restaurants
Cuarajhy, Gral. Caballero y Gral. Artigas, Tel. 36 39 (gute internationale Küche, schöne Terrasse, 24 Std. geöffnet)

Rubi, Av. Estigarribia 519, Tel. 41 70 (gute chinesische und internationale Küche)

Buez Brasil, Av. Irrazábal (gutes Büffett)

La Taberna del Gordo (gutes argentinisches Restaurant)

Tourismusbüro
Av. Wiessen 345, nahe Bus-Terminal (nicht beschildert); neben aufmerksamem und hilfreichem Personal gibt es auch Straßenkarten von Encarnación

Die Jesuitenreduktionen von Trinidad und Jesús

Die Weiterfahrt von Encarnación in den Osten des Landes führt durch eine grüne hügelige Landschaft nach **Trinidad** (1706 gegründet) und **Jesús** (1712), den beiden größten und am besten erhaltenen Jesuitenreduktionen (S. 45–49). Die auch heute noch beeindruckenden Bauwerke, Kirchen, Festungsmauern, Wehrtürme und Unterkünfte der beiden Anlagen waren architektonische Meisterleistungen ihrer Zeit und sind nur noch mit den Prachtbauten der Inkas in den peruanischen Anden zu vergleichen. In Trinidad wie auch in Jesus überragen die mächtigen Kirchenbauten die gesamten weit ausgedehnten Siedlungsanlagen, in welchen zeitweilig jeweils bis zu 10000 Guaraní-Indios in 4000 festen Unterkünften lebten und gearbeitet haben.

In einer Nebenkammer der Jesuitenkirche von Trinidad werden gut erhaltene Bruchstücke von Skulpturen gesammelt, um von den Restaurateuren wieder zusammengefügt zu werden

Jesus erreicht man, wenn man kurz hinter dem Hotel Tirol links von der Ruta abbiegt (9 km Sandweg). Die Ruinenstadt Trinidad liegt rechts von der Ruta (etwa 4 km nach dem Hotel Tirol) und nur etwa 800 m von der Hauptstraße entfernt. Beide Anlagen wurden mit Unterstützung der UNESCO, der spanischen und japanischen Regierung und der Paracuaria (Organisation deutscher Jesuitenpater) teilweise restauriert. Der Besuch von Trinidad sollte unbedingt im Rundreiseprogramm von Paraguay-Reisenden enthalten sein. Kein anderer Ort in Paraguay legt so offen die arbeitstechnischen Meisterleistungen und kulturellen Verknüpfungen zwischen den Ureinwohnern und den europäischen Padres dar.

Die ersten deutschen Kolonien im Süden

Nach 8 km erreicht man schließlich die deutsche Großkolonie **Hohenau,** die in vieler Hinsicht (Krankenhaus, Altenheim, SOS-Kinderdorf, deutsch anmutende Kirchen und Kapellen, deutsche Metzger und Bäcker u. a.) einer deutschen Kleinstadt gleicht. Interessant ist ein Abstecher (rechter Hand) zum deutschen Sport- und Fischereiclub Hohenau am Ufer des mächtigen Grenzflusses **Rio Paraná.** Nach einigen Kilometern über eine gut befahrbare Schotterstraße stößt man vereinzelt am Straßenrand auf die Reste von verlassenen Siedlerhäusern der aufgegebenen ersten Kolonien Hohenau 1, Hohenau 2 und Hohenau 3: Alte Krämerläden oder Werkstätten, in deren Gärten und leeren Räumen immer noch einige Utensilien (Pflüge, alte Theken) vom harten Alltag der frühen deutschen Pioniere (Hunsrück-Bauern, die über Süd-Brasilien einwanderten) zeugen. Die Straße endet am Fischerei-Club direkt am Ufer des Paraná.

Auch die Ortschaften **Obligado** (gegründet 1912), **Bella Vista** (1918) und **Capitán Meza** (1906) wurden von deutschen Einwanderern gegründet. Zwischen Hohenau (Km 38) und **Pirapo** (Km 64) schufen deutsche und japanische Siedler blühende Kolonien und Großfarmen. Die gesamte Region gilt heute als die Kornkammer Paraguays (Weizen, Soja, Viehzucht).

Alles hier ist deutsch oder japanisch: die Ordnungsliebe und auffallende Sauberkeit dieser Gegend, die Häuser, Farmen, Geschäfte, die Sprache, das Essen und die landwirtschaftlichen Genossenschaften (hier Cooperativen genannt). Nur die überall vorherrschende Farbe der dunkelroten und überaus

Die Ruta kurz vor Ciudad del Este

fruchtbaren Paraná-Erde und die exotischen Gewächse, die ihr entsprießen, erinnern daran, daß man sich im tropischen Südamerika befindet.

Vorbei an Weizen- oder Sojafeldern, die bis zum Horizont reichen, geht die Fahrt in östlicher Richtung weiter, bis man 185 km nach Pirapo auf die Ruta 7 stößt, wo man nach rechts abbiegt und nun nach weiteren 30 km auf einer immer lebhafter werdenden Strecke die östlichste Stadt Paraguays erreicht: Ciudad del Este.

Ciudad del Este

In Ciudad del Este (vormals Presidente Stroessner) leben heute über 100 000 Menschen. Noch in der 60er Jahren existierte diese Stadt praktisch nur auf dem Reißbrett der Staudammplaner des riesigen Wasserkraftwerks Itaipú. Dort, wo einst die ersten kargen Unterkünfte und Einkaufsläden für rund 10 000 Arbeiter gebaut wurden, existieren heute breite Straßen, Hochhäuser, Banken, Hotels, Spielkasinos, Bars und – allgegenwärtig – Warenhäuser, fliegende Händler und Tausende von Einkaufsständen und Buden, in denen vom Schnickschnack wie Schlüsselpieper und Kugelschreiber bis zur Hightech-Elektronik oder den Wollsocken im Fünferpack wirklich alles angeboten wird. Die erst 1957 gegründete Stadt kann einen Rekord für sich verzeichnen: Sie ist der größte Warenumschlagplatz für Handel in Südamerika.

Ciudad del Este ist die Hochburg für Schmuggelware und asiatischen Firlefanz. Tausende von brasilianischen Fahrzeugen und Fußgängern passieren stündlich die 552 m lange Puente de Amistad (Brücke der Freundschaft) über den Rio Paraná von und nach Foz de Iguazú/Brasilien, um hier zollfrei einzukaufen, zu arbeiten oder Waren nach Paraguay zu schmuggeln, die dann andere Brasilianer wieder kaufen und zurück in ihr Land schaffen.

Die Stadt ist ein quirliger (leider auch recht schmuddeliger und nicht ungefährlicher) Ameisenstaat, wo Handel und Kriminalität wie in keiner zweiten Stadt Paraguays einträchtig und einträglich in hoher Blüte stehen. Zur Ehre der verschiedenen Mafia-Gruppen und Banden sei jedoch gesagt, daß Touristen und Besucher nur in Ausnahmefällen die Opfer sind. Die

Blick von der Terrasse des Hotels Austria auf ein ruhiges Stadtrandviertel von Ciudad del Este

hohe Ziffer von Ermordeten in Paraguays ruchlosester Stadt ist wohl eher auf Auseinandersetzungen der kriminellen Gruppen untereinander zurückzuführen. Bis auf die sich häufenden Taschendiebstähle blieben ausländische Besucher bisher weitgehend von Überfällen verschont.

An touristischen oder gar kulturellen Attraktionen hat die sehr junge Stadt außer dem Flair einer Goldgräberstadt nur wenig zu bieten. Immerhin existiert eine kuriose Stiftung chinesischer Geschäftsleute, die man gegenüber dem Rathaus (Municipalidad) in einem Park bewundern kann: einige chinesische Pavillons und dazwischen das überlebensgroße Denkmal des früheren taiwanesischen Präsidenten Tschiang Kai-schek.

Ausflüge und Nachtleben

Abends nach Foz de Iguazú zur fetzigen Samba-Show ins OBA-OBA (Fahrtzeit 30 Min., montags geschlossen)

Tagsüber: Die Aliscafos Itaipú S.A. (Av. Yegros, Asunción, Tel. 021/95112) veranstaltet interessante Tragflügel-Bootsfahrten über den Iguazú-See von Puerto Tati Yupí aus zu einem Indianerdorf der Guaraní, wo Touristen bei den Einheimischen die Kunst des Fallenstellens und des Bogenschießens erlernen können

Geldwechsel

Cambio Guaraní, Av. Monseñor Rodriguez (auch Traveller-Schecks) oder andere Wechselstuben (Cambios). Generell kann in Ciudad del Este überall und alles mit US-Dollar bezahlt werden (meist schlechtere Kurse als in Asunción)

Hotels

Komfort-Hotels

Gran Hotel Casino Acaray, Av. 11. Septiembre/Rio Paraná, Tel. 061/61473 (55 komfortable Zimmer, Pool, Casino, Nightclub, Kegelbahn, Restaurant)

Residence de la Tour, Paraná-Country Club, 5 km vom Zentrum entfernt in herrlicher Lage, Halbinsel, Tel. 061/60316 (Schweizer Leitung mit hervorragendem Restaurant, Pool, herrlichem Garten und schöner Aussicht; Zimmer mit allem Komfort, Transfers in die Stadt)

Casa Blanca, im Paraná Country Club, Tel. 061/570420 (komfortable Zimmer, mit TV, Klimaanlage, Minibar, Whirlpool, Garten, Pool, Transfers zur Stadt u.a.)

Convair-Hotel, Av. A. Jara/A. Garcia, Tel. 061/497163 (klimatisierte Zimmer mit Bad, Telefon, Kabel-TV, Minibar, Stadthotel mit eigenen Parkplätzen und Restaurant)

Hotel Executive, Av. A. Jara/Curupayty, Tel. 061/68991 (klimatisierte Zimmer mit Bad, Telefon, TV, Restaurant, Cafeteria, Parkplätze)

Mittelklasse

Hotel San Rafael, Av. A. Jara/Abay, Tel. 061/68105 (Stadthotel im Zentrum mit komfortablen Zimmern, Klimaanlage, Telefon, TV, Pool, Restaurant, Parkplätze)

Hotel Santo Domingo, Av. E.R. Fernandez/Miranda, Tel. 061/62505 (große klimatisierte Zimmer mit Bad, Telefon, TV, Privatparkplätze; das Hotel wirbt mit dem Slogan, rund um die Uhr bewacht zu sein)

Austria (vormals Viena) Av. E.R. Fernandez, Tel 061/68614 (hübsche Zimmer, teilw. sehr laut, mit Klimaanlage, Bad; deutschsprachiger, etwas schrulliger Besitzer, weder hilfsbereit noch freundlich, schmuckloses Restaurant mit mittelprächtiger Kost)

Munich (neben dem Austria) , Tel. 061/62371 (einfach und schmucklos, preisgünstig, nahe Zentrum)

Hotelempfehlung außerhalb von Ciudad del Este

Hotel Staufenberg, Santa Rita, 41 km vor der Abzweigung nach Ciudad del Este, Tel. 064/651 (deutsch geführt, großzügig eingerichtete Zimmer mit Klimaanlage, Bad, Minibar, schönes Schwimmbad, guter Service)

Resaturants

Coreio, Av. San Blas 125 (gute koreanische Küche)

Osaka, Av. A. Jara (japanische Spezialitäten)

New Tokio, Av. A Jara 202 (japanische Spezialitäten)

Austria, Av. Fernandez (österreichische Küche, liebloses Ambiente)

Pizzeria Amambay, nahe Casino Acaray

Die Wasserfälle von Iguazú

(Karte S. 222)

Über die Freundschaftsbrücke erreicht man (meist ohne Paßkontrolle, dennoch Papiere mitnehmen!) die brasilianische Grenzstadt **Foz de Iguazú** (internationaler Flughafen) und nach 32 km die weltberühmten **Cataratas del Iguazú** (Wasserfälle von Iguazú), welche innerhalb eines Naturschutzgebietes liegen. Die Taxipreise für die Hin- und Rückfahrt ab Ciudad del Este liegen (mit einer Wartezeit von ein bis zwei Stunden an den Fällen) bei ca. 30–40 US-Dollar. Busverbindungen sind umständlich und nur mit Umsteigen in Foz möglich. Taxis in oder ab

Die berühmten Wasserfälle von Iguazú (siehe auch nächste Doppelseite)

Die Paraguay-Fotografin Dagmar Gouverneur an den Wasserfällen von Iguazú

Foz sind entschieden teurer, es ist also ratsam, sich ein Taxi in Paraguay zu besorgen und den Preis für die Hin- und Rückfahrt vor der Fahrt auszuhandeln.

Die Wasserfälle gehören zu den großartigsten Naturwundern der Erde. Über bizarre, vorgewölbte Felsmassive stürzen die Wassermassen des Rio Iguazú in abgrundtiefe Schluchten. Lianenberankte tropische Urwaldriesen und eine exotische Pflanzenvielfalt sind überall auf den sich an den Fällen entlangwindenden Wanderwegen gegenwärtig. Die schönsten Ausblicke genießt man, wenn man bei der Anfahrt auf dem höchsten Punkt nahe des Luxushotels Cataratas sein Fahrzeug verläßt und zu Fuß weitergeht.

Die Cataratas del Iguazú

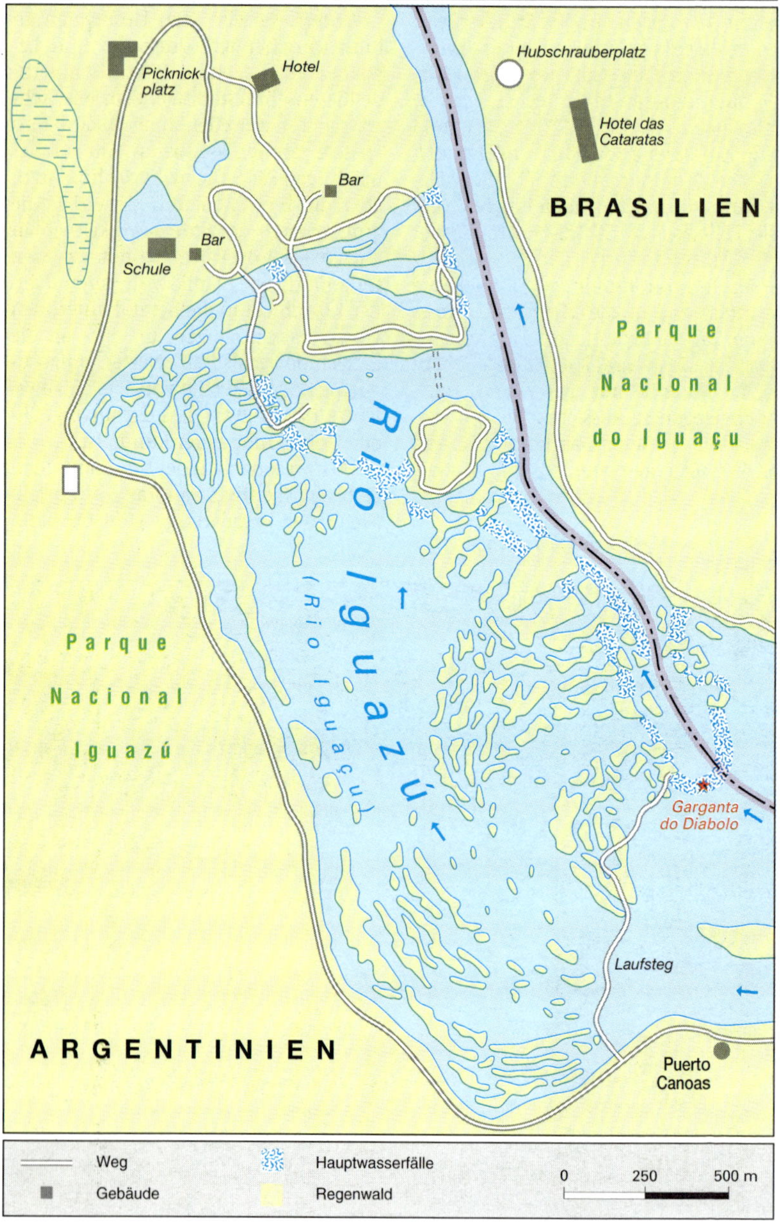

Zunächst begrüßen den Besucher nahe des Hotelbereichs eine Vielzahl handzahmer Nasenbären. Man erreicht dann nach einigen Stufen einen hochgelegenen Platz mit einem wunderschönen Panorama über die Fälle. Wendet man sich nach rechts, kommt man nach wenigen Metern zu einem Hubschrauberlandeplatz (erlebnisreiche, ca. 10minütige Rundflüge per Helikopter über das »Teufelsauge« und die Fälle kosten 50 US-Dollar, Kinder bis 6 Jahren frei).

Nach links führen gut ausgebaute Wanderwege in die Tiefe und immer näher an die Fälle heran. Empfehlenswert für Video- und Fotofreunde: Nicht zuviel Material auf den ersten, noch hochgelegenen Aussichtspunkten verbrauchen! Je tiefer man kommt, um so beeindruckender werden die Motive, und es wäre schade, wenn man am Fuß der Fälle anlangt und dann keinen Film mehr zur Verfügung hat.

Unterwegs wird man Unmengen an umherhuschenden Eidechsen und Leguanen entdecken, viele buntschillernde Riesenschmetterlinge, Papageienschwärme und zuweilen auch Tukane und weitere zahme Nasenbären. Am Fuß der mächtigen Fälle, die nicht die höchsten, aber die breitesten und sicherlich die großartigsten der Erde sind, kann man auch viele Vögel beobachten, die sich todesmutig wie Kamikazeflieger und äußerst geschickt in die herabdonnernden Wassermassen stürzen, um ihre an die Felswände geklebten Nester aufzusuchen. Die Wasserfälle von Iguazú zu erleben, das ist zweifellos der unvergeßliche Höhepunkt dieser Rundreise.

Das, was man auf der brasilianischen Seite als prächtiges Panorama auf jedem Meter der Wanderwege genießt, kann

Das Luxushotel »Cataratas« in Iguazú, Brasilien

Der Staudamm von Itaipú mit dem größten Wasserkraftwerk der Erde

man nach einer Fahrt zur argentinischen Seite der Fälle (zurück über Foz de Iguazú und Grenzübertritt von Brasilien nach Argentinien – Dreiländereck) dann hautnah begehen. Hier erlebt man – ebenso traumhaft und schön, aber doch völlig anders – das Gurgeln und Donnern der Strudel und Fälle auf Brücken, Plattformen und Hängebrükken, die über die herabstürzenden Wassermassen führen. Wenn kein Terminplan drückt, sollte man daher beide Seiten der Iguazú-Fälle begehen. Bei knapp bemessener Aufenthaltszeit sollte man sich, des beeindruckenderen Panoramas wegen, für die brasilianische Seite der Fälle entscheiden.

Hotels (Luxusklasse)

Brasilien

Hotel das Cataratas, Foz de Iguazú,
Tel. 0 45/5 23 22 66 (auch in Jack Whites »Traumhotels der Welt« empfohlen; 130 komfortabel ausgestattete Zimmer, Restaurant, Pool, gepflegte Gartenanlage, Bars u.a.)

Argentinien

Hotel Internacional, Puerto Iguazú,
Tel. 07 57/2 16 00 (Panoramablick, 161 komfortabel ausgestattete Zimmer, Restaurant, Spielkasino, Pool, Bars, Diskothek, gepflegte Gartenanlage u.a.)

Der Staudamm von Itaipú

Von Ciudad del Este aus erreicht man in westlicher Richtung (Rückfahrt nach Asunción, Abzweigung nach einem Kreisverkehr) nach 14 km den Staudamm von **Itaipú** (Represa, S. 90/91) mit dem größten Wasserkraftwerk der Welt. Die Anlage wurde im Mai 1991 komplett fertiggestellt und wird jährlich von rund 1 Mill. Touristen besucht.

Über 5 Mill. m^3 Spezialbeton wurden benötigt, um den 196 m hohen

Denkmal für den Dichter Manuel Ortiz Guerrero in Villarrica

und 1200m langen Hauptstaudamm zu errichten. Mit seinen Nebenstaudämmen erreicht die Anlage eine Ausdehnung von mehr als 7,5 Kilometern und staut damit den Rio Paraná auf einer Länge von 170 km (Seebildung von insgesamt 1480 km² und 29 Mrd. m³ Wasser). Die erste Turbine des Kraftwerks wurde im April 1983 in Betrieb genommen und erzeugte eine Kapazität von 700 Megawatt. Die inzwischen erreichte volle Leistung aller fertiggestellten 18 Turbinen erzeugt heute 12,6 Mill. Kilowatt.

Die Besichtigung der Anlage selbst ist kostenlos (man zahlt nur für bei Reiseveranstaltern gebuchte An- und Abfahrten, Reisebegleiter, Führer usw.). Das Besichtigungsprogramm beginnt mit einer Filmvorführung über die Entstehung und die verschiedenen Bauphasen der Anlage. Danach folgt eine Rundfahrt per Bus, Besichtigung im Inneren des Staudamms mit Blick auf die mächtigen Turbinen und eine Fahrt zu verschiedenen Aussichtspunkten. Das komplette Besichtigungsprogramm (vormittags) dauert etwa zwei Stunden, und es sollte bei keiner Paraguay-Rundreise fehlen.

Die deutsche Weinkolonie Independencia

Die Rückfahrt nach Asunción führt nun über die Ruta 7, die in schnurgerader Richtung nach Westen verläuft. Über **Caaguazú** (149 km) erreicht man schließlich kurz vor Coronel Oviedo (195 km) die Abzweigung nach Villarica. Hier lohnt sich ein Abstecher zur 40 km entfernten deutschen Kolonie **Independencia,** einer Siedlung badensischer Weinbauern mit vielen Weinbergen und einer rührigen Winzergenossenschaft. Leider fährt man hier immer noch auf den Geleisen völlig veralteter Handelspraktiken. Werbung und Marketing sind nahezu fremd, was dazu führte, daß in den vergangenen Jahren immer mehr ausländische Weine, vorwiegend chilenische Importe, den paraguayischen Markt eroberten.

Sollten die braven und fleißigen Winzer nicht bald dem Zug der Zeit folgen, ist zu befürchten, daß durch den offenen Markt des Mercosur und das aggressive Marketing ausländischer Konkurrenten die Kolonie immer mehr ihre Bedeutung als Heimat der einzigen paraguayischen Weine verliert und dann nur noch Museumscharakter besitzt.

Interessant ist eine Besichtigung der Cooperative mit den Kelteranlagen und ihren riesigen, teilweise uralten Holzweinfässern sowie ein Besuch des stillen und wunderschönen Waldfriedhofs der Kolonie, wo jede einzelne Inschrift auf den alten Grabsteinen und Holzkreuzen eine Geschichte vom Leben der frühen Pioniere zu erzählen scheint.

Alljährlich findet im März ein Weinfest mit Wahl der Weinkönigin in der Kolonie statt.

Unterkünfte

Hotel Tilinski, Tel.05 48/2 40 (26 einfache Zimmer, Restaurant mit deutscher Küche und mächtigen Portionen, Pool, Reitpferde)

Camping Tacuara, Tel. 05 48/3 96 (schöne Lage, Bungalows, Restaurant, Pool)

Dorfschenke mit Fremdenzimmern

Von Independencia aus erreicht man nach etwa 30 Autominuten **Villarrica** (1570 gegründet), wo man die Kathedrale aus der Kolonialzeit und ein prachtvolles neoklassizistisches Rathaus besuchen kann. Sehenswert sind auch das skurrile Baumdenkmal für den Dichter Manuel Ortiz Guerrero und die beiden Museen (historische Objekte aus Villarica).

Hotels

Guairá, Tel. 0541/2369 (12 Zimmer mit Bad)

Hotel Asunción, Tel. 0541/2542 (10 Zimmer mit Bad, teilw. mit Klimaanlage)

Hotel Ybyturuz, Tel. 0541/2390

Restaurants

Angelo's (gegenüber dem Rathaus, angenehmes Ambiente), Tel. 05 41/21 88

La Tranquera, Tel. 05 41/21 85

El Tirol, Tel. 0541/2207

Die Rückfahrt erfolgt über die gleiche Straße bis zur Ruta 2, wo wir über **Coronel Oviedo** (Museum mit Trophäen aus dem Chaco-Krieg, archäologische Raritäten der Ureinwohner und ein Zeitungsarchiv) schließlich den Wallfahrtort **Caacupé** (1770 gegründet, im Zentrum die Kathedrale der wundertätigen Madonna, siehe S. 200) erreichen und über **Ypacaraí** und **San Lorenzo** wieder in der Landeshauptstadt Asunción ankommen.

Ein Paradies für Pferdeliebhaber ...

Route 2:
Entlang der Schmuggler-Piste im Nordosten
Asunción – Limpio – San Estanislao – Lima – Yby Yau – Cerro Corá – Pedro Juan Caballero – Capitan Bado – Itanará – Ypé Jhú – Ygatimí – San Isidro de Curuguaty – Mbutuy – Coronel Oviedo – Asunción (ca. 1 200 km)

Über San Estanislao zum Naturschutzpark Cerro Corá

Diese Route führt durch verschlafene Grenzstädtchen, atemberaubend schöne Landschaften mit Sandpisten, Urwald, Tafelbergen und kleinen Farmen. Wegen der Schönheit der Landschaften und der abenteuerlichen Pisten wird diese Fahrt sicher unvergeßlich bleiben, jedoch ist die Strecke leider auch nicht ungefährlich. Geländewagen und ein ortskundiger Führer mit Waffenschein nebst entsprechendem Zubehör sind empfehlenswert.

Die erste Variante für die Teilstrecke von Asunción nach San Estanislao (235 km) führt uns von Asunción über die gut asphaltierte Ruta 2 nach Osten bis nach Coronel Oviedo, wo man an der großen Ruta-Kreuzung in Richtung Lima und San Pedro (nach Norden) abbiegt. Die einstige Sandpiste ist inzwischen asphaltiert und gut ausgebaut. Im Departement San Pedro streift man schließlich den Ort San Estanislao, den man von Asunción aus auch über eine andere sehr viel erlebnisreichere (aber teilweise auch abenteuerliche) Strecke erreicht (135 km). Man fährt von Asunción aus in Richtung Trans-Chaco-Brücke über die Avda. Artigas aus der Stadt nach **Limpio** und von dort über **Emboscada** und **Arroyos y Esteros** bis nach San Estanislao, wo man schließlich ebenfalls die Ruta 3 in den Norden erreicht. Diese Alternative ist entschieden kürzer und kurzweiliger, aber nur teilweise asphaltiert.

In **San Estanislao** befand sich während des Triple-Allianz-Krieges in einem von Jesuiten erbauten Gebäude eines der letzten Hauptquartiere von Francisco Solano López. Es wurde in ein historisches Museum umgewandelt und enthält interessante Gegenstände aus dieser Epoche.

Von hier aus führt nun die neu asphaltierte Autostraße kontinuierlich nach Norden, wo man 9 km hinter dem kleinen Ort **Lima** einen Abstecher in die erste deutsche Kolonie (gegründet von der Schwester Friedrich Nietzsches), **Nueva Germania,** machen kann (27 km). Etwa 25 km hinter Lima erreicht man die **Kolonie Rio Verde,** eine Region deutschsprachiger Mennoniten, die über Holland und Mexiko nach Paraguay einwanderten. Auf der linken Straßenseite gibt es hier eine Getränkebude mit ein paar Bänken davor. Einige der blonden Mennoniten sind dort fast immer anzutreffen und unterhalten sich – wenn auch etwas unbeholfen und wortkarg – recht gerne mit den deutschsprachigen Fremden aus der Heimat ihrer Großväter.

Entlang der Schmuggler-Piste im Nordosten

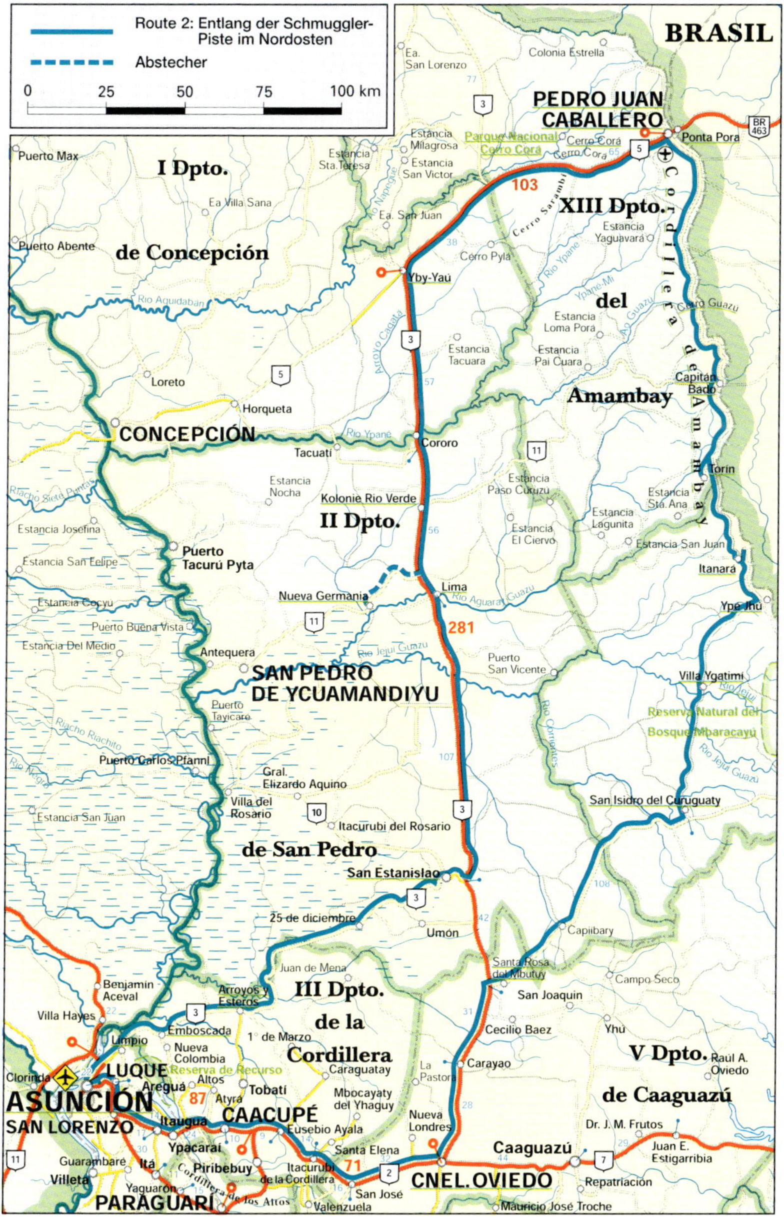

Nach weiteren 80 Kilometern erreicht man die Kolonie **Yby Yaú,** einen merkwürdigen und turbulenten Ort, der mit seinem Flair an eine Goldgräberstadt des letzten Jahrhunderts erinnert. Es gibt hier einige kleine, anspruchslose Hotels an der Hauptstraße, Bordelle, Restaurants und Imbißstände, womit sich nach etwa 400 gefahrenen Kilometern (die sich gewiß nicht mit der gleichen Distanz auf einer mitteleuropäischen Straße vergleichen lassen) eine ausgedehnte Pause mit Übernachtung in Yby Yaú anbietet.

Am nächsten Morgen empfiehlt sich ein früher Aufbruch. Die Fahrt geht nun nach Nordosten. Durch eine atemberaubend schöne Landschaft mit Hügeln und Tafelbergen erreicht man nach 63 km den kleinen Ort **Cerro Corá,** wo einst Präsident Francisco Solano López in der Endschlacht des Triple-Allianz-Krieges (1865–70) in heroischem Kampf sein Leben verlor. Den Ort des Niedergangs, das riesige López-Ehrendenkmal und Erinnerungsstätten kann man im **Parque Nacional Cerro Corá** besichtigen (22 000 ha; Einfahrt ca. 3 km von der Hauptstraße entfernt; großer Artenreichtum an Pflanzen und Tieren).

Entlang der paraguayisch-brasilianischen Grenze in den Süden

Nach weiteren 40 km erreicht man schließlich die Grenzstadt **Pedro Juan Caballero** (50 000 Einw.) mit allen Einkaufsmöglichkeiten (Spirituosen, Parfums, Elektronik u. a.) und der Möglichkeit, ohne Zollformalitäten einen Abstecher in die gegenüberliegende brasilianische Grenzstadt **Ponta Porá** zu unternehmen. Gute Restaurants findet man in P. J. Caballero in den Hotels Casino Amambay, La Siesta und im modernen Eiruzú.

Mehr als 10 000 deutschstämmige Mennoniten leben im Osten Paraguays – 2400 von ihnen in der Kolonie Rio Verde, wo Pferd und Kutsche immer noch als wichtigstes Beförderungsmittel gelten

Hier beginnt nun der abenteuerliche Teil der Rundreise.

Man verläßt Pedro Juan Caballero auf dem gleichen Weg, den man kam, um kurz hinter der Stadt nach Capitan Bado abzubiegen. Über schlierige Sandpisten, die zuweilen viel vom Fahrer abverlangen, führt die Fahrt nun über die Schmuggler-Pfade entlang der offenen paraguayisch-brasilianischen Grenze nach Süden.

Achtung, des öfteren werden auf der Strecke bis nach Capitan Bado Autos von Banden überfallen und ausgeraubt. Zuweilen sind die Männer als Polizisten o. ä. verkleidet. Gesundes Mißtrauen ist also angebracht, wo Straßen versperrt sind, konstruierte Autounfälle die Weiterfahrt erschweren usw. Auf dieser Strecke sollte die mitge-

nommene Waffe zur Selbstverteidigung griffbereit sein!

Da hier keine Beschilderung existiert und die mal breiten, mal schmalen Sandpisten zuweilen in Gabelungen münden, die nach einigen mühsamen Kilometern vor dem geschlossenen Tor einer Farm enden, ist auf dieser Strecke ein guter Spür- und Richtungssinn beinahe unerläßlich. Hinweise geben zuweilen nur die schmalen, etwa 3 Meter hohen betonierten Grenzpfeiler (links davon ist Brasilien, rechts davon führt die Piste oder Gabelung weiter nach Capitan Bado auf die paraguayische Seite). Eine Tendenz nach Westen (rechts) ist im Zweifelsfalle vorzuziehen.

87 km südlich von Pedro Juan Caballero lohnt sich ein Besuch des **Cerro Guazú** und seiner Höhlen mit steinzeitlichen Wandmalereien und Runenzeichen, die die Theorien über eine frühe Besiedlung durch die Wikinger eindrucksvoll erhärten.

Irgendwann befindet man sich nach endlos lang erscheinenden 100 Fahrkilometern (ab P.J. Caballero) entweder mitten in Brasilien (und ist falsch gefahren), oder man erreicht nun über eine immer breiter werdende Sandpiste die im Staub erstickende Westernstadt **Capitan Bado.** Die einzige breite Sandstraße bildet hier gleichzeitig die Grenze. Zur linken Hand (mehr Häuser und mit Straßenlaternen ausgestattet) liegt Brasilien; rechts, ärmer besiedelt und abends nur durch einige Hauslampen beleuchtet, der paraguayische Teil des Städtchens, das in seiner malerischen Langeweile und mit seinen buntbepinselten Holzhäusern nicht südamerikanischer sein könnte. Auf beiden Straßenseiten gibt es einige bescheidene Hotels und ebensolche Restaurants.

Wer glaubt, nun bis hierher seinen Nerven genug zugemutet zu haben, hat jetzt die Möglichkeit, einige Kilometer hinter Capitan Bado über eine relativ gut ausgebaute Sand- und Schotterstraße über Rio Verde, Lima und Coronel Oviedo zurück nach Asunción zu fahren. Den interessantesten Teil der Rundreise wird man dann aber freilich niemals kennenlernen.

Dieser führt weiter über die Holzfäller-Wege an der Grenze entlang nach Süden. Zunächst scheint es, daß die Sandwege niemals enden wollen, doch in der wunderschönen bergigen Landschaft der **Cordilleren von Amambay** werden sie allmählich fester. Abenteuerlich anmutende Holzbrücken, die zuweilen nur aus zwei mächtigen, nach oben hin abgeflachten Baumstämmen bestehen, müssen überwunden werden, ebenso ausgewaschene felsige Wege mit manchmal grabtiefen Löchern am Rand der Straße, und natürlich gibt es auch hier, auf dem Weg nach **Torín**

und **Itanará,** keine Schilder und keinerlei Hilfen, die einem an Gabelungen die Entscheidung abnehmen, wohin man sich am besten wendet. Zuweilen existieren, wegen der schlechten Beschaffenheit der Piste bei Regen, gleich mehrere Wege, die dann nach einigen Kilometern wieder zusammenlaufen, womit sich das Kopfzerbrechen über den richtigen Weg – zumindest in solchen Fällen – als unnötig erweisen wird.

Übernachten kann man in einem kleinen dörflichen Hotel (mit angeschlossenem Lebensmittellädchen und Plumpsklo mitten im Garten) in Itanará. Die Übernachtungspreise liegen pro Person bei etwa 1,50 DM; entsprechend bescheiden sind die Unterkünfte. Den Abend verbringt man im kleinen Laden im Kreise der Familie.

Nach Itanará straft die Straße nun jeden, der glaubt, am Vortag schon Arges bewältigt zu haben, Lügen. Noch abenteuerlichere Pisten, Urwaldpfade und Bachübergänge begleiten die ersten Stunden der letzten Etappe. Erste nackte Indiokinder am Wegrand, scheue Waldindianer, armselige Hütten tauchen auf. Die Fahrt geht über **Ypé Jhú,** wo man schließlich die Grenze verläßt, um nun deutlich in südwestlicher Richtung weiterzufahren. Wie bereits am Tag zuvor, kann man unterwegs mit etwas Glück unzählige Tiere beobachten – Schwärme von bunten Schmetterlingen und Vögeln, Gürteltiere, Echsen, Leguane

Die Sandpiste, die durch Capitan Bado führt, bildet gleichzeitig die Grenze zu Brasilien

Indios vor ihrer Hütte beim Schnitzen von Pfeilen und angespitzten Holzspeeren

Abendstimmung auf dem Land

oder eine Riesenschlange, die sich über den Weg windet.

Nach **Ygatimí,** einem kleinen Holzfällerort, überquert man den **Rio Jejui,** wo ein evangelischer deutschsprachiger Missionar eine kleine Schar Indios betreut (nicht immer anwesend). Man muß sich durchfragen und sollte dabei einen kleinen Spaziergang zum Fluß machen (Tukane, Papageien, viele Schlangen). Wenn er inzwischen nicht völlig abgeholzt ist, findet man hier ein letztes Stück echten Urwaldes in Paraguay!

Die Fahrt geht weiter nach Südwesten mit herrlichen Panoramen über die Tiefebene, Baumwollfeldern und Bananenplantagen. Bis nach **San Isidro del**

Curuguaty (Garnisonsstadt mit Restaurants, kleinen Hotels, Läden usw.) begleiten einen auch weiterhin bucklige Erdwege und ausgewaschene Pisten. Dann erreicht man eine breite, gut ausgebaute Sandstraße (bei Trockenheit sehr staubig, bei Regen schmierig und sehr glatt), über die man bei **Mbutuy** schließlich wieder auf die Asphaltstraße nach **Coronel Oviedo** und dort auf die Ruta 2 nach Asunción stößt.

Asunción – Lichter, Menschen, Restaurants und Duschen. Wer von dieser unvergeßlich schönen, aber auch etwas strapaziösen Rundreise zurückkehrt, wird dazu neigen, der Landeshauptstadt sieben Sterne für Komfort und Luxus zu verleihen.

Route 3: Die Gran-Chaco-Tour
Asunción – Villa Hayes – Pozo Colorado – Rio Verde – Filadelfia – Loma Plata – Toledo – Mcal. Estigarribia – Neu-Halbstadt – Bouqueron – Cruce de los Pioneros – Asunción (ca. 1 100 km)

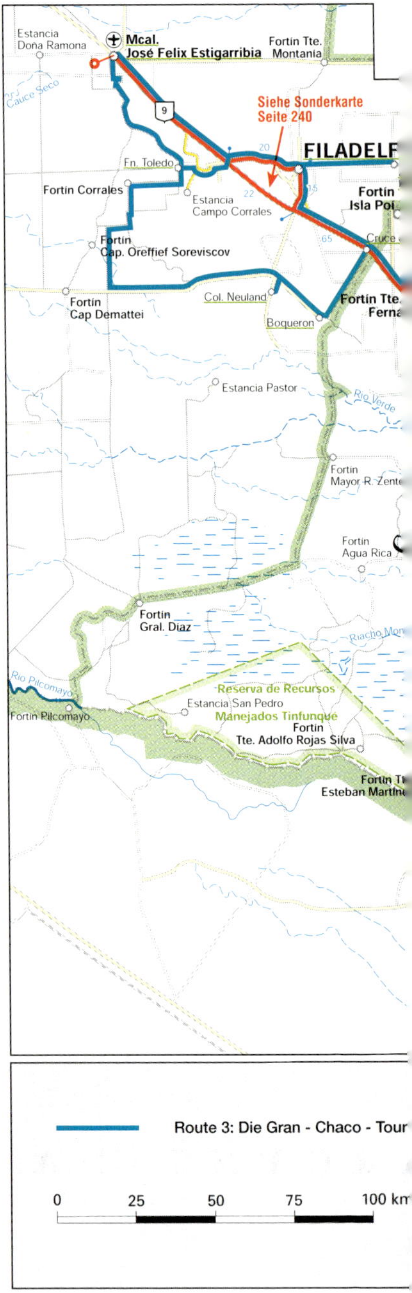

Der Süd-Chaco

Über die Avenida Artigas erreicht man von Asunción aus nach etwa 15 km die Trans-Chaco-Brücke **Puente Remanso,** die, großzügig angelegt, den Rio Paraguay überspannt. Der erste größere Ort nach der Brücke ist **Villa Hayes,** eine kleine Garnisonsstadt im gleichnamigen 15. Distrikt des Landes (Kilometer Null zur Fixierung der nachfolgenden Rundreise-Etappen). Direkt hinter dem Ort beginnt bereits der südliche Gran Chaco.

Die gesamte Chaco-Region wird weder durch Berge, Felsen, Hügel und Täler noch durch irgendwelche anderen Senken oder kleinste Erhebungen unterbrochen. Auf einer Strecke von 700 km Luftlinie existiert nur ein Gefälle von 50 m. Dies hat zur Folge, daß die Flüsse im Süden des Chacos oft ihren Lauf ändern und sich wie kringelnde

Die Gran-Chaco-Tour

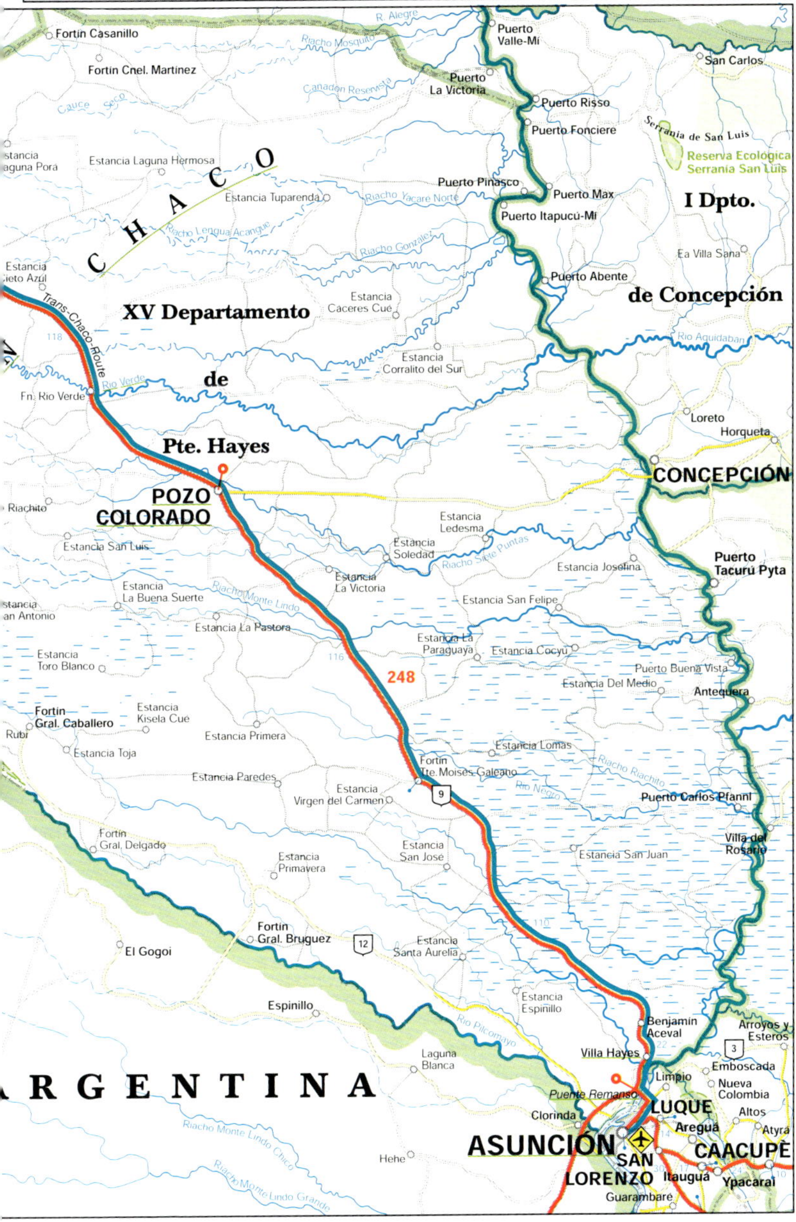

Hinter der Puente Remanso beginnt die Trans-Chaco-Route

Würmer ihren Weg durch die monotone Ebene suchen (aus der Vogelperspektive besonders anschaulich beim An- oder Abflug von Asunción: der Rio Confuso, der sich so extrem kringelt, daß man nach einer Strecke von einem Flußkilometer in einer neuen Schleife wieder neben dem gleichen Punkt ankommt, von dem aus man vor einem Kilometer startete). Entsprechend extrem weiten sich auch die Überschwemmungszonen nach heftigen Regenfällen aus, welche bei einigen Flüssen dann das eigentliche Flußbett nicht einmal mehr erahnen lassen.

Die Fahrt über die gut asphaltierte Trans-Chaco-Route von Villa Hayes zur Distrikt-Hauptstadt Pozo Colorado zeigt eine Landschaft, die von derartigen Überschwemmungen geprägt ist: sumpfige Palmenhaine und feuchtschimmernde morastige Wiesen, aus denen hier und da die schwarzen Stümpfe von Palmstämmen und anderen brandgerodeten Bäumen wie mahnende Finger gegen den Himmel ragen. Dazwischen und unübersehbar: ein einzigartiges Vogelparadies, welches die Chaco-Besucher bis hoch in die mittlere Chaco-Region begleiten wird. Hier sind Reiher, Störche, der majestätisch anmutende Sekretär, Flamingos, Geier, Papageien und Tausende von kleinen Singvogelarten beheimatet.

Ein zweites die Landschaft prägendes Bild sind die weidenden Rinder der ersten großen *estancias* hinter Villa Hayes. Sie scheinen zu Hunderten und Tausenden allgegenwärtig zu sein, wobei hier vorwiegend die weißen Bukkelrinder der Nelore-Rasse (eine Zebu-Kreuzung) zu beobachten sind. Wie aus Marmor gemeißelte Statuen stehen sie vereinzelt oder in Herden zwischen den Palmen, wobei ihnen kleine Vögel die Parasiten aus dem Fell picken. Fotomotive entdeckt man – besonders nach Regentagen, wenn die Tümpel *(tajamares)* am Rand der Ruta mit Wasser angefüllt sind – auf Schritt und Tritt.

Auf Km 145 (ab Villa Hayes) überquert man den Rio Negro und erreicht schließlich **Pozo Colorado** (248 km, Tankstelle, kleines Rasthaus). Auf den folgenden 50 Kilometern gibt es auf beiden Straßenseiten mittelgroße, von Pflanzen umwucherte Teiche, an denen eine beeindruckende Artenvielfalt von Vögeln lebt und geschäftig umherfliegt. Ein Video- oder Kamerastopp an einem dieser Tümpel ist empfehlenswert. Die direkte Ufernähe sollte man jedoch meiden, da hier unzählige Krokodile und Schlangen (-auch die bis zu 10m lang werdende Würgeschlange Boa constrictor) leben.

Der Gran Chaco

Bei Kilometer 302 überquert man den **Rio Verde,** der auch die Wettergrenze zum nun nachfolgenden trockenheißen Gran Chaco bildet. In der Trockenheit zeugen nur ein paar Pfützen und die hohen Pfahlbauten eines interessanten einheimischen Restaurants (mit Fremdenzimmern) von dem Wasser, das der Fluß nach stärkeren Regenfällen mit sich führt. Eine Foto- und Erholungspause im Pfahlhaus-Restaurant (linke Straßenseite) sollte auf jeden Fall eingeplant werden. Wen der Hunger quält, der sollte vor der Bestellung über die hölzerne Plattform um das Restaurant herumschlendern. Der tiefe Einblick in die außen angebaute Küche könnte Ästheten dazu verleiten, vielleicht doch lieber einen Diättag einzulegen. Hartgesottenen genügt in der Regel ein kräftiger desinfizierender Schnaps nach dem Essen.

Die Kolonien der mennonitischen Siedler

Auf der Weiterfahrt in den Norden des Landes ändert sich nun allmählich das Landschaftsbild. Die ohnehin lichter werdenden Palmenhaine tauchen immer seltener und schließlich gar nicht mehr auf. Buschland und Savanne lösen das Bild ab, bis man auf Km 427 die Kreuzung zum Mennoniten-Zentrum der Kolonie Fernheim erreicht. Von hier aus führen weitere 24 Kilometer Asphaltstraße zur »Perle des Chacos«, nach **Filadelfia.**

Folgende Besichtigungsmöglichkeiten kann man in Filadelfia wahrnehmen: die deutschsprachige **Radiostation ZP 30** (Av. Hindenburg/Trebol – vorher höflich anfragen, ob ein Besuch nicht ungelegen kommt), das **Jakob-Unger-Museum,** das einen recht guten Überblick über die Geschichte der mennonitischen Einwanderung gibt (Avda. Hindenburg, nahe Supermarkt), der alte Stadtfriedhof mit lesenswerten Grabinschriften sowie ein Bummel durch den alten Eck-Supermarkt, den neuen Supermarkt und durch den Buchladen (deutschsprachige Menno-Literatur, Avda. Hindenburg, nahe der Schule). Filadelfia verfügt über ein gut eingerichtetes Krankenhaus, Kinder-

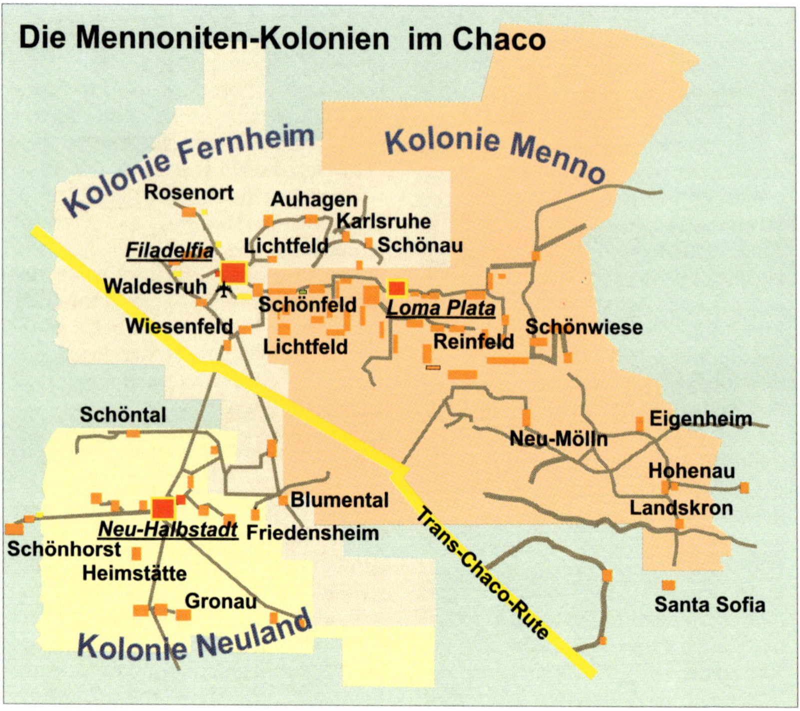

gärten, ein Altenheim, eine Schule, Kirche, Geschäfte, Tankstellen, Werkstätten, zuverlässige und fachlich gute handwerkliche Betriebe, landwirtschaftliche Kooperativen und eine sehenswerte, äußerst interessante landwirtschaftliche Versuchsanstalt.

Hotels

Florida, Avda. Hindenburg/Unruh, Tel. 091/258; Fax 206

Darüber hinaus vermittelt das Comitee Central Mennonita, Tel. 0 91/2 58 (Herr Wohlgemut), Reisenden ebenfalls Unterkunft

Restaurants

La Estrella; El Girasol, Avda. Unruh, links vom Florida einbiegen, dann nach etwa vier, fünf Häusern je ein Restaurant (mit großer, von der Straße nicht einsehbarer Terrasse rechts und links von der Straße; Essen ebenso gut wie reichhaltig)

In den drei Mennoniten-Kolonien **Fernheim** (Zentrum Filadelfia), **Neuland** (Zentrum Neu-Halbstadt) und **Menno** (Zentrum Loma Plata) leben neben den rund 11 500 blonden, blauäugigen und hellhäutigen Deutschstämmigen etwa 11 000 Chaco-Indianer – Lenguas, Moros und Chulupís. Es ist ein merkwürdiger Anblick, in dieser so alt-osteuropäisch wirkenden Idylle Filadelfias Gruppen von Indios an einer Bushaltestelle oder an den Kassen des Supermarkts stehen zu sehen. Viele dieser Indios sprechen neben ihrem Stammesdialekt auch das von den Mennoniten erlernte Plattdeutsch, was den Kontrast dieser Stadt noch lebendiger werden läßt.

Das Stadtamt in Filadelfia, Zentrum der Mennoniten-Kolonie Fernheim

Panjewagen, Frauen mit Kopftüchern oder Männer mit weißen Strohhüten und blauen Latzhosen sind zwar in Filadelfia selten geworden, aber außerhalb dieses Zentrums immer noch häufig anzutreffen. Auf der Fahrt über die staubtrockenen, roten Sandpisten (Menno-Wege) durch die drei Kolonien streift man kleine Ortschaften und bäuerliche Anwesen mit strohgedeckten Häusern, Gemüsegärten, Obstbäumen und Ochsenkarren oder Traktoren auf dem Hof. Friedensruh, Schönwiese, Rosenort und wie die kleinen Weiler noch heißen – überall wird Plattdeutsch gesprochen, überall stößt man auf Bilder altdeutschen Lebens, wie man es nur noch aus früheren Lesebüchern her kennt.

Haupteinnahmequellen der mennonitischen Siedler sind Ackerbau und Viehmast sowie die Weiterverarbeitung von Fleisch-, Milch- und Agrarprodukten. Besonders beim Überfliegen der Kolonien wird deutlich, welch enorme Leistung dieses relativ kleine Häuflein Menschen seit den Gründerjahren der Kolonien vollbracht hat. Da, wo einst die erbarmungslose »Grüne Hölle« des Gran Chaco täglich zahllose Opfer forderte, erstrecken sich heute in einer Größe, die etwa dem Saarland entspricht, schnurgerade aneinandergereihte Felder und Weide-flächen.

25 km von Filadelfia entfernt liegt in östlicher Richtung das Zentrum der Kolonie Menno, **Loma Plata,** mit einem schönen Museum.

Hotel

Loma Plata, Adresse, Tel. 09 18/3 16 (mit Restaurant)

Auf den Spuren des Chaco-Krieges

Westlich von Filadelfia erreicht man nach etwa 25 km **Toledo** mit Fort und Befestigungsanlage des heroischen Kampfes im März 1933 gegen bolivianische Einheiten und einem Soldatenfriedhof. Hier gibt es auch die sehr interessante Arten-Erhaltungsstation **Tagua,** wo vom Aussterben bedrohte Chaco-Tiere betreut werden! Da hier Fremde nicht immer mit Freudengeheul begrüßt werden, empfiehlt es sich, für Toledo einen Führer in Filadelfia anzuheuern (fragen Sie nach Sieghart Friesen, Avda. Treból).

Etwa 50 km hinter Toledo erreicht man über die asphaltierte Trans-Chaco-Route nun **Mcal. Estigarribia** (503 km ab Villa Hayes), den Schauplatz kriegerischer Auseinandersetzungen im Chaco-Krieg (1932–35). Diese nörd-

Landschaft bei Areguá, im Hintergrund liegt der Ypacaraí-See

lichste Siedlung Paraguays mit Kleinstadt-Charakter und militärischem Außenposten steht alljährlich im Mittelpunkt der Trans-Chaco-Rallye und ist praktisch die letzte Proviant- und Tankstation für Autofahrten nach Bolivien.

Hotel

Alemán, Mini-Absteige ohne jeglichen Komfort; direkt an der Hauptstraße, ca. 50 m vom Kaserneneingang entfernt

Nach einer Besichtigung der Garnisonsstadt geht es wieder über die Trans-Chaco-Route zurück nach Süden. Über die Kolonie Neuland, eventuell mit Abstecher nach **Neu-Halbstadt** (s. Karte S. 240) und Besichtigung der Stadt und der Kooperative, gelangt man nach **Boqueron.** Hier befinden sich ein Ehrendenkmal und Schützengräben der Pioniere des Chaco-Krieges. Von Boqueron führt die Fahrt über staubige Pistenwege zurück zum **Cruce de los Pioneros,** wo man wieder die Trans-Chaco-Route erreicht und im gleichnamigen Hotel (Schweizer Leitung) pausieren, speisen oder übernachten kann.

Die Rückfahrt nach Asunción (400 km) erfolgt ab hier wieder über die Trans-Chaco-Route.

Paraguay von A bis Z

Ärzte und Apotheken

Selbst in den kleinsten Ortschaften Paraguays existieren kleine staatliche Krankenstationen *(Centro de salud),* Hospitäler oder Ärzte. Leider läßt die Ausstattung oft zu wünschen übrig. Vor einer Behandlung muß die Kostenfrage geklärt werden. Nur wenn der Erkrankte oder ein Mitreisender die Kosten übernimmt (die cash zu zahlen sind), erfolgt in der Regel auch eine Behandlung. Die ärztliche Behandlung ist meist sehr preiswert. Medikamente erhält man in Apotheken, die hier *farmacia* heißen (Betonung auf dem zweiten »a«) und fast an jeder Straßenecke zu finden sind.

Auto

In jeder Ortschaft gibt es Tankstellen *(gasolinas)* und Pannendienste für plattgefahrere Reifen *(gomerías),* die man an einem großen, weiß lackierten Autoreifen vor der Tür erkennt. Reparaturen übernehmen kleinere Werkstätten, oder man bittet in einer *gomería* um Hilfe. Die Leute kennen meist irgendwelche *specialistas* im Ort und sind sehr hilfsbereit. Der Touring y Automóvil Club Paraguayo, Asunción, Av. 25 de Mayo/Brazil (Tel. 021/21 05 50), ist ausländischen Autofahrern gerne behilflich. Bei Problemen oder Unfällen mit dem Mietauto einfach die Zentrale der Mietwagenfirma anrufen. Dort sorgt man für Ersatz oder hilft Ihnen weiter.

Banken und Geldwechsel

In allen Städten, teilweise auch in größeren Ortschaften gibt es Zweigniederlassungen von Banken und Wechselstuben *(cambios).* Zum Geldwechsel sind die *cambios* zu bevorzugen, die jede harte Währung korrekt zum Tageskurs in die Landeswährung tauschen. Am Wochenende, auch sonntags, kann man in Asunción im Einkaufszentrum Shopping del Sol, Av. Aviadores del Chaco, im *cambio* (1. Etage, beim Nebeneingang) Guaraní wechseln.

Die Bankinstitute sind für den Publikumsverkehr teilweise von 8.45–12.15 Uhr geöffnet.

Camping

Camping ist in Paraguay nicht sehr verbreitet. In Asunción ist Camping im Botanischen Garten und im Parque Caballero möglich. Nahe San Bernardino existiert ebenfalls ein Campingplatz (hinter der Mautstelle nicht nach San Bernardino abbiegen, sondern weiter in Richtung Caacupé fahren, rechte Straßenseite, groß ausgeschildert; geöffnet nur von Dezember bis März).

Gute Wohnmobile baut und vermietet der Deutsche Carsten Felber aus der Kolonie Independencia (Tel. u. Fax 05 48/2 85).

Einkaufen und Shopping

Paraguay ist ein einzigartiger Duty-free-Shop, in dem entweder mit der Landeswährung oder mit US-Dollars bezahlt wird. Die international bekannten Kreditkarten werden ebenfalls akzeptiert, wobei die dem Ladenbesitzer entstehenden Mehrkosten auf den Kaufpreis geschlagen werden. Besonders preisgünstig sind Alkoholika, Zigaretten, Benzin, Textilien, Elektronik und alle im Land produzierten Waren (z. B. Hängematten, kunstgewerbliche Artikel, Gemälde zeitgenössischer Künstler, Lederartikel u.a.).

Einreise-, Aufenthalts- und Ausreisebestimmungen

Inhaber gültiger Reisepässe der Bundesrepublik Deutschland, Österreichs und der Schweiz benötigen für die Einreise nach Paraguay kein Visum. Bei der Einreise wird eine vom Reisenden ausgefüllte und unterschriebene Touristenkarte verlangt, die man vom Reiseveranstalter (meist im Flugzeug vor der Landung) erhält. Die auszufüllenden Sparten sind von 1 bis 10 durchnumeriert und zuweilen nur in Spanisch ausgedruckt. Gefragt wird nach:

- 1 a) Familienname, Vorname, für männlichen Reisenden
- 1 b) Familienname, Vorname, bei weiblicher verheirateter Reisenden
- 1 c) Mädchenname bei weiblicher Reisenden;
- 1 d) Familienname, Vorname, bei unverheirateter weibl. Reisenden
- 2) Geburtsdatum: Tag – Monat – Jahr;
- 3) Geburtsort
- 4) Nationalität

5) Beruf
6) Heimatadresse (Stadt genügt meist, da zu wenig Platz)
7a) Für Urlauber: Sie kommen von... (Kürzel für Abflugort, z. B. FRA für Frankfurt)
7b) Für in PY lebende Personen: Sie kommen von... (Kürzel für Abflugort, z. B. FRA)
8a) Für Urlauber: Wohin reisen Sie...? (Kürzel ASU für Ankunftsflughafen)
8b) Für in Paraguay lebende Personen: Wohin reisen Sie...? (ASU)
9) Komplette Paßnummer eintragen
10) Ihr Aufenthaltsort in Paraguay: (Hotelname oder Ort, z. B. *Asunción, Av. Peru 150*; bei in Paraguay lebenden Personen: Heimadresse)

Ganz unten, über *Firma del pasajero*: Unterschrift (den markierten Kasten darunter nicht beschriften).

Bei beabsichtigter Arbeitsaufnahme ist durch den Arbeitgeber eine Genehmigung der paraguayischen Einwanderungsbehörde einzuholen. In Paraguay lebende Ausländer müssen sich vor der Ausreise bei der gleichen Behörde eine Ausreisegenehmigung *(Certificado de Retorno)* beschaffen, welche später zur Wiedereinreise berechtigt. Bei der Ausreise müssen Touristen eine Gebühr in Höhe von 25 000 Gs. oder 15 US-$ (Flughafentaxe) bezahlen. Zum Bezahlen benötigt man die Bordkarte, die man beim Einchecken am Abflugschalter bekommt. Der entsprechende Schalter für die zu zahlende Flughafensteuer befindet sich kurz vor den Eingängen zum Zollbereich.

Einwanderungsbedingungen

Die Einwanderungsbedingungen sind in Paraguay für aus Europa kommende Ausländer recht unkompliziert. In der Regel reisen Einwanderer als Touristen ein (Berechtigung für dreimonatigen visafreien Aufenthalt) und beantragen anschließend in Paraguay die Aufenthaltserlaubnis. Seit dem politischen Wechsel 1989 existiert ein klares Einwanderungskonzept.

Verlangt werden folgende Papiere, die vom Paraguayischen Generalkonsulat im Heimatland beglaubigt sein müssen:

1. Polizeiliches Führungszeugnis (bis zu 3 Monate alt)
2. Staatsbürgerschaftsnachweis (gültiger Reisepaß genügt oft)
3. Geburtsurkunde
4. Heirats- bzw. Scheidungsurkunde
5. Rentennachweis

Diese beglaubigten Dokumente (vom Reisepaß eine beglaubigte Kopie der beiden wichtigen Seiten) müssen von einem zugelassenen Übersetzer ins Spanische übersetzt werden, was in Paraguay wesentlich preiswerter ist als in Europa.

Bei Geschiedenen ist die Scheidungsurkunde unerläßlich, weil bei Verkäufen von Grund und Boden, Immobilien und anderen Verkäufen, die eine notarielle Eigentumsübertragung verlangen, immer der Ehepartner mit unterzeichnen muß. (Dies gilt nicht beim Erwerb, sondern ausschließlich beim Verkauf derartiger Objekte.)

Ferner wird eine Gesundheitsbescheinigung verlangt, die man in Paraguay ausgestellt bekommt, sowie ein Investitionsnachweis (Grund und Boden, Geschäft usw.) und ein kurzfristiger Kapitalnachweis in Höhe von 10 000 US-Dollar (Konto, das nach der Bankbescheinigung sofort wieder aufgelöst werden kann).

Personen, die sich in Paraguay nicht für immer etablieren, sondern nur für befristete Zeit einem Beruf nachgehen möchten, benötigen die entsprechenden Berufsurkunden und einen paraguayischen Arbeitsvertrag. Bei gewissen Berufen und fachlichen Qualifikationen berechtigen auch allein die Berufsurkunden zu einem einjährigen Aufenthalt in Paraguay.

Generell erhalten Einwanderer, die mit den notwendigen Dokumenten ausgestattet sind, zunächst eine einjährige Aufenthaltsgenehmigung *(Residencia temporal)* mit dem paraguayischen Personalausweis *(Cedula de Identidad)*. Nach Ablauf dieses Jahres kann dann nach Vorlage der gleichen Papiere und eines nun in Paraguay ausgestellten Führungszeugnisses die Daueraufenthaltsgenehmigung *(Residencia permanente)* beantragt werden, welche mit zehnjähriger Laufzeit ausgestellt wird.

Für die Behördengänge sollte man sich eines erfahrenen Paraguayers bedienen. Zahlreiche Büros (auch deutschsprachige) bieten hier ihre Hilfe an. Die Kosten lagen 1996 inklusive Helfer bei ca. 500 US-Dollar pro Person für die Beschaffung der ersten Aufenthaltspapiere.

Ausländer, die mit gültigen Aufenthaltspapieren in Paraguay leben, unterliegen den gleichen Gesetzen, Rechten und Pflichten wie die Einheimischen. Es ist also nicht erforderlich, die eigene Staatsbürgschaft aufzugeben. Die paraguayische Staatsbürgerschaft kann jedoch schon nach drei Jahren Aufenthalt beantragt werden. Dazu sind relativ gute Spanisch- und Landeskenntnisse notwendig. Über die jeweils aktuellen Einwanderungsbedingungen informieren die Paraguayischen Generalkonsulate in den europäischen Heimatländern.

Wissenswertes für Einwanderer
Verheiratete dürfen in Paraguay all das, was ihr Herz begehrt, kaufen und erwerben. Bei einem Verkauf müssen jedoch beide Partner einverstanden sein. Autos, Grundstücke und Immobilien können grundsätzlich nur mittels einer notariellen Eigentumsübertragung *(escritura)* veräußert werden, die von beiden Ehepartnern unterzeichnet wird. Geschiedene benötigen daher das schon erwähnte beglaubigte Scheidungsurteil, welches sie als allein unterzeichnungsberechtigt ausweist.

Wer in Paraguay eine Ehe mit einer/einem Einheimischen eingeht, unterliegt – wenn zuvor nicht durch richterlichen Beschluß die Gütertrennung vereinbart wurde – ebenfalls diesen strengen Richtlinien, fortan alles mit seinem Partner teilen zu müssen. Die Gütertrennung kann nur von einem Richter ausgesprochen werden, wobei der entsprechende Antrag über einen Anwalt eingereicht wird. Gütertrennungsvereinbarung, die – wie in der Bundesrepublik – nur von einem Notar vorgenommen werden, sind ungültig.

Beim Land- oder Immobilienerwerb sollten Einwanderer stets darauf achten, daß die gesamte Kaufsumme in irgendeinem Dokument auftaucht. In vielen notariellen Eigentumsübertragungen werden, um Kosten zu sparen, nur die oft in keinem Verhältnis zum tatsächlichen Verkehrswert stehenden Fiskalpreise als Kaufsumme eingetragen. So kann der Fiskalwert eines Grundstücks z.B. bei 200 DM liegen, der tatsächliche Kaufpreis jedoch 100 000 US-$ betragen. Hier sollte dann mittels eines hieb- und stichfesten privaten Zusatzvertrages der korrekte Kaufpreis mit dem Hinweis aufgeführt sein, daß bei einer möglichen Vertragsannullierung oder ähnlichem diese Summe als voll rückzahlbar gilt.

Das paraguayische Verbraucherschutzgesetz Nr. 671 erlaubt nämlich Käufern und Verkäufern innerhalb eines Jahres bei halbwegs triftigem Grund einen Vertrag (auch die notarielle Eigentumsübertragung) richterlich annullieren zu lassen. Windige Verkäufer könnten einen Vertrag annullieren lassen, in dem als Kaufpreis nur der Fiskalpreis angegeben wurde, welcher dann auch nur zurückzuzahlen wäre. Eine Quittung über die tatsächlich bezahlte Summe kann, muß aber nicht ausreichen. Ein kleiner Zusatzvertrag erspart möglicherweise viel Geld und Leid.

Feiertage

1. 1.	Neujahr *(Año Nuevo)*
3. 2.	St. Blasius *(San Blas,* Schutzheiliger Paraguays)
1. 3.	Heldengedenktag *(Día de los Héroes)*
1. 5.	Tag der Arbeit *(Día de los Trabajadores)*
15. 5.	Unabhängigkeitstag *(Día de la Independencia)*
12. 6.	Tag des Friedens *(Día de la Paz –* Friede mit Bolivien)
15. 8.	Nationalfeiertag (Gründung der Hauptstadt Asunción)
12.10.	Entdeckung Amerikas *(Día de la Raza)*
8.12.	Maria Empfängnis (Fest der hl. Jungfrau von Caacupé)
25.12.	Weihnachten *(Navidad)*

Hinzu kommen die beweglichen Feiertage Ostern (ab Gründonnerstag, in Paraguay der wichtigste Osterfeiertag, die Heilige Woche, *La semana Santa)* und Pfingsten *(Corpus Christi).* Ein zweiter Feiertag (Weihnachten, Oster- und Pfingstmontag) ist in Paraguay unbekannt.

Film- und Fotomaterial

Film- und Fotomaterial, Videokassetten usw. sind in den größeren Städten überall erhältlich. Neben den bekannten Marken wie Kodak oder Fuji findet man nahezu alle gängigen Marken in der Hauptstadt. Zum Entwickeln der Filme bieten sich in den größeren Städten unzählige kleine Shops an (innerhalb einer Stunde, alle Formate und sehr preisgünstig).

FKK

Es existieren keine Einrichtungen für Freikörperkultur in Paraguay. Generell ist das nackte oder »Oben-ohne«-Sonnenbaden oder Schwimmen in Paraguay verboten. In öffentlichen Bädern tragen selbst Kleinkinder Badeanzüge oder Shorts.

Geschäftszeiten

Postämter, Werkstätten und Behörden sind im allgemeinen montags bis freitags 7–11.30 und 15–18 Uhr geöffnet (Briefmarkenverkauf und Aufgabe von Post in der Hauptpost auch über Mittag). Banken, Wechselstuben und die meisten Geschäfte (Supermärkte, Boutiquen) öffnen erst morgens um 9 Uhr. Viele Supermärkte haben werktags bis 22 Uhr geöffnet. Samstags schließen gegen 11.30 Uhr alle Geschäfte, Behörden und Gewerbebetriebe ihre Pforten (Ausnahme: Shopping del Sol in Asunción, hier ist Samstag und Sonntag bis nachts geöffnet).

Gesundheitsvorsorge

Für beträchtliche Vorsorgemaßnahmen gibt es weder Bestimmungen noch Veranlassung. Vereinzelt treten in Paraguay Typhus, Malaria und auch Lepra auf, so selten allerdings, daß in Paraguay lebende Personen keine prophylaktischen Medikamente einnehmen. Malariaschutz wird bei Aufenthalten und Reisen entlang der brasilianischen Grenze angeraten. Empfehlenswert, wie bei allen Reisen ins entferntere Ausland, sind Tetanus- und Polioimpfungen.

Empfehlung: Außerhalb von Asunción sollte man kein ungekochtes Wasser trinken (Gefahr einer unangenehmen Amöbenruhr). Aus dem gleichen Grund sollte man vermeiden, ungeschälte Früchte oder rohen Salat zu essen. Frischmilch nur abgekocht oder pasteurisiert trinken. Speiseeis ist in gepflegten Restaurants oder guten Eisdielen unbedenklich.

Jugendherbergen

Einzige Einrichtung dieser Art ist die Asociación de Cristiana de Jóvens, dem CVJM (Christlicher Verein junger Männer) entsprechend. Anschrift: Asunción, Luis A. de Herrera 962, Tel. 021/43314. Weitere Jugendherbergen sind von der Dirección General de Turismo geplant.

Kartenmaterial

Gutes Kartenmaterial, besonders Straßenkarten, sind in Paraguay immer noch eine Rarität. Sporadisch liegen einfache Karten in größeren Esso- und Shell-Tankstellen zum Verkauf aus. Geographisches Kartenmaterial erhält man (immens kleingedruckt) in größeren Schreibwarenläden und Buchhandlungen sowie (gutes topographisches Material) im Instituto Geográfico Militar, Avda. Artigas (8–11 Uhr). Die in den Städten angebotenen Stadtpläne sind ebenfalls meist nur mittels einer Lupe zu entziffern. Von Asunción existiert seit neuem ein gut lesbarer und übersichtlicher Falt-Stadtplan nach internationalem Muster, der in Hotels, Tankstellen und Schreibwarengeschäften angeboten wird (Gran Plano del Asunción).

Kleidung

Im paraguayischen Sommer (Dezember bis März) trägt man leichte, aber korrekte Kleidung, möglichst ohne Kunstfasern, luftdurchlässig und aus Baumwolle oder Leinen. In der Sommerzeit ist einmal pro Woche mit einem mächtigen Tropenregen zu rechnen. Schirm oder Überjacke sollten daher nicht im Reisegepäck fehlen. Shorts und Badekleidung möglichst nur am Pool oder im Garten tragen. In der Stadt gelten männliche Ausländer mit Shorts immer noch als Exoten.

Im Winter (Juni bis September) ist warme Kleidung unverzichtbar. Nachts kann es bis zu null Grad werden, tagsüber 11 bis 28 Grad. Auf Grund des relativ kurzen Winters werden die meisten Geschäfte, Banken, Restaurants usw. nicht beheizt, so daß wärmende Pullover durchaus das Abendessen in einem zugigen und zu kalt empfundenen Restaurant versüßen können. Wer das Pech hat, in einem ungeheizten Hotel zu wohnen, wird darüber hinaus auch das Schlafen im Jogging-Anzug (für besonders kalte Nächte) nicht für einen übertriebenen Vorsorgetip halten.

Kriminalität

Seit dem politischen Wechsel im Jahr 1989 hat im Zuge des Demokratisierungsprozesses die Kriminalität zugenommen. Dennoch gehört Paraguay nach wie vor zu den sichersten Reiseländern Lateinamerikas; Touristen bleiben weitgehend von Überfällen verschont. Zu den üblichen Vorsichtsmaßnahmen auf Reisen gehören: Geld, Brieftasche und Wertsachen nicht unbeaufsichtigt herumliegen lassen. In Hotels die angebotenen Safes und Wertfächer in Anspruch nehmen. Bargeld in mehrere Teile trennen und unterwegs auch getrennt aufbewahren (etwas in der Brief- oder Handtasche für Überfälle und Diebstähle aufbewahren, den Rest unauffindbarer und schwerer zugänglich verstauen).

Lebenshaltungskosten

Reisende sollten in Asunción mit einem Tagessatz von 50 bis 90 US-Dollar rechnen, außerhalb der Hauptstadt können 30 bis 60 US-Dollar als ausreichend angesehen werden.

Gute Mahlzeiten (mittags und abends) kosten in den großen Städten umgerechnet ca. je 15 bis 17 DM plus Getränke. Im Landesinneren muß man erhebliche Qualitätsabstriche machen, dafür sind die Preise aber auch entsprechend niedriger.

Deutsche Schwartau-Marmelade, Haribo-Gummibärchen oder Milka- und Bahlsen-Produkte findet man ebenso in den Regalen der städtischen Supermärkte wie frischen Leberkäs', Bauern-Leberwurst, Schinkenwurst oder deutsche Brotsorten bzw. Brötchen. Die Preise für importierte Produkte sind etwa die gleichen wie im Ursprungsland; nationale Waren (z.B. Backwaren, Wurst usw., die von in Paraguay ansässigen deutschen Metzgern, Bäckereien usw. produziert werden) sind den Preisen ähnlicher einheimischer Produkte angepaßt.

Europäer, die in diesem Land leben möchten, sollten – trotz vieler schönfärbender und anderslautender Behauptungen einiger Landanbieter und Immobilienverkäufer – dennoch mit Lebenshaltungskosten rechnen, die bei gleichem Lebensstandard jenen von Deutschland gleichen. Menschen jedoch, die sich ausschließlich von Rinderfilets, Alkohol und Zigaretten ernähren, können ihr Budget auf etwa 20% der deutschen Lebenshaltungskosten reduzieren. Diese drei Produkte, die immer wieder gerne als Beispiel für die niedrigen Kosten im Land herangezogen werden, sind die einzigen wirklich extrem billigen Waren auf dem Einkaufszettel. Ihre Preise sollten daher nicht als Maßstab für andere Artikel herangezogen werden.

Die sonstige Warenversorgung (Textilien, technische Geräte, Elektroartikel, Hausrat, Werkzeug, Farben usw.) ist ausgesprochen gut. Neue und gebrauchte Kraftfahrzeuge sind seit 1995 rund 50% preiswerter geworden (legale Einfuhren über Chile), so daß der einst florierende Handel mit gestohlenen Autos immer seltener wird. Auch Benzin ist immer noch konkurrenzlos billig.

Maße und Gewichte

In Paraguay gilt das metrische System. Auf den Märkten werden bestimmte Obst- und Gemüsesorten zuweilen auch zu Stückpreisen oder im Dutzend angeboten.

Post und Telefon

Luftpostbriefe und Päckchen nach Europa sollten grundsätzlich per Einschreiben aufgegeben werden. Es ist nicht ratsam, Bargeld zu verschicken, da auf den Postämtern leider immer noch (meist ungestraft) viel gestohlen wird. Wertsachen sollte man nur per Luftfracht oder über die international bekannten Botendienste (wie DHL u.a.) versenden.

Zur Abgabe der Post nimmt man in Asunción die im Zentrum gelegene und sehenswerte Hauptpost (Correo Central) in Anspruch. Da die Zustellung der Post nicht reibungslos funktioniert, haben die meisten Ortsansässigen ein Postfach *(casilla de correo)*. Im Landesinneren muß man sich in der Regel meist selbst zum Postamt bemühen und dort nachfragen, ob Post für einen angekommen ist. Die eingehende Post liegt dort auf einem großen Berg, und jeder muß sich seine Briefe selbst heraussuchen.

Post *(correo)* und Telekommunikation *(Antelco)* sind zwei getrennte, völlig von einander unabhängige Unternehmen. Das paraguayische Fernsprechnetz ist für lateinamerikanische Verhältnisse recht gut. In ländlichen Gebieten konnten Auslandsgespräche bisher nur per Handvermittlung in den Antelco-Stationen geführt werden. In den Großstädten existieren sogenannte DDI-Leitungen, die es den Teilnehmern ermöglichen, im Selbstwähldienst Auslandsgespräche zu führen (Vorwahl 002 öffnet die internationale Linie, danach wird die Landesnummer ohne Null gewählt. Beispiel, Durchwahl nach Deutschland: 00249, Ortskennzahl ohne Null, Teilnehmernummer).

Die Firma Siemens verlegt seit Herbst 1996 Glasfaserkabel-Leitungen, die quer durch das gesamte Land führen. Ab 1998 werden dann unzählige Orte am Selbstwähldienst angeschlossen sein. In Asunción und größeren Städten besitzen fast alle Hotels, Firmen und viele Geschäftsleute auch Fax- und Internetanschlüsse.

Die internationale Vorwahl für Paraguay ist 00595.

Die Vorwahlnummern der wichtigsten Städte (nach der internationalen Vorwahl stets ohne 0 zu wählen):

Asunción	021
Ciudad del Este	061
Concepción	031
Encarnación	071
Filadelfia	091
Pedro J. Caballero	036
Villarrica	0541

Vorwahl für *celular* (Handy): 0981

Reisezeit

Die paraguayischen Sommermonate (Dezember bis März) bilden gleichzeitig auch die Regenzeit, in welcher es einmal pro Woche wie aus Eimern gießt. Danach kann es für ein, zwei Tage (Verdampfung des Regenwassers bei nachfolgender Hitze) zu hoher Luftfeuchtigkeit kommen. Der Sommer ist mit Mittagstemperaturen bis zu 40° recht heiß – im Chaco trocken und noch heißer. Gemäßigtere Temperaturen herrschen im Herbst (April bis Mai) und im Frühjahr (Oktober bis November), aber auch hier kann es zuweilen kräftig regnen. Allgemein hat Paraguay aber etwa 300 Sonnentage im Jahr, und es herrscht überwiegend Nordwind (warm und äquatorial). Der vom Südpol kommende Südwind wird im Sommer als lindernd, im Winter als feucht-frostig empfunden. Ausführliche Informationen über die klimatischen Verhältnisse in Paraguay können gegen eine Gebühr vom Deutschen Wetterdienst, Seewetteramt, Postfach 180, in Hamburg eingeholt werden.

Rundfunk und Fernsehen

Deutsche Nachrichten, Fußballergebnisse und Service-Themen werden von der Deutschen Welle über Mittel- und Kurzwelle empfangen. Die meisten Hotels in Asunción sind am TV-Kabelnetz angeschlossen, über das man auch die Deutsche Welle-TV empfangen kann. Rund um die Uhr kann man in zweistündigem Turnus hier deutsche Sendungen (am Wochenende ein deutschsprachiges sechsstündiges Unterhaltungsprogramm) sehen. Dazwischen werden die Themen zwei Stunden lang in Englisch und Spanisch wiederholt. Programmhefte und Frequenzen für die Rundfunksender erhält man kostenlos bei der Deutschen Welle in Köln. Die Rundfunksendungen können inzwischen ebenfalls via Satellit und Kabel in UKW-Qualität empfangen werden.

Souvenirs

In den Hauptgeschäftsstraßen Asuncións (Verkaufsbuden an der Plaza de los Heréos und Geschäfte in der Av. Palma, Estrella und Colón) gibt es eine Fülle von kunsthandwerklichen Erzeugnissen zu kaufen, die als typisch paraguayisch angesehen werden können.

Ñandutí: hauchzarte Spitzenmantillas, -decken und -tücher, die nach überlieferten Mustern und Herstellungsmethoden aus Baumwollfasern angefertigt werden

Mate-Becher mit bombilla: kleine ausgehöhlte Trinkgefäße aus Kuhhorn, Holz oder Kürbissen mit dem dazugehörigen silbernen Trinkröhrchen

Aho-Poí: bestickte Blusen, Hemden und Kleider, meist natur-beige und recht preiswert

Weitere Souvenirs aus Paraguay: Taschen aus festem, hellem Rindsleder, Gold- und Silberschmuck, Ponchos, Hängematten, Keramiken, Harfen und Gitarren, holzgeschnitzte Skulpturen sowie schöne und preiswerte Malereien von paraguayischen Künstlern.

Speisen und Getränke

Sopa Paraguaya: Was klingt wie eine Suppe, ist vielmehr eine Art fester Kuchen aus Maismehl, Mozarella-Käse, Milch, Eiern, Zwiebeln und jeder Menge Öl. Ein ländliches paraguayisches Fest ist ohne die *Sopa Paraguaya,* welche nicht immer den Geschmack europäischer Gaumen trifft, nahezu undenkbar.

Soó Yosopy: Suppe mit gewürztem Hackfleisch

Chipa: staubtrockene Maiskringel, oft mit Anis angereichert, die ofenfrisch recht eigenwillig, aber gut schmecken können. Wie bei der bayerischen Weißwurst sollte die Chipa vor 12 Uhr mittags im Magen angelangt sein.

Dorado und *surubí:* riesige, grätenlose Flußfische, die sich auch außerhalb der Landesgrenzen großer Beliebtheit erfreuen. Zu den vorzüglich schmeckenden Fischgerichten zählt auch der *tilapia,* ein aus Afrika kommender, im Land gezüchteter forellenartiger Fisch, der gekocht oder gebraten serviert werden kann.

Typische Landesfrüchte: Ananas, Mango, Papaya *(mamón),* Avocados, Zitrusfrüchte und zweimal jährlich Erdbeeren *(frutillias).*

Tereré: bitter schmeckendes Teegetränk aus der Yerba-Mate-Pflanze, mit eiskaltem Wasser aufgeschüttet. Als heißes Aufgußgetränk im Winter nennt man es *Mate.* Durststillend und belebend wird dieses Nationalgetränk aus einem speziellen Becher mit Saughalm getrunken. In Gesellschaft mit anderen wird der Becher immer wieder neu aufgegossen und in der Runde herumgereicht (S. 133).

Caña: Zuckerrohrschnaps, der hart oder edel schmecken kann – je nach zubereitender Brennerei. *Caña* ist recht billig und wird bei Festen besonders im Landesinneren getrunken.

Caipiriña: alkoholischer Knock-outer, zubereitet aus *caña* (sanfter mit Wodka), viel Limonensaft und noch mehr Zucker. Schmeckt lecker wie ein erfrischender Zitronensaft, wird mit Strohhalm serviert und zeigt nach dem dritten Glas deutliche Wirkungen!

Don Pedro: zwei Bälle Speiseeis (Vanille oder Nuß) mit einem doppelten Scotch-Whisky. Gerührt, bis die Masse dickflüssig trinkbar wird, und mit zwei Strohhalmen serviert, schmeckt dieser Longdrink sanft und cremig wie ein Baileys, beschert dem Genießer aber nach zwei, drei Gläsern einen wachen Geist und eine nicht mehr unter Kontrolle zu bringende schwere, lallende Zunge.

Cerveza: Paraguayisches Bier kann sich mit vielen ausländischen Bieren messen und wird als eiskalt gezapftes Bier *(chop)* ebenso gerne und viel getrunken wie als Flaschen- oder Dosenbier. Neben den nationalen Bieren Munich, Baviera, Dorada, Pilsen und Belco haben in den letzten Jahren auch ausländische Marken ihre eingeschworene Gemeinde gefunden (Carlsberg, Ohlsson's, Budweiser u.a.).

Sportmöglichkeiten

In den Städten gibt es unzählige Clubs, welche Tennis-, Reit- und Schwimmanlagen anbieten. Nahe des Flughafens von Asunción existiert eine große und gut frequentierte Jogging-Anlage mit Kinderspielplatz und Radwegen. Volkssport sind Fußball und Volleyball. Die bescheidenen Plätze hierfür findet man in jeder auch noch so winzigen Siedlung.

Sprache

Landessprachen sind Spanisch und Guaraní (S. 109/110). In den deutschen Kolonien wird Deutsch gesprochen und verstanden. In vielen Geschäftshäusern, Banken, Hotels oder großen Werkstätten arbeiten in Asunción Deutschstämmige, die gerne weiterhelfen.

Staatsangehörigkeit

In Paraguay geborene Kinder ausländischer Eltern besitzen (auch) die paraguayische Staatsangehörigkeit. Die Staatsangehörigkeit ausländischer Ehepartner wird durch Eheschließung mit einem paraguayischen Bürger nicht berührt (s. auch Einwanderungsbestimmungen, S. 245/246).

Städtische Verkehrsmittel und Taxis

Busse und Taxis sind veraltet und nicht immer verkehrssicher. Taxis sind gelb und durch ein Schild auf dem Wagendach zu erkennen. Obwohl sie mit Taxametern ausgestattet sind, sollte man bei längeren Fahrten vorher den Fahrpreis aushandeln. Trinkgeld ist nicht obligatorisch, wird von Ausländern aber erwartet.

Preisbeispiel: Eine Taxifahrt zum Südufer des Ypacaraí-Sees (Areguá oder Ypacaraí) vom Zentrum Asuncións aus kostet etwa 35 000 bis 50 000 Gs., mit dem Bus hingegen nur 1 500 Gs. Ein Taxi nach San Bernardino und zurück mit zwei Stunden Wartezeit wird unter 80 000 Gs. kaum zu bekommen sein, die gleiche Fahrt mit dem Bus kostet 4 000 Gs. pro Person (s. auch S. 156/157).

Stromspannung

Die Stromspannung beträgt 220 Volt, 50 Hz Wechselstrom. Schuko-Stecker können nur mit Adapter benutzt werden, wobei jedoch die in Europa üblichen flachen Gerätestecker (bei Rasierapparaten, Ladegeräten für Videobatterien, Stereoanlagen u. ä.) in paraguayischen Steckdosen benutzt werden können.

Trinkgelder

In Restaurants sind bei Rechnungen bis 50 DM etwa 10 % üblich. Bei höheren Rechnungen sind 5 % angemessen. Die durchschnittlichen Tageslöhne lagen 1996 bei ca. 17 DM. Als Trinkgeld einen kompletten Taglohn zu zahlen, stünde somit in keinem Verhältnis zum Lohn eines Angestellten. Ansonsten sollte die Zufriedenheit des Kunden die Höhe eines Trinkgeldes bestimmen.

Toiletten und Hygiene

Die Zimmer in guten Hotels haben alle sehr schöne Bäder, und auch in guten Restaurants legt man auf saubere Toiletten großen Wert. Wer das verschwiegene Örtchen notgedrungen in Imbißbuden oder ländlichen Werkstätten, Tankstellen und dörflichen Restaurants aufsuchen muß, wird oft etwas Überwindung brauchen, die entsprechenden Räumlichkeiten zu betreten.

Im Inland bestehen zudem die Abwasserrohre vieler Toiletten in Privathäusern, Restaurants und kleineren Hotels nur aus etwa armdicken Wasserleitungsrohren. Um das Verstopfen durch Toilettenpapier zu vermeiden, stehen neben solchen Toiletten Papierkörbe für gebrauchtes Papier, oder das benutzte Papier wird sorgsam gefaltet neben das Toilettenbecken geworfen.

Auf Rundreisen sollten immer Seife, ein Handtuch und eine Rolle Toilettenpapier im Handgepäck sein.

Verhaltensweise

Auf Rundreisen sollte man immer seine Ausweispapiere (Reisepaß) dabeihaben.

Paraguayer sind sehr stolz und reagieren zuweilen recht heißblütig, wenn man an ihrer Ehre kratzt. Als Gäste des Landes sollten sich ausländische Besucher daher nie betont kritisch oder abfällig äußern (S. 130–133).

Verboten ist es, militärische Anlagen zu fotografieren, wozu auch die Zollbereiche beim Grenzübertritt nach Brasilien oder Argentinien zählen. In Encarnación kann schon das Fotografieren des Paraná-Ufers und der Anlagestelle des Fährschiffes einen Militärposten herbeirufen. Ebenfalls untersagt ist das Fotografieren des Staatspräsidenten bei öffentlichen Auftritten oder das Filmen und Fotografieren seiner privaten Residenz.

Währung

Die Währungseinheit Paraguays ist der Guaraní (Gs.), der in 100 Céntimos unterteilt ist. Im Umlauf sind Banknoten zu 100, 500, 1000, 5000, 10000 und 50000 Gs. sowie Münzen zu 1, 5, 10, 50 und 100 Gs. Die Banknoten zu 100 Gs. werden nach und nach eingezogen. Landeswährungen und Devisen können unbeschränkt ein- und ausgeführt werden, wobei die bekannten harten Währungen wie US-Dollar, Deutsche Mark, Schweizer Franken, Yen usw. in Paraguay zu wesentlich besseren Kursen getauscht werden können als im Heimatland, wo der Guaraní meist als Exotenwährung weit unter Kurs gehandelt wird.

In den Jahren 1993 bis 1998 lag der Kurs für 1 DM (mit leichten Schwankungen) durchschnittlich bei 1300 Gs.

Zeitdifferenz

Die paraguayische Zeit liegt um einige Stunden hinter der Mitteleuropäischen Zeit (MEZ). Vom 1. April bis 30. September beträgt der Zeitunterschied minus 6 Stunden. Vom 1. Oktober bis zum 31. März minus 4 Stunden.

Zeitungen, Zeitschriften (deutschsprachige)

Es erscheinen zwei deutschsprachige Zeitschriften in Paraguay (wöchentlich). Sie liegen überall dort aus, wo in der Regel Deutschsprachige einkaufen (Post, Videothek, Bäcker, Metzger usw.) und in den Flughafenkiosken. An deutschen Illustrierten (sehr teuer) gibt es nur einige Einzelexemplare am Flughafen (Stern, Spiegel: ca. 15 DM).

Zollbestimmungen

Reisegepäck ist zollfrei. Darunter fallen Kleidungsstücke, Wäsche, Toilettenartikel usw., ferner ein Fotoapparat, eine Filmkamera mit Filmen, Angelgerät und persönlicher Schmuck, der deutliche Gebrauchsspuren trägt. Parfüm zum Eigengebrauch, bis zu 200 Zigaretten oder 50 Zigarren oder 250 g Tabak und 1 Flasche Spirituosen dürfen ebenfalls zollfrei eingeführt werden.

Kraftfahrzeuge können von Touristen mit Vorlage eines Carnet de Passage, Eigentumsnachweises und Internationalen Führerscheines bis zu 60 Tagen eingeführt werden. Zollfrei für Einwanderer ist das normale Umzugsgut (Container oder Seekiste). Für größere Hausratsobjekte, wie Fernseher, Kühlschränke, Waschmaschinen, Spülmaschinen usw., muß zuweilen der Nachweis erbracht werden (Rechnungen, Quittungen), daß die Gegenstände mindestens ein Jahr im Besitz des Einwanderers sind. Trinkgelder werden auch hier gerne genommen und helfen, Probleme zu beseitigen.

Detaillierte Auskünfte erteilen die Paraguayischen Generalkonsulate im Heimatland, bzw. Reedereien und Transportfirmen, die sich auf Umzüge nach Südamerika und Paraguay spezialisiert haben.

Wichtige Anschriften für deutschsprachige Besucher

Diplomatische und konsularische Vertretungen

Vertretungen Paraguays in der Bundesrepublik Deutschland

Botschaft der Republik Paraguay,
Uhlandstr. 32, 53173 Bonn,
Tel. 0228/35 67 27, Fax 36 66 63

Generalkonsulat von Paraguay,
Heilwigstr. 123, 20249 Hamburg,
Tel. 040/47 47 41, 2 80 34 34, Fax 4 80 23 37

Honorarkonsulat von Paraguay,
Düppelstr. 19, 24105 Kiel,
Tel. 0431/8 31 98, 80 44 31

Honorargeneralkonsulat von Paraguay,
Linprunstraße 2/Ecke Sandstraße,
80335 München, Tel. 089/5 23 11 12,
Fax 52 46 36

Honorarvizekonsulat von Paraguay,
Rotebühlplatz 20a (c/o Kanzlei Gaßmann + Seidel), 70178 Stuttgart,
Tel. 0 71 71/40 31, Fax 2 14 38

Honorargeneralkonsulat von Paraguay,
Wandersmannstr. 68, 65205 Wiesbaden,
Tel. 06 11/71 13 61, 71 90 47, Fax 71 24 90

Vertretung Paraguays in Österreich

Botschaft der Republik Paraguay, Strohgasse 16/6, 1030 Wien, Tel. 0222/7 15 56 08,
Fax 7 15 56 09

Vertretung Paraguays in der Schweiz

Botschaft der Republik Paraguay,
Kramgasse 58, 3011 Bern,
Tel. 031/3 12 32 22, Fax 3 12 34 32

Vertretungen Deutschlands in Paraguay

Botschaft der Bundesrepublik Deutschland,
Av. Venezuela 241, Tel. 00595/21/40 09,
21 40 10/11, Fax 21 28 63,
Postadresse: C.d.C. 471, PY-1209 Asunción

Honorarkonsulat, Calle Jorge Memmel 631,
Encarnación, Tel. 00595/71/40 41, 33 35

Honorarkonsulat, Casilla de Correo 1153,
Neu-Halbstadt, Tel. 00595/91/3 45, 201

Vertretung Österreichs in Paraguay

Österreichisches Generalkonsulat,
Av. General Diaz 525, Asunción,
Tel. 00595/21/44 39 10, Fax 44 48 15,
Postadresse: C.d.C. 582, PY-1209 Asunción

Vertretung der Schweiz in Paraguay

Botschaft der Schweizerischen Eidgenossenschaft: Av. Juan O'Leary 409/Ecke Estrella,
Asunción, Tel. 00595/21/44 80 22, 49 08 48,
Fax 44 58 53,
Postadresse: C.d.C. 552, PY-1209 Asunción

Auskunftsstellen

Fremdenverkehrsamt der Republik Paraguay,
Postfach 17 68, 67606 Kaiserslautern,
Tel. 0 63 05/99 30 52, Fax 99 30 52

Bundesverwaltungsamt, Informationsstelle für Auslandtätige und Auswanderer,
Marzellenstr. 50-56, 50668 Köln,
Tel. 0221/77 80-0,
Postadresse: Postf. 68 01 69

Bundestelle für Außenhandelsinformationen, Agrippastr. 87–93, Postfach 10 80 07,
50676 Köln, Tel. 0221/20 57-3 16

Dirección General de Turismo Paraguayo,
Asunción, Av. Palma 468,
Tel. 00595/21/49 12 30

Touring y Automóvil Club Paraguayo,
Asunción, Av. 25 de Mayo y Brasil,
Tel. 0 05 95/21/21 05 50

Dirección de Migraciones, Asunción,
Av. Juan O'Leary y Gral. Diaz, 1. Etage

Federación de la Producción, Industria y Comercio (FEPRINCO),
Asunción, Av. Oliva y Alberdi,
Tel. 0 05 95/21/44 66 38

Deutschsprachige Vereinigungen

Deutsch-Paraguayische Industrie- u. Handelskammer,
Asunción, Av. Independencia Nacional 811, Piso 9, Edificio »El Productor«,
Tel. 0 05 95/21/44 65 94, 45 05 57,
Fax 44 97 35, e-mail: ahkasn@mail.pla.net.py
Postadresse: Cámara de Comercio y Industria Paraguayo-Alemana, C.d.C. 919,
PY-1209 Asunción

Gesellschaft zur Pflege deutsch-paraguayischer Beziehungen e.V.,
Trivastr. 15, 80637 München,
Tel. 0 89/1 57 60 60

Paraguay-Arbeitsgemeinschaft e. V.,
Wiedemannstr. 4, 41199 Mönchengladbach,
Tel. 0 21 66/68 03 68

Arbeitsgemeinschaft Lateinamerikanischer Investoren (A.L.I.),
C.d.C. 13010, PY-1749 Asunción

Club Paraguay e.V.,
Goethestr. 11, 75050 Gemmingen-Stebbach,
Tel. 0 72 67/81 11

Indianerhilfe in Paraguay e.V.,
Kaltenweider Str. 15, 30900 Wedemark,
Tel. 0 51 30/41 57

Instituto Cultural Paraguayo-Aleman,
Asunción, Av. Gral Artigas 303 y Juan de Salazar, Tel. 0 05 95/21/2 62 42

Ayuda Social Germano-Paraguayo (Deutsche Frauenhilfe) Asunción,
Av. España 202, Tel. 0 05 95/21/44 94 85

Transportunternehmen und Reisebüros

SLT-Speditions-GmbH,
Hanna-Kunath-Str., 28199 Bremen,
Tel. 04 21/5 36 80-0, Fax 5 36 80-11

Südamerika Line
(Flugreisen und Rundfahrten),
Fischbacherstr. 81, 67691 Hochspeyer,
Tel. 01 80/5 34 27 30, Fax 0 63 05/53 42

Lateinamerikanischer Freundeskreis,
Schwachhauser Heerstr. 222,
28213 Bremen, Tel. 04 21/23 62 45

Lufthansa,
Am Hauptbahnhof 2, 60329 Frankfurt,
Tel. 0 69/23 06 21

Deutsche Schulen und Kindergärten

Colegio de Goethe, Av. Ycua Satí, Asunción,
Tel. 0 21/66 25 46

Colegio Concordia,
Av. César Saniego y Silia Enciso, Asunción,
Tel. 0 21/29 13 70

Kindergarten »Spielen und Lernen«,
Asunción, Av. R.I.5, Gral. Diaz (nahe Boggiani und Municipalidad), Tel. 0 21/60 49 30

Deutschsprachige Ärzte, Notare und Übersetzer

(Siehe Asunción von A bis Z, S. 183–190)

Kleine Sprachkunde

Aussprache

Im großen und ganzen bereiten Aussprache und Betonung spanischer Wörter auch dem Anfänger keine großen Schwierigkeiten. Bei Wörtern, die mit Vokal oder n und s enden, liegt die Betonung auf der vorletzten Silbe, bei Wörtern auf Konsonant (außer n und s) auf der letzten Silbe. Abweichende Betonungen werden durch Akzent gekennzeichnet, z.B. alemán (deutsch). Vokale haben eine mittlere Länge, sind also weder ganz lang noch ganz kurz; Diphthonge werden getrennt ausgesprochen, also a-i, e-i usw. Bei den Konsonanten gibt es folgende Ausspracheunterschiede zum Deutschen, wobei hier gleichzeitig die Besonderheiten des lateinamerikanischen Spanisch berücksichtigt sind.

c	vor a, o, u und Konsonanten wie deutsches k: casa (Haus); vor e und i wie stimmloses s in Straße: cinco (fünf)
ch	wie tsch in Pritsche: mucho (viel)
g	vor e und i wie ch in Dach: gerente (Geschäftsführer)
h	ist immer stumm
j	wie ch in Dach: jefe (Chef)
ll	wie eine Kombination von l und j in Familie: calle (Straße)
ñ	wie eine Kombination von n und j in Champagner: niño (Kind)
qu	immer wie k: quince (fünfzehn)
s	wie stimmloses s in Straße: casa (Haus); nur vor stimmhaften Konsonanten wie stimmhaftes s in sagen: mismo (selbst)
v	am Wortanfang wie b: viejo (alt)
x	vor Vokalen wie ks: próximo (der nächste); vor Konsonanten wie stimmloses s: exposición (Ausstellung)
y	zwischen Vokalen und am Wortanfang wie j in ja: yugo (Joch); am Wortende wie i: hoy (heute)
z	wie stimmloses s in Straße: zócalo (Platz)

Allgemeines

Herr	el señor	Mann	el hombre
Frau	la señora	Frau	la mujer
Fräulein	la señorita	Kind	el niño, la niña
Junge	el muchacho	Mädchen	la muchacha
	el chico		la chica
junger Mann	el joven	junges Mädchen	la joven
Freund	el amigo	Ehemann	el esposo
Freundin	la amiga	Ehefrau	la esposa
ja	si	nein	no
ich bin	estoy	wir sind	estamos
ich habe	tengo	wir haben	tenemos
Deutschland	Alemania	Deutsche(r)	alemán, alemana
Österreich	Austria	Österreicher(in)	austríaco, austríaca
Schweiz	Suiza	Schweizer(in)	suizo, suiza

Verständigung

Sprechen sie Deutsch?	¿Habla Usted alemán?
Verstehen Sie Englisch?	¿Entiende Usted el inglés?
Ich spreche nicht Spanisch	No hablo español (oder castellano)
Ein wenig	Un poco
Ich verstehe nicht	No entiendo
Ich verstehe nichts	No comprendo nada
Ich habe nicht verstanden	No he comprendido

Schreiben Sie das bitte auf!	¡Escriba Usted esto, por favor!
Verstehen Sie mich?	¿Me entiende Usted?
Sprechen Sie bitte etwas langsamer!	¡Hable Usted más despacio, por favor!
Was sagten Sie?	¿Qué dijo Usted?
Wie heißt das im Spanischen?	¿Comó se llama esto en español?
Wie spricht man dieses Wort aus?	¿Comó se pronuncia esta palabra?
Ich möchte mit einem Dolmetscher sprechen	Quisiera hablar con un intérprete

Höflichkeitsformen

Guten Morgen!	¡Buenos días!
Guten Tag! Guten Abend!	¡Buenas tardes!
Gute Nacht!	¡Buenas noches!
Wie geht es Ihnen?	¿Comó está Usted?
Danke, sehr gut	Muy bien, gracias
Wie geht es Ihrer Familie?	¿Cómo está su familia?
Zu Hause ist alles gesund	En casa todos están bien
Darf ich mich vorstellen?	¿Permítame que me presente?
Darf ich Sie mit Herrn X bekanntmachen?	¿Me permite Usted que le presente al Sr. X?
Mit wem habe ich die Ehre zu sprechen?	¿Con quién tengo el honor de hablar?
Wie heißen Sie?	¿Comó se llama Usted?
Mein Name ist ...	Me llamo ...
Hier ist meine Karte	Tenga mi tarjeta
Sehr angenehm	Encantado (männl.), encantada (weibl.)
Es freut mich, Ihre Bekanntschaft zu machen	Me alegro de conocerle
Geben Sie mir bitte ...	Por favor, déme ...
Ich möchte, wünsche ...	Quiero, quisiera, deseo ...
Hätten Sie die Güte...	Haga Usted el favor ...
Vielen Dank!	¡Muchas gracias!
Gern geschehen!	¡De nada!
Keine Ursache!	¡No hay de qué!
Sie sind sehr liebenswürdig	Es Usted muy amable
Grüße an Ihre Frau!	Saludos a su señora!
Entschuldigung!	¡Perdón!
Entschuldigen Sie bitte!	¡Perdone! Discúlpeme!
Es tut mir sehr leid!	¡Lo siento mucho!
Auf Wiedersehen!	¡Hasta la vista!
Auf baldiges Wiedersehen!	¡Hasta luego!
Adieu!	¡Adiós!
Bis morgen!	¡Hasta mañana!
Alles Gute!	¡Que la vaya bien!
Gute Reise!	¡Buen viaje!

Wochentage, Tages- und Jahreszeiten

Montag	el lunes	nachmittags, abends	por la tarde
Dienstag	el martes	nachts	de noche
Mittwoch	el miércoles	um Mitternacht	a medianoche
Donnerstag	el jueves	heute morgen	esta mañana
Freitag	el viernes	heute abend	esta tarde
Samstag	el sábado	heute nacht	esta noche
Sonntag	el domingo	voriges Jahr	el año pasado
Tag	el día	nächstes Jahr	el año próximo
Woche	la semana	Frühling	la primavera
Monat	el mes	Sommer	el verano
Jahr	el año	Herbst	el otoño
heute	hoy	Winter	el invierno

gestern	ayer	Wie spät ist es?	¿Qué hora es?
morgen	mañana	Es ist 1 Uhr	Es la una
übermorgen	pasado mañana	Es ist 10 nach 2	Son las dos y diez
morgens	por la mañana	Es ist ein Viertel nach 3	Son las tres y quarto
mittags	a mediodía	Es ist halb 5	Son las cuatro y media
gegen Mittag	hacia mediodía	Es ist viertel vor 5	Falta un cuarto para las cinco

Zahlen

0	cero	10	diez	20	veinte	100	ciento
1	uno	11	once	21	veintiuno	200	doscientos
2	dos	12	doce		usw.		usw.
3	tres	13	trece	30	treinta		
4	cuatro	14	catorce	40	cuarenta	1000	mil
5	cinco	15	quince	50	cincuenta	2000	dos mil
6	seis	16	dieciséis	60	sesenta		usw.
7	siete	17	diecisiete	70	setenta		
8	ocho	18	dieciocho	80	ochenta		
9	nueve	19	diecinueve	90	noventa		

Adjektive und Adverbien

gut	bueno	rechts	a la derecha
schön	hermoso, lindo	links	a la izquierda
schlecht	malo	kaputt	destruido
warm	caliente	dumm	estúpido
kalt	frío	lustig	alegre
groß	grande	müde	cansado
klein	pequeño, chico	krank	enfermo
lang	largo	billig	barato
kurz	corto, breve	teuer	caro
früh	temprano	leicht	fácil
spät	tarde	schwer	difícil
viel	mucho	neu	nuevo
wenig	poco	jung	joven
hoch	alto	schnell	rápido
niedrig	bajo	langsam	lento
oben	arriba	traurig	triste
unten	abajo	sauber	limpio
alt	viejo	schmutzig	sucio

Himmelsrichtungen

Osten	el este	Norden	el norte
Westen	el oeste	Süden	el sur

Farben

weiß	blanco	blau	azul
gelb	amarillo	hellblau	azul claro
orange	anaranjado	grün	verde
rosa	rosado	dunkelgrün	verde oscuro
fleischfarben	encarnado	braun	marrón,moreno
rot	roro, colorado	graubraun	pardo
karmesin	carmesí	grau	gris
purpurfarben	morado	schwarz	negro

Im Restaurant

Restaurant	el restaurante	Serviette	la servilleta
Frühstück	el desayuno	Teller	el plato
Mittagessen	el almuerzo	Tasse	la taza
Abendessen	la cena	Glas	el vaso
Essen	la comida	Flasche	la botella
Getränke	las bebidas	Löffel	la cuchara
Speisekarte	la carta	Gabel	el tenedor
Tisch	la mesa	Messer	el cuchillo
Kellner	el camarero	Rechnung	la cuenta
Kellnerin	la camarera	Trinkgeld	la propina
Milchkaffee	el café con leche	Eis	el helado
Tee	el té	Zucker	el azúcar
Ei	el huevo	Salz	la sal
Rühreier	huevos revueltos	Pfeffer	la pimienta
Schinken	el jamón	Öl	el aceite
Käse	el queso	Essig	el vinagre
Brot	el pan	Reis	el aroz
Brötchen	los panecillos	Salat	la ensalada
Toastbrot	el pan tostado	Kartoffeln	las patatas
Butter	la mantequilla		las papas
	la manteca	Fleisch	la carne
Saft	el jugo	Suppe	la sopa
Wein	el vino	Fisch	el pescado
Bier	la cerveza	Hähnchen	el pollo

Unterkunft

Hotel	el hotel	Toilettenpapier	el papel higiénico
fließendes Wasser	el agua corriente	Handtuch	la toalla
Haus	la casa	Seife	el jabón
Quartier	el alojamiento	Schlüssel	la llave
Wohnung	la residencia	Licht	la luz
Zimmer	el cuarto, la habitación	Heizung	la calefacción
Schlafzimmer	el dormitorio	Bettdecke	la frazada
Bett	la cama	Kissen	la almohada
Bad	el baño	Schrank	el armario
Dusche	la ducha	Koffer	la maleta
Toilette	los lavabos, el baño	Fahrstuhl	el ascensor

Ich möchte ein Einzelzimmer mit Bad	Deseo un cuarto para una persona con baño
... ein Zimmer mit 2 Betten	... un cuarto con dos camas
... ein Zimmer mit Doppelbett	... un cuarto de matrimonio
Was kostet es?	¿Cuánto cuesta?
Wie hoch ist der Preis?	¿Cuál es el precio?
Alles inbegriffen?	¿Todo incluido?
Kann ich das Zimmer sehen?	¿Puedo ver el cuarto?
Dieses Zimmer gefällt mir nicht	Esto cuarto no me gusta
Es ist zu klein	Es demasiado pequeño
Es ist zu teuer	Es demasiado caro
Haben Sie ein billigeres Zimmer?	¿Tienen un cuarto más barato?
Das Zimmer ist ziemlich schmutzig	El cuarto está bastante sucio
Die Lampe brennt nicht	La lámpera no funciona
Ist Post für mich da?	¿Hay correo para mí?
Haben Sie Briefmarken?	¿Tienen Usted estampillas?
Bitte, wecken Sie mich um 6 Uhr!	¡Por favor, llámene a las seis!
Wir fahren morgen	Partimos mañana
Die Rechnung, bitte!	¡La Cuenta, por favor!

Bibliographie

Einleitung

Das nachfolgende Literaturverzeichnis ist nach Themen geordnet und in erster Linie unter dem Gesichtspunkt der Aktualität zusammengestellt worden. Viele der aufgeführten Bücher sind daher über den Buchhandel zu beziehen. Einige ältere Titel sind nur noch antiquarisch oder über Bibliotheken zu erreichen.

Reiseliteratur und Sprache

Haller, Frank: Kleines Konversationshandbuch für Paraguay. Deutsch – Spanisch – Guaraní (mit umfangreicher Bibliographie zur Guaraní-Sprache). Kaiserslautern 1964

Pausewang, Gudrun (Hg.): Südamerika aus erster Hand. Würzburg 1975

Seiferheld, Alfredo M.: Paraguay im Spiegel der deutschen Sprache. Eine umfangreiche Bibliographie der bis 1980 erschienenen deutschsprachigen Literatur über Paraguay. Asunción 1981

Wilhelmy, Herbert; Rohmeder Wilhelm: Die La-Plata-Länder Argentinien, Paraguay und Uruguay. Braunschweig 1968

Politik und Wirtschaft

A.L.I., Arbeitsgemeinschaft Lateinamerikanischer Investoren Hg.: Standort Paraguay. Eine umfangreiche Dokumentation über die wirtschaftlichen Zukunftsperspektiven Paraguays. Asunción 1996

Arriagada, Juan Carlos: Investieren in Lateinamerika. Hamburg 1976

Fanger, Ulrich: Berufsorientierte Bildungsplanung in Paraguay. (Hg.) vom Institut für Iberoamerika-Kunde. Saarbrücken 1985

Feder Ernest Hg.: Gewalt und Ausbeutung. Lateinamerikas Landwirtschaft. Hamburg 1973

Gerth, Ernst; Reinhold, Stephan: Private Investitionsmöglichkeiten in Paraguay. In: Göttinger Universitätsgutachten für die Wirtschaft. Göttingen 1981

Knura, Heiner: Strukturdaten und Entwicklungsmöglichkeiten der paraguayischen Wirtschaft. Hamburg 1982

Masser, Matthias: Die wirtschaftliche und strukturelle Entwicklung südamerikanischer Länder am Beispiel Paraguays. Frankfurt 1984

Reinhold, Stephan Johannes: Paraguay – Wirtschaft eines Entwicklungslandes. Göttingen 1986

Deutsche Einwanderer

Derksen, Heinrich sen.: Vom Paradies in die grüne Hölle Paraguays. Der dornige Weg mennonitischer Einwanderer. Fernheim 1988

Duerksen, Hans; Harder Jacob: Fernheim 1930 – 1980. Fotoband über das mennonitsche Wirken im Chaco. Filadelfia 1980

Finke, Theodor (Hg.): Leben und Arbeit deutschsprachiger Siedler in Südbrasilien und Paraguay. Bremen 1988

Finke, Theodor: Auf den Spuren deutschstämmiger Siedler. Bremen 1985

Friesen, Martin W.: Neue Heimat in der Chaco-Wildnis. Asunción 1987

Hack, H.: Indianer und Mennoniten im Paraguayischen Chaco. Amsterdam 1976

Klaasen, Peter P.: Die Mennoniten in Paraguay. Mennonitischer Geschichtsverein e.V. Bolanden-Weierhof 1988

Kolonie Fernheim (Hg.): 50 Jahre Kolonie Fernheim. Asunción 1980

Kolonie Friesland (Hg.): Auf den Spuren der Väter. Biographie der Mennoniten in Ostparaguay. Asunción 1987

Mussein, S.: Gestrandet – Deutsche in Paraguay. Schicksale, Probleme und Erfahrungen deutschsprachiger Einwanderer. Asunción 1996

Geschichte

Aigner, Gerhard: Der Jesuitenstaat in Paraguay und seine Wirtschaft. (Diss.) Wien 1959

Braumann, Franz: 3000 Indianer und ein Tiroler. Lebensbild des P. Anton Sepp von Rainegg. St. Augustin 1977

Conzelmann, Paulwalter: Wirtschaftswachstum und -entwicklung im Jesuitenstaat von Paraguay. (Diss.) Köln 1958

Dignath, Stephan: Die Pädagogik der Jesuiten in den Indio-Reduktionen von Paraguay (1609–1767). Frankfurt 1978

Frings, Paul; Übelmesser, J.: Paracuaria. Die Kunstschätze des Jesuitenstaates in Paraguay. Mainz 1982

Hochwälder, Fritz: Das heilige Experiment. Stuttgart 1964

Kahle, Günter: Ein südamerikanischer Diktator: Dr. Francia von Paraguay im Spiegel der europäischen Geschichtsschreibung. In: Saeculum XV, 3. Freiburg-München 1964

Kahle, Günter: Diktatur und Militärherrschaft in Lateinamerika. Wien 1980

Krauss, Heinrich; Täubl, Anton: Mission und Entwicklung – Der Jesuitenstaat in Paraguay. Fünfteiliger Kurs im Medienverbund für Erwachsenenbildung, Schule und Jugendarbeit. München 1979

Mahieu, Jacques de: Des Sonnengottes Todeskampf. Die Wikinger in Paraguay. Tübingen 1973

Meister, Jürg: Francisco Solanes López – Nationalheld oder Kriegsverbrecher? Osnabrück 1987

Peters, Heinz: Das paraguayische Erziehungswesen von 1811 bis 1865. Frankfurt 1984

Roa Bastos, Augusto: Ich, der Allmächtige (Diktator Francia). Stuttgart 1977

Schmelz, F.: Paraguay im 19. Jahrhundert – Ein früher Fall dissoziativer Entwicklung. Heidelberg 1981

Schmidl, Ulrich: Wahrhaftige Historien einer wunderbaren Schifffahrt. Faksimile-Ausgabe. Graz 1962

Schmitt, Peter A.: Paraguay und Europa. Die diplomatischen Beziehungen unter Carlos Antonio López und Francisco Solano López. In: Ibero-Amerikanisches Archiv, Bd. 4. Berlin 1963

Wirtz, Stefan: Das entwicklungspolitische Konzept der Jesuiten von Paraguay. Augsburg 1975

Young, Henri Lyon: Eliza Lynch – Regent of Paraguay. London 1966

Staat und Gesellschaft im 20. Jh.

Gauto, Bejarano; Miguel Angel: Nationalwerdung und wirtschaftliche Abhängigkeit: Der Fall Paraguay. Freiburg 1981

Grabendorff, Wolf (Hg.): Lateinamerika – Ein Kontinent in der Krise. Hamburg 1973

Haller, Frank: Aspekte über die Beziehung zwischen Paraguay und Deutschland. Kaiserslautern 1979

Kahle, Günter: Grundlagen und Anfänge des paraguayischen Nationalbewußtseins. Köln 1963

Krier, Hubert: Tapferes Paraguay. Tübingen 1986

Lewis, Paul H.: Paraguay under Stroessner. Chapel Hill 1980

Moosmayer, Peter: Das Staatsangehörigkeitsrecht von Argentinien, Uruguay und Paraguay. Frankfurt 1972

Rauls, Martina: Schulische Bildung und Unterentwicklung in Paraguay. Saarbrücken. 1979

Regehr, Walter: Die lebensräumliche Situation der Indianer im paraguayischen Chaco. Basel 1979

Natur und Wissen

Clastres, Pierre: Chronik der Guayaki, die sich selbst Aché nennen. Nomadische Jäger in Paraguay. München 1984

Lind, Ulf: Die Medizin der Ayoré-Indianer in Paraguay. München 1974

Stäbler, Dieter: Pflanzen in Paraguay (Foto-Text-Dokumentation, spanisch-deutsch). Karlsruhe 1985

Stäbler, Dieter: Tiere in Paraguay (Foto-Text-Dokumentation, spanisch-deutsch). Nur über den Autor erhältlich: Häuserstr. 1, 76137 Karlsruhe

Fotonachweis

Dagmar Gouverneur, Wendelstein: S. 1, 12, 13, 15, 16/17, 20 oben, 20/21, 21, 23 oben und unten, 24 unten, 24/25, 26 oben und unten, 28/29, 31 oben und unten, 32, 34, 35, 62/63, 64, 73, 76, 77, 78, 82, 84, 87, 88, 89, 91, 92/93, 94, 95, 97, 99, 101, 104, 105, 106, 107, 108, 111, 112/113, 114, 116/117, 120, 121, 122/123, 124, 126, 131, 132, 136/137, 141 unten, 144, 146/147, 151, 152/153, 157, 159, 160, 160/161, 162, 163, 166, 167, 168, 168/169, 170/171, 172 unten, 173, 174/175, 175 oben und unten, 176/177, 180, 180/181, 194, 198, 199, 201, 215, 216, 218, 218/219, 220/221, 241, 242/243

Juan Manuel Prieto, Asunción: S. 14, 24 oben, 44, 48/49, 86, 100/101, 156/157, 192, 196, 197 oben und unten, 208/209

Bettina Schneider, Grünwald: Titelbild, S. 2/3, 4/5, 18/19, 24 Mitte, 29, 80, 126/127, 128, 178/179, 179, 204, 227, 234/235

Archiv Kolonie Fernheim: S. 140, 141 oben

Die historischen Abbildungen wurden folgender Publikation entnommen:
Meister, Jürg: Francisco Solano Lopéz. Osnabrück 1987: S. 51, 53, 55

Alle übrigen Abbildungen und Fotos stammen vom Autor

Register

Übersichtskarte mit Blattschnitt

Zeichenerklärung zum Reiseatlas
und zu den Routenkarten S.193, S.210, S.229, S.237

Durchgangsstraße

Hauptstraße in schlechtem Zustand

Nebenstraße

Fahrweg

Eisenbahn

Staatsgrenze

Provinzgrenze

Nationalpark, Naturpark

Lima / *Represa Itaipú* – Sehenswerter Ort/Objekt/Etappenziel der Route

14 / 14 – Entfernungen in Kilometer

0 – 25 – 50 km

Maßstab 1 : 2.000.000

3 – Straßennummerierung

Verkehrsflughafen

Flughafen

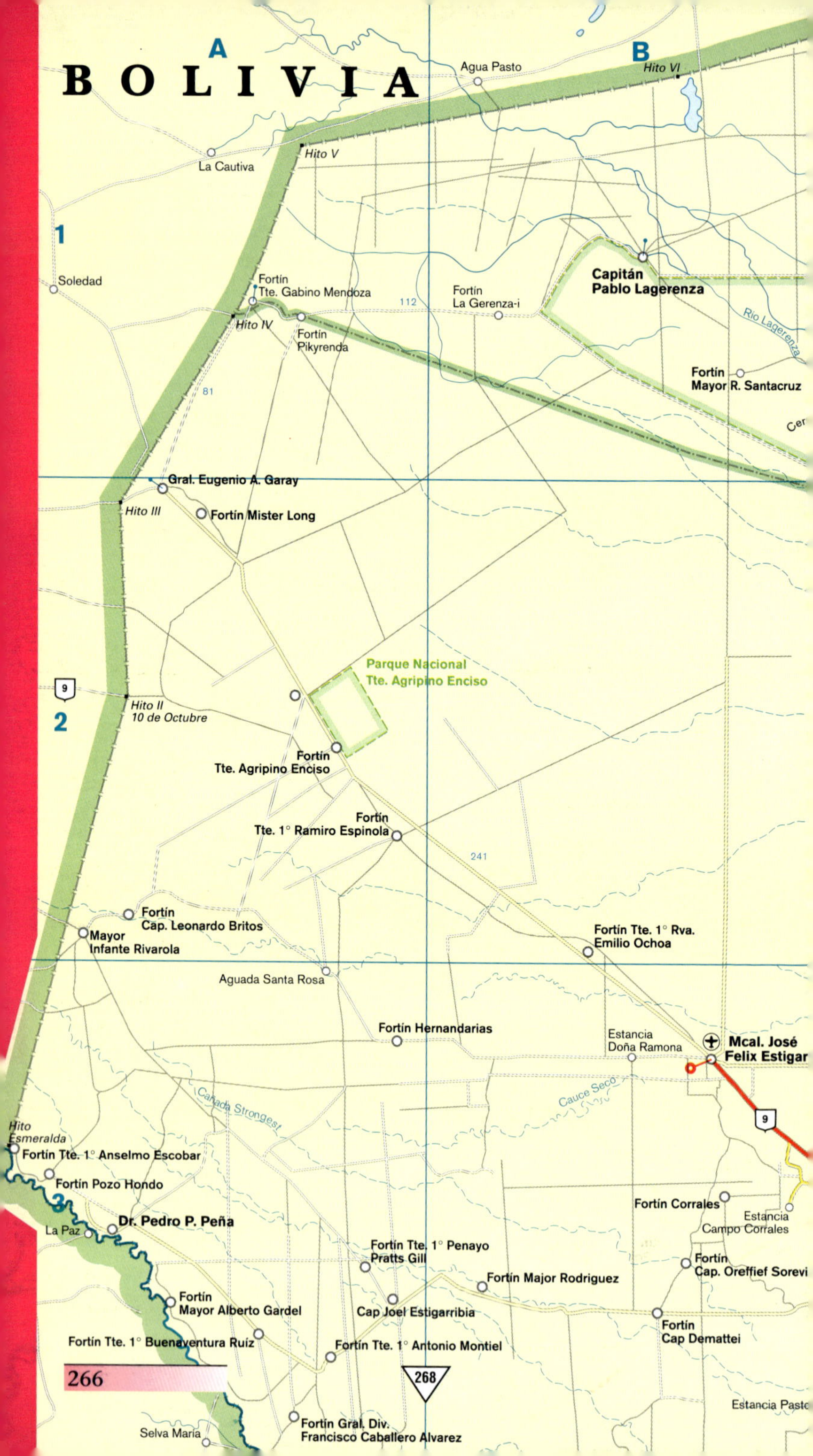
A
B
BOLIVIA
Agua Pasto
Hito VI
Hito V
La Cautiva
1
Soledad
Fortín
Tte. Gabino Mendoza
Hito IV
Fortín
Pikyrenda
112
Fortín
La Gerenza-i
Capitán
Pablo Lagerenza
Río Lagerenza
Fortín
Mayor R. Santacruz
81
Gral. Eugenio A. Garay
Hito III
Fortín Mister Long
Parque Nacional
Tte. Agripino Enciso
9
Hito II
10 de Octubre
2
Fortín
Tte. Agripino Enciso
Fortín
Tte. 1° Ramiro Espinola
241
Fortín
Cap. Leonardo Britos
Mayor
Infante Rivarola
Fortín Tte. 1° Rva.
Emilio Ochoa
Aguada Santa Rosa
Fortín Hernandarias
Estancia
Doña Ramona
Mcal. José
Felix Estigar
Cañada Strongest
Cauce Seco
9
Hito
Esmeralda
Fortín Tte. 1° Anselmo Escobar
Fortín Pozo Hondo
3
Fortín Corrales
Estancia
Campo Corrales
La Paz
Dr. Pedro P. Peña
Fortín Tte. 1° Penayo
Pratts Gill
Fortín
Cap. Oreffief Sorevi
Fortín Major Rodriguez
Fortín
Mayor Alberto Gardel
Cap Joel Estigarribia
Fortín
Cap Demattei
Fortín Tte. 1° Buenaventura Ruíz
Fortín Tte. 1° Antonio Montiel
268
Estancia Pasto
Fortín Gral. Div.
Francisco Caballero Alvarez
Selva María

C
D
Hito VIII
Río Bambural
Fortín Vitrione
Fortín Vanguardia
Hito IX Cerrito Jara
Hito X 12 de Junio
Fortín Galpón
Río Negro
1
Puerto Busch
Puerto Caballo
Hito XI Tripartito
Bahía Negra
Fortín Tte. 1° H. Mendoza
Destacamento Militar Agua Dulce
e Nacional
ensores
Chaco
co Riveros
Estancia Carolina
Estancia Condor
Estancia San Carlos
XVII Departamento de Alto Paraguay
Pto. Esperanza
Puerto Leda
Defensores del Chaco
Fortín Cnel. Bogado
Fortín Madrejoncito
Fortín Baptista
Pto. Mihanovich
Puerto Lidia
FUERTE OLIMPO
Fortín Torres
Estancia Cuerito
Laguna Riel
Laguna Morocha
Laguna Gral. Diaz
Barranco Branco
2
Puerto Guaraní
Fortín Carlos A. López
Río Paraguay
Chaco
Tarumá
Puerto María
Porto Murtinho
Puerto Tres Palmas
Estancia arangatú
Porto Pantanal
Estancia Paragro
Puerto La Esperanza
Riacho San Juan
San Lazaro
R. Alegre
Puerto Valle-Mí
Fortín Tte .Montanía
Fortín Casanillo
Riacho Mosquito
Fortín Cnel. Martínez
FILADELFIA
Cañadón Reservista
Puerto La Victoria
Puerto Risso
Cauce Seco
15
3
Puerto Fonciere
Fortín Isla Poí
Estancia Laguna Porá
Estancia Laguna Hermosa
65
Puerto Pinasco
Estancia Tuparendá
Riacho Yacaré Norte
Puerto Itapucú-Mí
Riacho Lengua Acangue
Fortín Tte. Iraia Fernández
262
Riacho González
269
Estancia Cieto Azul
Estancia Cáceres Cué
Río Verde
118

Fortín
Tte. Juan E. López
Parque Nacional
Tte. Agripino Enciso
9
Hito II
10 de Octubre
A
266
B
XVI Departamento
de
Boqueron
Fortín
Tte. Agripino Enciso
Fortín
Tte. 1° Ramiro Espinola
241
1
Fortín
Cap. Leonardo Britos
Mayor
Infante Rivarola
Fortín Tte. 1° Rva.
Emilio Ochoa
Aguada Santa Rosa
Fortín Hernandarias
Estancia
Doña Ramona
Mcal. José
Felix Estiga
Cañada Strongest
Cauce Seco
Hito
Esmeralda
Fortín Tte. 1° Anselmo Escobar
Fortín Pozo Hondo
Fortín Corrales
Estancia
Campo Corrales
La Paz
Dr. Pedro P. Peña
Fortín Tte. 1° Penayo
Pratts Gill
Fortín
Cap. Oreffief Sorev
Fortín Major Rodriguez
Fortín
Mayor Alberto Gardel
Cap Joel Estigarribia
Fortín
Cap Demattei
Fortín Tte. 1° Buenaventura Ruíz
Fortín Tte. 1° Antonio Montiel
2
Fortín Gral. Div.
Francisco Caballero Alvarez
Estancia Pasto
Selva María
El Chorro
Fortín
Cap. Solano Escobar
Puert Irigoyen
Fortín
Tte. 1° Manuel Cabello
Fortín Tte. 1° Leónidas Escobar Garcate
Pozo de Maza
Fortín
Gral. Díaz
Palma Sola
Río Pilcomayo
Estancia
San Pedro
Ing. G.N. Juarez
Fortín Pilcomayo
3
R. Bermejo
A R G E N T I
Las
Lomitas
Nueva
Pompeya

FUERTE OLIMPO
Fortín Torres
Estancia Cuerito
267
Laguna Riel
Laguna Morocha
Laguna Gral. Diaz
C
D
Barranco Branco
Puerto Guaraní
Fortín Carlos A. López
Chaco
Río Paraguay
Tarumá
Puerto María
Porto Murtinho
Puerto Tres Palmas
Porto Pantanal
Puerto La Esperanza
Estancia Paragro
Riacho San Juan
San Lazaro
R. Alegre
Puerto Valle-Mí
Fortín Tte .Montanía
Fortín Casanillo
Riacho Mosquito
Fortín Cnel. Martínez
Puerto La Victoria
FILADELFIA
Cañadon Reservista
Cauce Seco
15
Puerto Fonciere
Fortín Isla Poí
Estancia Laguna Porá
Estancia Laguna Hermosa
Puerto Pinasco
65
Estancia Tuparendá
Riacho Yacaré Norte
Puerto Itapucú-Mí
Riacho Lengua Acangue
Fortín Tte. Iraia Fernández
262
Riacho González
2
Estancia Cieto Azul
XV Departamento
Estancia Cáceres Cué
Río Verde
118
Estancia Corralito del Sur
de
Fortín Mayor R. Zenteno
Pte. Hayes
Fortín Agua Rica
Estancia Riachito
POZO COLORADO
Estancia Ledesma
Estancia Soledad
Estancia San Luis
Riacho Siete Puntas
Riacho Monte Lindo
Estancia La Victoria
Estancia La Buena Suerte
Estancia San Antonio
Estancia La Paraguaya
116
Estancia Toro Blanco
n Tte. Adolfo Rojas Silva
Fortín Tte. Esteban Martínez
Fortín Gral. Caballero
Estancia Kisela Cué
3
Estancia Rubi
Estancia Primera
Estancia Lomas
A
Estancia Toja
Fortín Tte. Moisés Galeano
Estancia Paredes
Estancia Virgen del Carmen
9
Fortín Gral. Delgado
Estancia San José
Estancia Primavera
272
Fortín Gral. Bruguez
12

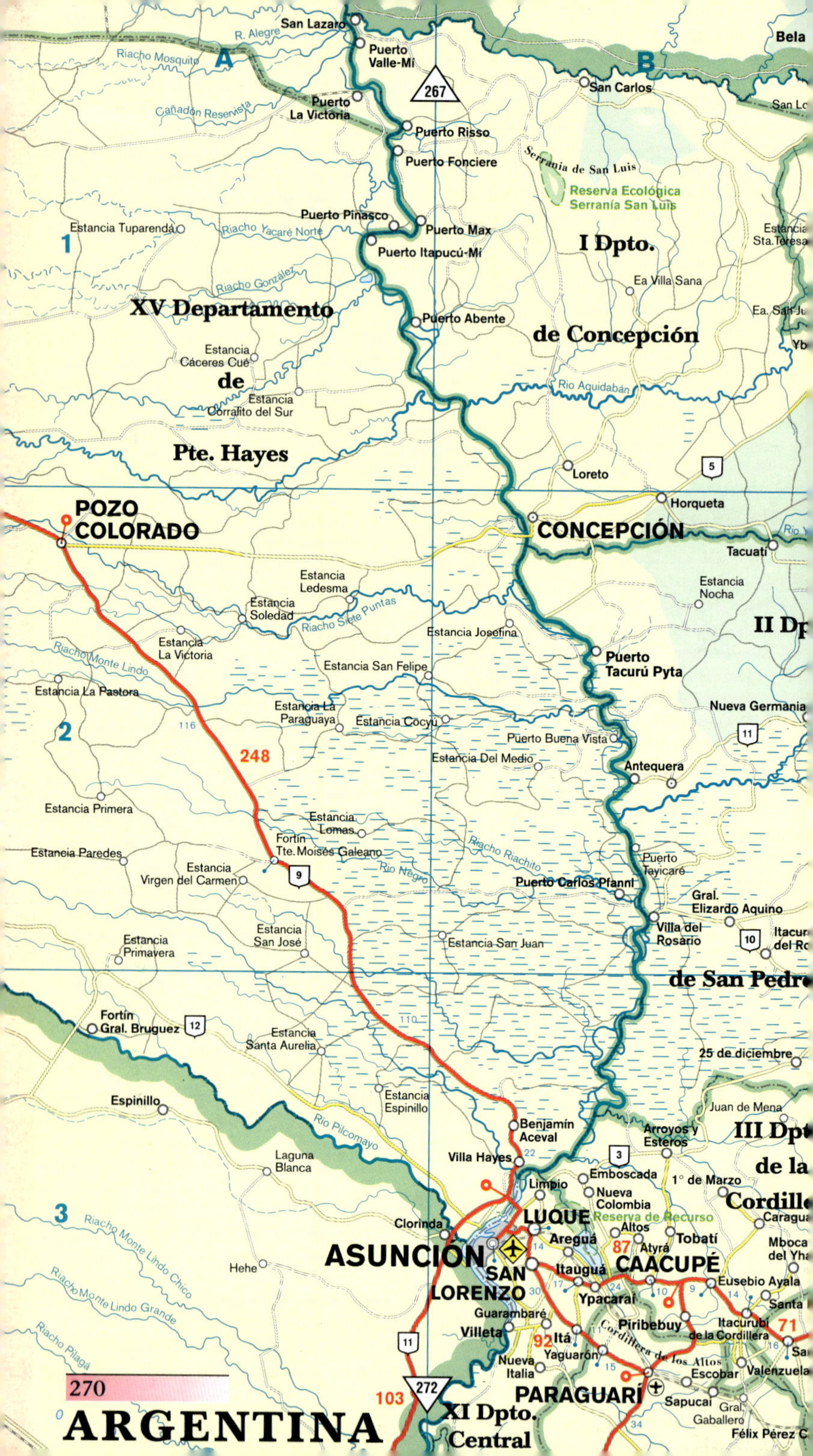
San Lazaro
R. Alegre
Riacho Mosquito
A
B
Bela
Puerto Valle-Mí
267
San Carlos
San Lo
Puerto La Victoria
Cañadón Reservista
Puerto Risso
Puerto Fonciere
Serranía de San Luis
Reserva Ecológica Serranía San Luis
Puerto Pinasco
Puerto Max
Estancia Tuparendá
Riacho Yacaré Norte
1
Puerto Itapucú-Mí
I Dpto.
Estancia Sta.Teresa
Riacho González
Ea Villa Sana
XV Departamento
Puerto Abente
Ea. San Ju
de Concepción
Estancia Cáceres Cué
de
Estancia Corralito del Sur
Río Aquidabán
Pte. Hayes
Loreto
5
Horqueta
POZO COLORADO
CONCEPCIÓN
Tacuatí
Estancia Ledesma
Estancia Soledad
Riacho Siete Puntas
Estancia Nocha
Estancia La Victoria
Estancia Josefina
II Dp
Riacho Monte Lindo
Puerto Tacurú Pyta
Estancia San Felipe
Estancia La Pastora
Estancia La Paraguaya
Estancia Cocyú
Nueva Germania
2
116
Puerto Buena Vista
11
248
Estancia Del Medio
Antequera
Estancia Primera
Estancia Lomas
Fortín Tte. Moisés Galeano
Riacho Riachito
Puerto Tayicaré
Estancia Paredes
Estancia Virgen del Carmen
9
Río Negro
Puerto Carlos Pfanni
Gral. Elizardo Aquino
Villa del Rosario
Estancia San José
Estancia Primavera
Estancia San Juan
10
de San Pedro
Fortín Gral. Bruguez
12
Estancia Santa Aurelia
110
25 de diciembre
Espinillo
Estancia Espinillo
Juan de Mena
Río Pilcomayo
Benjamín Aceval
Arroyos y Esteros
III Dpt
Laguna Blanca
Villa Hayes
22
3
de la
Emboscada
1° de Marzo
Limpio
Nueva Colombia
Cordille
3
Riacho Monte Lindo Chico
Clorinda
LUQUE
Reserva de Recurso
Altos
Tobatí
87
Atyrá
Areguá
ASUNCIÓN
14
Hehe
Riacho Monte Lindo Grande
SAN LORENZO
Itauguá
CAACUPÉ
Eusebio Ayala
30
17
Ypacaraí
24
10
14
Riacho Pilagá
Guarambaré
Piribebuy
Itacurubí de la Cordillera
71
Villeta
11
92
Itá
Cordillera de los Altos
Yaguarón
15
Nueva Italia
Escobar
Valenzuela
103
272
PARAGUARÍ
Sapucai
Gral. Gaballero
ARGENTINA
XI Dpto. Central
34
Félix Pérez C

C
D
Vista
Dourados
Colonia Estrella
BR 463
114
PEDRO JUAN CABALLERO
Ponta Pora
Parque Nacional Cerro Corá
Cerro Corá
BR 163
103
Carapá
Cerro Sarambí
XIII Dpto.
Estancia Yaguavará
Cerro Pylá
Río Ypané
Ypané-Mí
del
Ao Guazú
Cordillera de Amambay
Juti
Estancia Loma Porá
Estancia Tacuara
Estancia Pai Cuara
Naviraí
Capitán Bado
BRASIL
Amambay
Ipohi
Estancia Paso Curuzú
Estancia Sta. Ana
Estancia Lagunita
Tacurú
Estancia El Ciervo
Estancia San Juan
Iguatemi
Itanará
Río Aguaray Guazú
Ype Jhú
281
Cordillera de Mbaracayú
SALTO DEL GUAIRA
Corpus Christi
Puerto San Vicente
Villa Ygatimí
Reserva Natural del Bosque Mbaracayú
Río Carapá
Puerto Guairá
Río Jejui Guazú
Río Corrientes
Gral. Francisco Caballero Alvarez
Río Jejui Guazú
San Isidro del Curuguaty
Arroyo Pozuelo
Puerto Adela
San Estanislao
Pto. Marangatú
Río Acaray
Reserva Biológica Limoy
Capiibary
Santa Rosa del Mbutuy
Minga Porá
X Dpto.
Campo Seco
San Alberto
Reserva Biológica Itabo
San Joaquin
Puerto Indio
Itaquyry
Cecilio Baez
Yhú
Mbaracayú
del
Carayao
V Dpto.
Raúl A. Oviedo
Alto Paraná
de Caaguazú
Refugio Biológico Tati Yupi
Dr. J. M. Frutos
167
Juan L. Mallorquin
Caaguazú
Juan E. Estigarribia
Hernandarias
Juan E. O'Leary
26
EL. OVIEDO
Repatriación
CIUDAD DEL ESTE
Foz do Yguacu
Río Monday
Pte. Franco
Mauricio José Troche
273
to. del Guairá
Independencia
Estancia San Juan
Santa Rita
VILLARRICA
1
2
3

ARGENTINA
ASUNCIÓN
LUQUE
SAN LORENZO
CAACUPÉ
PARAGUARÍ
SAN JUAN BAUTISTA
PILAR
CORRIENTES
SAN PEDRO YCUAMANDI
de San Pedro
III Dpt de la Cordille
XI Dpto. Central
IX Dpto. de Paraguarí
XII Dpto. de Ñeembucú
VIII Dpto. de Misiones
A
B
1
2
3
270
248
103
87
92
71
163
338
Estancia Primera
Estancia Lomas
Fortín Tte. Moisés Galeano
Estancia Paredes
Estancia Virgen del Carmen
Riacho Riachito
Río Negro
Puerto Carlos Pfannl
Puerto Tayicaré
Gral. Elizardo Aquino
Villa del Rosario
Itacuru del Ros
Estancia San José
Estancia Primavera
Estancia San Juan
Fortín Gral. Bruguez
Estancia Santa Aurelia
25 de diciembre
Espinillo
Estancia Espinillo
Río Pilcomayo
Juan de Mena
Benjamín Aceval
Arroyos y Esteros
Laguna Blanca
Villa Hayes
Emboscada
Limpio
Nueva Colombia
1° de Marzo
Riacho Monte Lindo Chico
Clorinda
Reserva de Recurso
Altos
Caragua
Areguá
Tobatí
Atyrá
Mbocay del Yha
Hehe
Itauguá
Eusebio Ayala
Riacho Monte Lindo Grande
Ypacaraí
Santa
Guarambaré
Piribebuy
Itacurubí de la Cordillera
Villeta
Itá
Cordillera de los Altos
Riacho Pilagá
Yaguarón
Nueva Italia
Escobar
Valenzuela
Sapucai
Gral. Caballero
Félix Pérez Ca
Roque Gozalez de Santa Cruz
La Colmena
Acahay
Laguna Ypoá
Laguna Cabral
Tebicuary-mí
San Hilario
Quiindy
Ybycuí
Parque Nacional Lago Ypoá
Villa Oliva
Formosa
Juan B. Alberdi
Laguna Verá
Mbuyapey
Misión San Francisco
Caapucú
Quyquyhó
Villa Franca
Río Paraguay
Villa Florida
Río Bermejo
Herradura
San Miguel
Arasapé
Río Tebic
San Juan B. de Neembucú
Velaz
Tacuara
Santa María
Guazú Cuá
Santa Rosa de las Misio
Isla Umbú
San Ignacio
San Patricio
Las Palmas
Humaita
Mayor J. D. Martínez
Estancia San Roque
Santiago de las Misiones
Pto. Palmas
Desmochado
Villalbín
Paso de Patria
Gral. José E. Díaz
Refugio de Vida Silvestre Yabebyry
Río Guaicurú
Itatí
Laureles
Cerrito
Juan de Ayolas
Ramada Paso
Yabebyry
Río Paraná
Riacho Cure Guazú
San Luis del Palmar
Ita Ybate
Ntra. Sra. del Rosario de Caá Catí
Ituzamgó

SALTO DEL GUAIRA
Puerto Guairá
Puerto San Vicente
Villa Ygatimí
Reserva Natural del Bosque Mbaracayú
XIV Dpto. de Canindeyú
Gral. Francisco Caballero Alvarez
San Isidro del Curuguaty
Puerto Adela
Pto. Marangatú
San Estanislao
Capiibary
Reserva Biológica Limoy
Santa Rosa del Mbutuy
Campo Seco
Minga Porá
San Alberto
X Dpto. del Alto Paraná
Reserva Biológica Itabo
Puerto Indio
San Joaquín
Itaquyry
Mbaracayú
Cecilio Baez
Yhú
V Dpto. de Caaguazú
Carayao
Raúl A. Oviedo
Refugio Biológico Tatí Yupí
Dr. J. M. Frutos
Juan E. Estigarribia
Juan L. Mallorquin
Hernandarias
Caaguazú
Juan E. O'Leary
Repatriación
CIUDAD DEL ESTE
Foz do Yguacu
Pte. Franco
Puerto Yguazú
Mauricio José Troche
Los Cedrales
Independencia
Estancia San Juan
VILLARRICA
Santa Rita
Santa Rosa del Monday
Reserva de Recursos Manejados Ybytyruzú
Cordillera Ybytyruzú
Numí
Gral. Eugenio A. Garay
San Cristóbal
Domingo M. de Irala
Reserva de Recursos Manejados Ñacunday
José Fassardi
Gral. H. Morínigo
Abai
Reserva Ecológica Caaguazú
Naranjal
Ñacunday
Esperanza
Iruña
San Juan Nepomuceno
Cordillera de Caaguazú
VI Dpto. de Caazapá
Tavaí
Buena Vista
Yataity
Parque Nacional San Rafael
Mado
Julio D. Otano
Carlos A. López
Cordillera de San Rafael
Tomás Romero Pereira
El Dorado
Pto. El Dorado
Alto Verá
Pto. San Lorenzo
Yuty
Ex Heriberta S. de Iglesias
San Rafael del Paraná
San Pedro
José Leandro Oviedo
VII Dpto. de Itapúa
Compañía Santa Cruz
Edelira
Yatytay
Natalio
San Pedro del Paraná
Pirapó
Pto. Edelira
Capitán Meza
La Paz
Pto. San Luis
Pto. Mineral
Jesús
Obligado
Bella Vista
Coronel Bogado
Fram
Trinidad
Hohenau
Nacan Guazú
Aristóbulo del Valle
Capitán Miranda
Corpus
Nueva Alborada
ENCARNACIÓN
San Ignacio
Cambyreta
Posadas
ARGENTINA
Santa Ana
Alto Uruguay
Miguel Lanus
Obera
Garupa
Santa Rita
Pratos
San José
Ladro. N. Alem
Río Uruguay
Río Paraná
Río Monday
Río Acaray
Río Yacuy Guazú
Río Ñacunday
Río Iguazú
Río Tebicuary
Río Jejui Guazú
Río Corrientes
Arroyo Pozuelo
Arroyo Piray Mini
Arroyo Pepiri Guazú
Arroyo Taruma

Ortsregister zum Reiseatlas

Zum Auffinden der Orte dient das blaugedruckte Suchgitter mit den dazugehörigen halbfetten Suchbezeichnungen am Kartenrand. Nach dem Ortsnamen steht als erste Zahl die Seite, danach die Bezeichnung des entsprechenden Suchfeldes.

Und so urteilen Presse und Leser über die neuen Mai's Weltführer

Der Namibia-Führer ist der erste Band der Reihe des Mai-Verlags in neuer Gestalt: Die einzelnen Kapitel sind durch ein »Farbleitsystem« kenntlich gemacht, die inhaltliche Gliederung in die Abschnitte »Landeskunde«, »Praktischer Reiseführer« sowie »Reiseinformationen von A bis Z«, ergänzt um eine umfangreiche Bibliographie, ist schlüssig. Die Farbfotos sind gut, der abschließende Kartenteil, an dessen Beginn eine Übersichtskarte mit Blattschnitt steht, gefolgt von fünfzehn Detailkarten und einem ausführlichen Ortsregister, ist exzellent. Der Text hält das Niveau. Die Autorin beweist, daß man auch auf knappem Raum umfassend und zugleich unterhaltsam informieren kann.

Frankfurter Allgemeine Zeitung über
Mai's Weltführer »Namibia«

Wir entschlossen uns kurzfristig, Ihren Reiseführer mitzunehmen. Es war ein voller Erfolg. Dieses hochaktuelle Werk ist uns auf der Reise zu einem unersetzlichen Begleiter geworden. Alle Ratschläge, alle Hinweise und das Kartenmaterial haben wir als hervorragend empfunden. Die diversen Stadtpläne waren uns eine echte Hilfe. Lobend möchten wir auch die Restauranttips erwähnen. Unser Eindruck ist: Ihr Neuseeland-Reiseführer ist mehr als gelungen. Dafür gebührt Ihnen Anerkennung und Dank!

Ein Leser aus Bayern über
Mai's Weltführer »Neuseeland«

Optisch und inhaltlich ein starkes Stück.

Globo-Reiseführervergleich Oktober 1994 über
Mai's Weltführer »Namibia«

Meine Hochachtung der Autorin und dem Verlag ein »Glück auf« zum neuen Outfit der Mai's Weltführer!

Radio 50plus, Berlin, über
Mai's Weltführer »Namibia«

NOTIZEN

NOTIZEN

NOTIZEN

NOTIZEN

NOTIZEN

NOTIZEN

NOTIZEN

NOTIZEN

NOTIZEN

NOTIZEN